高等职业教育教学改革融合创新型教材·旅游类

U0648773

民宿活动策划与实施

MINSU HUODONG CEHUA YU SHISHI

工作手册式

纪文静 李玉华 主 编

张荣娟 姚建园 段玉敏 副主编

东北财经大学出版社 大连

Dongbei University of Finance & Economics Press

图书在版编目（CIP）数据

民宿活动策划与实施/纪文静，李玉华主编. —大连：东北财经大学
出版社，2024.8. —（高等职业教育教学改革融合创新型教材·旅游类）.
ISBN 978-7-5654-5377-9

Ⅰ．F719.2

中国国家版本馆CIP数据核字第2024B3735T号

东北财经大学出版社出版

（大连市黑石礁尖山街217号　邮政编码　116025）

网　　址：http://www.dufep.cn

读者信箱：dufep@dufe.edu.cn

大连永盛印业有限公司印刷　　　东北财经大学出版社发行

幅面尺寸：185mm×260mm　　　字数：415千字　　　印张：19

2024年8月第1版　　　　　　　　2024年8月第1次印刷

责任编辑：张旭凤　石建华　　　　　责任校对：刘贤恩

封面设计：原　皓　　　　　　　　　版式设计：原　皓

定价：48.00元

教学支持　售后服务　　联系电话：（0411）84710309

版权所有　侵权必究　　举报电话：（0411）84710523

如有印装质量问题，请联系营销部：（0411）84710711

前言

随着旅游业的不断发展和人们对旅游需求的日益多元化，民宿活动已经崭露头角，并且日渐成为备受瞩目的旅游形式。其独特的魅力使之逐渐成为旅游者感知当地文化、领略自然风光的重要途径。为了进一步贯彻落实党的二十大精神，帮助读者更深入地了解民宿活动的策划与实施，我们精心编写了这本教材。

对接真实职业场景，本教材分为三个模块，内容覆盖民宿活动的认知、策划和实施三个关键领域，为读者提供系统性学习和仿真性体验。

模块一重在感知民宿活动的魅力和认知民宿活动策划。项目一系统介绍了民宿活动的特点、发展历程、类型和作用，使读者对民宿活动有一个基础性的整体了解；项目二详细阐述了如何培养民宿活动策划思维并掌握相关工具，使读者能够从理论和实践的双重角度更好地理解如何成功地策划民宿活动。

模块二聚焦于策划民宿活动，共包括七个项目。项目一至项目六深入介绍了如何明确目标、选择素材、确定主题方向、策划活动内容、保障安全、核算成本和制定价格策略，使读者系统掌握民宿活动策划过程的关键步骤、具体方法和注意事项；项目七则通过对设计具体方案的分析和讲解，提供还原真实工作情境的实践路径，帮助读者更好地实现所学即所用。

模块三落点于活动策划方案的实施。通过对民宿活动的实施准备、保障服务和评价效果三个项目的介绍，读者不仅将学习到形象塑造、物品准备、场地清理等实用技能，夯实确保民宿活动有序进行的基础，而且能对提升接待服务、突出特色服务以及评价活动效果有更高层次的理解，为日后走上真实的工作岗位奠定基础。

本教材具有三大特色：

1. 基于全面系统的教学设计。教材分为三大模块，涵盖从民宿活动的基础认知到具体策划再到实施的完整流程。本教材的结构设计不仅使学生能够逐步建立起完整的知识体系，而且能够掌握民宿活动的策划与执行技能。

2. 兼具实战演练与仿真体验。教材通过具体的项目和任务，如调研需求、设计活动内容和实施准备等，模拟真实职业场景任务，促进学生实战技能的培养，提升学生的实际操作能力和问题解决能力。

3. 强化职业技能与工具应用。教材内容特别强调策划思维的培养和职业工具的使用，如活动策划流程、成本核算及安全管理等，以此使学生能够在仿真工作情境中运用所学知识，不断提升职业竞争力，为将来的职业生涯奠定坚实基础。

本教材由纪文静、李玉华任主编，张荣娟、姚建园、段玉敏任副主编，徐灵枝、尤劲、王天宇、龙茜、吴静、刘建宇参编。全书由纪文静总纂定稿。

本教材的编写得到了南京旅游职业学院、广东省旅游协会民宿分会、南京市民宿协会的大力支持和东北财经大学出版社张旭凤编审的悉心指导，在此表示真诚的感谢！本教材参考引用了部分专家学者已经出版或发表的相关教材、著作以及网络文章，在此一并表达感谢！

由于水平有限且行文仓促，书中难免存在不足和疏漏，敬请读者批评指正！

编　者

2024 年 7 月

目录

数字资源目录

模块三　实施民宿活动

模块一

认知民宿活动

项目一
精彩纷呈——感知民宿活动魅力

民宿活动是旅游住宿业中的一种体验式服务，旨在让客人更深入地融入当地文化和生活方式。其类型多种多样，包括文化交流、手工艺课程、美食体验、户外探险等。民宿活动的作用是丰富旅行体验，提供独特的互动机会，增进客人与当地社区的联系，促进经济和文化交流，促使客人更深刻地了解目的地，为民宿经营者提供更多的附加价值。

【项目导图】

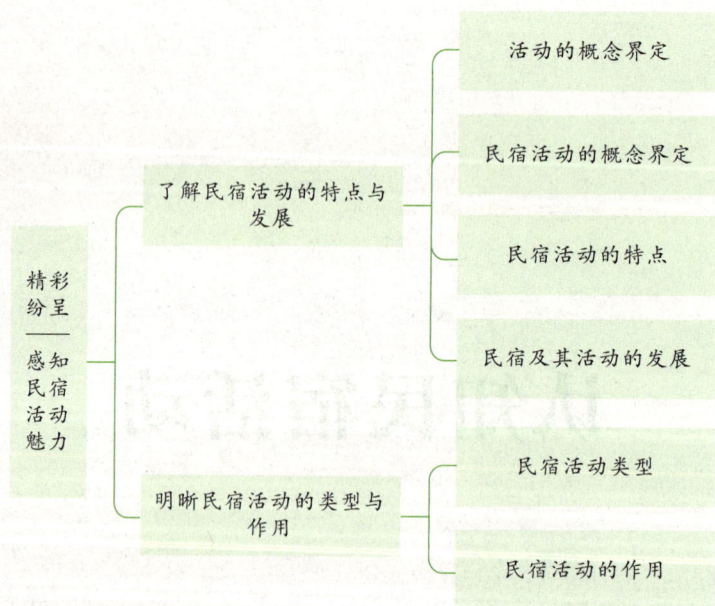

任务一　了解民宿活动的特点与发展

民宿是旅游住宿类型的一种，最初在农村地区兴起，客人能够住在当地家庭或小规模独立运营的房源中，获得更亲切的文化和自然体验。民宿活动强调个性化服务、亲近自然、文化互动和本地美食。在互联网和在线平台的支持下民宿活动得以快速发展，吸引了更多客人，成为旅游业的重要组成部分，不仅可以提供就业机会，促进本地经济的发展，还推动了文化交流。

【知识目标】

1. 理解民宿活动的概念。
2. 掌握民宿活动的特点。
3. 知晓民宿活动的发展。

【能力目标】

1. 通过对民宿活动概念的阐述，提升学生对相关理论的分析能力。
2. 通过对民宿活动特点的分析，增强学生对事物的分析与辨别能力。
3. 通过对民宿活动发展的梳理，提高学生对社会发展的认知能力。

【素养目标】

1. 理解民宿活动的概念和特点，增强职业认同感。
2. 了解民宿活动的发展，增强职业使命感和责任感。

学一学 1-1-1

一、活动的概念界定

在《说文解字》中，"活"的本义是"流水声"，"动"为行动、发作；英语为Activity，译为活动、行动、活动力等。

在科学定义方面，心理学是最早介入且定义最为完善的学科。苏联著名心理学家 A.H. 列昂节夫提出的"活动理论"成为现代心理学关于"活动"的重要理论基石。心理学认为：活动是由共同目的组合起来并完成一定社会职能的动作的总和。通过活动，人认识周围世界，形成人的各种个性品质；反之，活动本身受人的心理、意识的调节。人对客观现实的积极反映、主体与客体的关系都是通过活动而实现的。人的心理、意识是在活动中形成和发展起来的。因此活动是由目的、动机和动作三要素构成的完整结构系统。

同时，从广义上讲，活动是指所有生物为了自身的某种需求而采取的行动，如动物的捕食活动、迁徙活动等；而从狭义上讲，活动是指人类为了达到某种目的而采取的行动。本教材中的活动是狭义范畴的活动。

二、民宿活动的概念界定

民宿活动是一种旅游服务，旨在为客人提供丰富而互动的体验，在一定程度上超出了传统住宿的功能范围。通常，民宿活动由当地居民或小规模经营者在他们的住所或附近提供。其形式的主要特点是与当地文化和社区互动，融入了当地的生活方式。民宿活动可以包括多种类型的体验，如文化交流、手工艺制作、美食品尝、户外探险、农业体验甚至生态保护项目。民宿活动的目的是让客人更深入地了解目的地，促进文化交流，提高旅行的互动性，并为客人提供独特的回忆和体验。

通过民宿活动，客人有机会与当地社区互动，参与传统而地道的活动，从而更深刻地了解当地文化和自然环境。民宿活动不仅丰富了客人的旅行体验，还有助于提升客人的文化素质和社会责任感。对于当地居民和经营者来说，民宿活动也提供了一种可持续的经济发展机会和文化交流机会，有助于地方社区的发展和文化传承。

三、民宿活动的特点

民宿活动是一种引人注目且日益受到客人欢迎的形式，它融合了住宿和体验旅游。具体来说，有以下5个特点。

（一）特色性

民宿活动的特色性在于本地文化体验和个性化选择。客人能融入当地生活，参与文化交流、手工艺制作、美食品尝，以及自然探险。民宿旅游强调本地特色，与当地社区互动，有助于促进可持续旅游，支持当地经济发展，并增进客人与居民之间的联系。民宿活动的多样性使每位客人都能根据兴趣和需求选择独特的体验，为旅行拓展深度和增添个性。

（二）互动性

民宿活动强调深度体验，为客人提供与当地文化和社区互动的机会。与传统住宿不同，这种包括文化交流、户外冒险等亲身体验形式的旅游使客人融入目的地，亲近自然，建立人际关系，培养技能，满足客人的好奇心，给客人带来了充实和难忘的回忆，丰富了他们的旅行经历，并建立他们与当地社区和文化的深刻联结。

案例分享 1-1-1　吉尼斯世界纪录"最老民宿"——庆云馆

庆云馆民宿的历史，向上可追溯至1 300多年前的日本文武天皇时期的庆云二年（公元705年），以藤原真人开馆为开端。由于是在庆云年间开业的，所以被命名为庆云馆（如图1-1-1所示）。现在已经承传了52代继承人，代代坚守着这千年古店。自开馆以来，泉水一直喷涌，从未枯竭。被山峦环抱在山谷中的秘泉，一直受到众多都市人、名将、文人的喜爱。

图1-1-1　庆云馆外景图

　　另外，2005年在庆云馆内挖掘并发现了一处新的温泉，该温泉从地下888米处喷出，水温高达52摄氏度，每分钟的出水量达到1 630升。庆云馆采用沉静稳重的日式装修，游客在此可以领略到日本传统的室内设计风格，风雅的空间集聚了日本建筑的精华。配备的器具均渗透着浓郁的地方风情（如图1-1-2所示）。窗外，山峦宛如山水画一般，在所有房间都能远眺早川、汤川溪谷的优美景色。

图1-1-2　庆云馆室外温泉泡池器具

　　相传德川家康在统一日本的过程中，曾经两次来此入浴，之后庆云温泉也被称为信玄公、家康公的秘泉。庆云馆备有4个露天泡池和2个室内泡池（如图1-1-3所示），拥有4条自然涌出的源泉，泉水含钠、钙、硫酸盐、氯化物等矿物元素，为低张性碱性高温泉。馆内还设有露台座椅，可在充分享受温泉后慢慢欣赏汤川溪谷的景色。

图1-1-3 庆云馆室内泡池

仅限在此可以品尝的会席"深山会席"，大量使用时令的山珍海鲜。精制而成的深山会席料理（如图1-1-4所示）浓缩了山河的味觉精华。膳食精选当季时鲜，每一道菜品皆倾注了厨师的心血，并以精心搭配的器皿呈献。热菜在热时呈上，冷菜则保持冷鲜的状态，每一道菜品都严守上菜时间。

图1-1-4 庆云馆深山会席料理

这里是逃离闹市尘嚣的绝妙去处。呼吸着新鲜空气，泡着未加任何人工处理的温泉，可以算是一种特殊而奢华的享受。今天的庆云馆，继承了不随时代变迁而改变的待客之心，迎接到访的每一位客人。

资料来源：佚名. 吉尼斯世界纪录"最老民宿"——庆云馆［EB/OL］.［2017-10-20］. https：//www.sohu.com/a/199068282_525464.

案例点评：

　　泡温泉是住宿业最古老的体验活动之一，也是现代最受欢迎的民宿体验活动之一。庆云馆能经历52代承传，依靠的不仅仅是高品质的温泉体验活动，更离不开美食、SPA等与时俱进的民宿活动的特色创新。

（三）共生性

　　民宿活动展现了旅游业和当地社区的共生性。民宿活动依托当地资源和与社区的合作，为客人提供深刻的本地体验。这种共生关系不仅有助于增加当地居民的收入，推动社区经济发展，保护当地文化传统，而且有助于提高当地的环境保护意识。同时，客人也能从这种共生中受益，获得独特的、原汁原味的文化和自然体验。

（四）文化性

　　民宿活动具有突出的文化性，为客人提供了深入了解当地文化的机会，如客人参与传统仪式、庆典，进行手工艺制作、美食制作，欣赏音乐和舞蹈表演等。客人在民宿活动中可以与当地居民互动，了解当地历史、当地居民的生活方式和价值观，加深对目的地的文化认知、对当地社区自然环境和人文风俗的尊重，进而增进不同背景和文化的人群之间的相互理解，促进和平，发展友谊。

（五）经济性

　　民宿活动具有经济方面的双赢特性。一方面，它为当地社区提供了新的经济发展机会，推动创业和就业，促进小规模企业发展壮大。居民可以通过提供住宿、餐饮、体验活动和手工艺品等服务获得额外收入，有助于提高生活水平。另一方面，客人也能享受到相对经济实惠的住宿和丰富多彩的民宿活动，获得物超所值的旅行体验。民宿活动的经济性可以促进地区的可持续发展，带动地区旅游业和相关行业的增长。

四、民宿及其活动的发展

（一）国外民宿及其活动的发展

1.非商业性质的家庭旅馆萌芽时期

　　非商业性质的家庭旅馆萌芽时期为公元前12世纪至公元5世纪，此时家庭旅馆的雏形作为一种贵族文化行为和宗教信仰而存在。欧洲凯尔特人把主动招待陌生人视为贵族标志，为客人提供住宿、食物和娱乐活动并保障安全。住宿者向主人表达敬意并表演节目、赠送食物。古希腊人和古罗马人也将招待陌生人作为向上帝或神表达虔诚的一种方式。中世纪，宗教推动了欧洲家庭旅馆的发展，如基督徒须向旅行者提供3天的免费膳宿。免费招待旅行者带来巨大的经济负担让业主们无力承受，商业性质的家庭旅馆及提供的各种民宿活动逐渐被催生。

2.传统家庭旅馆时期

　　传统家庭旅馆时期为6世纪至19世纪，此时B&B（Bed and Breakfast）逐渐形成、获得发展并出现转型。以热情款待换取金钱奖励的做法鼓励了欧洲旅馆经营者及当地居民利用私宅提供简单的住宿和餐饮活动，并逐渐发展成为B&B的前身。早期的房间没有通风和隐私，但价格便宜。后期，房屋增加了设施并转变为专门的住宿场所，成为传统的B&B。旅行者根据熟人推荐和社会阶层选择住宿主人。15世纪，住宿加早餐的习俗及B&B被英国人认可并在欧洲广泛传播，接纳以商人、士兵和朝圣者为主的陌生人。工业革命后B&B迅速发展，由传统型向现代型过渡，硬件设施大大改善，逐步与自然景观、当地风土人情相结合，形成一种度假模式。

3. 现代家庭旅馆时期/民宿初步发展时期

现代家庭旅馆时期/民宿初步发展时期为20世纪初至20世纪60年代，此时民宿开始形成并获得不断的发展。为增加家庭收入，当地居民利用自家空余房间经营现代家庭旅馆。第二次世界大战后，经济的复苏促使旅游业迎来春天。家庭旅馆与休闲度假、乡村旅游相结合，被赋予了新的内涵，民宿开始形成并得到进一步发展。例如英国、法国居民利用郊野城堡开发民宿旅游，吸引城里人居住。欧美国家开发农场旅游，客人可以居住在农场民宿中体验农场的生产生活。

4. 民宿快速发展时期

民宿快速发展时期为20世纪70年代至20世纪末，此时民宿政策不断出台，注重规范管理和质量提升。伴随乡村旅游和休闲旅游的盛行，民宿数量不断增加，对民宿构成要素和内涵的认识逐步明确，质量有所提升。各国出台一系列民宿政策，陆续成立了民宿相关行业协会，民宿由农户自发经营逐步走向政府引导的规范经营。民宿行业由"野蛮生长"步入"有序扩张"，由此衍生相关活动及产业的发展，逐步形成了民宿产业链，推动了民宿经济发展。

5. 民宿稳定提升时期

21世纪初至今为民宿稳定提升时期，此时成熟的民宿发展模式和民宿产业体系逐步形成。各国不断完善民宿发展政策，强调民宿特色，注重民宿产业体系的建立。民宿开发与多种旅游形式相结合，民宿旅游蓬勃发展，民宿体验活动形式和民宿产品多样化。民宿在管理规范、产品开发、活动设计上形成了成熟的模式，各国民宿经过长期的发展形成了各自的风格和特色。民宿行业规模扩大，呈现出专业化、品牌化、多元化的发展特征，形成民宿聚集区和民宿产业集群。民宿对旅游业和乡村发展的作用逐渐凸显。

（二）国内民宿及其活动的发展

我国现代民宿及其活动的发展大致可分为萌芽阶段、起步阶段、初步发展阶段、整合转型阶段4个阶段。

1. 萌芽阶段

20世纪80年代至2001年为萌芽阶段，农家乐和客栈在这一阶段开始出现并获得一定的发展，民宿开始萌芽。农家乐可看作民宿雏形，初为外地客商和当地市民游玩提供餐饮，后又提供简单农事体验活动，成为市民休闲娱乐的场所。农家乐由四川逐步走向全国，进入第二代。旅游业的蓬勃发展激发当地居民自发兴建客栈。这一时期，民宿萌芽以农家乐、客栈等形式存在，以当地居民自发分散经营为主，多为家庭参与，从业人员专业素养不高，房间数量少，内外部设施不健全，仅提供简单的餐饮、住宿、娱乐服务，无特色活动和明确主题，价格低廉。

2.起步阶段

2002—2008年为起步阶段，在民宿雏形基础上获得较快发展，真正意义上的民宿开始形成。农家乐、客栈等快速发展，其良好的社会效益受到政府关注，外来经营者不断涌入。基础设施和配套设施逐步完善、规模扩大、市场细分、文化元素等被关注。莫干山民宿的开业标志着中国民宿真正形成，民宿特征有所呈现。这一时期，民宿开始注重质量并出现转型，从业人员素质有所提高，活动和销售方式日趋多元化，产权和经营权出现分离。然而，现代意义上的民宿刚刚起步，处于探索阶段。

3.初步发展阶段

2009—2016年为初步发展阶段，民宿数量大幅增加但质量参差不齐，民宿市场混乱，特色不足。国内掀起民宿建设热潮，质量有所提升，本土特色逐渐被重视，关注度与酒店持平。民宿开始与周边产业融合，形成旅游休闲度假综合体。依托互联网的在线民宿崛起并走向联盟，打破了传统酒店对旅游住宿市场的长期垄断。这一时期尽管出现了少量的精品民宿，但低端民宿占多数。民宿业管理缺乏规范化，经营特色不明显。

4.整合转型阶段

2017年至今为整合转型阶段，民宿业发展呈现两极分化趋势，开始注重规范化和精品化。民宿概念进一步普及，市场竞争更加激烈，低端民宿逐步被淘汰，中高端民宿逐渐兴起，民宿市场分异加剧。民宿业发展出现整合和转型，民宿活动产品文化融合进一步加强。部分民宿开始联合经营并与多元业态结合，产业链逐渐形成，出现了民宿村落的雏形。政府更加重视并逐步引导和规范民宿的发展，少量高端民宿开始向品牌化、连锁化、定制化方向发展，民宿经济效应开始显现。

国内外民宿经过几十年的发展呈现出几个演化特征。第一，民宿具备复合型服务功能。由提供基本的食宿服务转变为提供观光游览、休闲娱乐、家庭生活、文化体验等多元活动服务，情感体验成为核心功能。民宿形成了独特的内涵和个性化特质。第二，经营主体由单一向多元转变。早期由当地居民独立经营管理，逐步发展到企业、当地政府、非政府组织等主体加入。通过分工合作和共同管理，争取到更多的支持，改善了经营管理模式。第三，主客关系多重化。民宿活动的多样化、深度体验化，使得主客之间不仅是单纯的经营者与消费者的商业交易关系，还增加了情感上的联结，成为一种朋友关系。经营者注重主客互动，营造家的氛围，视客人为朋友和家人，开展各种形式的生活和文化交流活动。第四，民宿活动产业逐渐形成。民宿由住宿业态发展成为民宿活动产业，由此带动了相关衍生产业的发展。

做一做 1-1-1

民宿活动发展认知

通过以下步骤和方式提升民宿活动发展认知，获取更多关于民宿活动历史背景和行业发展的资料，深入理解并掌握民宿活动的特点。

步骤一：阅读相关文献

通过阅读书籍、学术论文、文章和新闻报道，深入了解民宿活动的历史背景、发展脉络、不同特点和未来趋势。

步骤二：探索在线平台

浏览民宿预订平台，如 Airbnb、Booking.com、Vrbo、途家网、去哪儿网等，查看各种民宿活动的实际案例。平台通常会提供比较详细的描述、图片和评论，有助于知晓不同类型的民宿活动。

步骤三：参与民宿活动

选择一个自己感兴趣的民宿活动，深入了解感兴趣的目的地的文化、历史和传统，亲身体验，切实感受民宿活动的住宿体验、人文互动和对当地经济发展的促进。

步骤四：访谈民宿主人

与民宿主人交流，了解他们的从业经历和经营视角，深入地理解不同类型的民宿活动的特点。

步骤五：参加相关活动和会议

积极参加有关民宿、可持续旅游和文化交流方面的活动和研讨会，主动与专业人士和学者交流，了解民宿活动领域的动态。

实务参考 1-1-1

江浙沪5大温泉民宿，舒服赛神仙

「九舍·松阳」

位置：浙江丽水市松阳县××村

坐落于被称为"最后的江南秘境"丽水松阳的茶山之上，中国古风与日式和风碰撞出的极简风格成就了这座隐居在群山里的江南民宿（如图1-1-5所示）。

图 1-1-5　九舍·松阳全景图

九舍民宿中标志性的镜面水池，可供客人坐在旁边拍拍美照聊聊天，眺望远方山峦叠起。

8种不同风格的全智能公寓套房，北欧风、日系风、原木风……你想要选择的是哪一种风格？

冬天最舒服的事情就是泡温泉，而九舍最值得一提的就是每个套房都配有温泉私池。客人可以先预约管家放水，一回到房间就能享受一场竹林私汤。

温暖的日系风格，开阔的视野，智能化的生活设施，哪怕是在冷风凛凛的冬天，也能拾起山里生活的阵阵暖意。

「桐庐·未迟」

位置：浙江桐庐县富春江镇××村

未迟·山涧房是未迟旗下第二家店，与其他民宿的温暖基调不同，未迟采用高级灰的大面积建筑色块，而这种冷色调，在桐庐的白云、清风里居然也神奇般地被衬得暖意融融。

极简的外部线条赋予这座民宿绝佳的设计感，而绿植、楼梯、吊灯，以及不突兀的色彩元素在诠释精致的同时也强调了质感（如图1-1-6所示）。

图1-1-6　桐庐·未迟民宿客厅一角

未迟一共有12间客房，像是写给山川风格不同的12封情书，每一封都细致用心。

未迟的温泉房也是艺术品，全木制的传统斗拱是古代文人的审美情趣，冬天泡着温泉欣赏窗外的山川雾雨大片，大概是寒冷中最向往的惬意生活。

如果说未迟与其他民宿有什么不同，大概前者是外冷内热的淡雅美人，后者是遁世飘逸的山林隐士。至于你心仪哪一种，相信在各放异彩的多样化民宿中你自有选择。

「小筑沐野」

位置：江苏无锡市惠山区××号

竹篱笆、菜园、庭院是田园生活的构成要素。小隐隐于野的小筑沐野，以极简的设计风格、回归简单乡村生活的理念在周边众多民宿中异军突起。

小筑建筑庭院呈现出浓浓的乡村风，但其内部陈设却是文艺风。竹篱笆围起的墙，黑白相间的院落风情，随处可见的木制桌椅，还有夕阳下随微风摇摆的白纱帷幔，处处都透着随意的清新（如图1-1-7所示）。

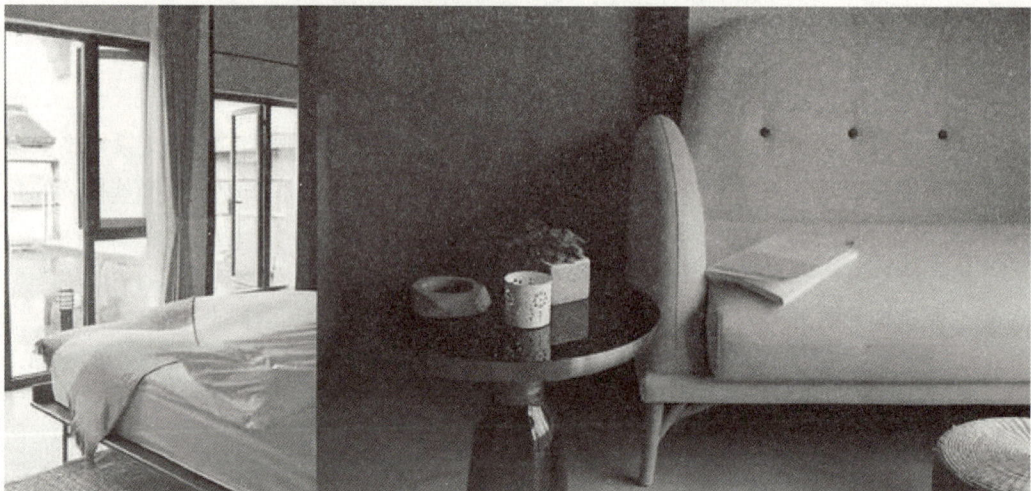

图1-1-7　小筑沐野民宿客房

小筑一共14间房，每间房都可看成风格独立的个体。精致柔软的床品，简单清爽的房间陈设，用心细致的生活设施，让你清晨一醒来就能迎接一天的明媚。

小筑的宣传口号是"一房一庭院，一院一汤池"。所以选择来这里体验泡温泉的客人绝对不会失望，浸泡在阳山的温泉中，尝一口自酿梅子酒，山间星宿开始眨着眼睛与你对话。

「莫干山圣岛」

位置：德清县××村

初见圣岛，很惊讶居然在莫干山见识到一家"安慕希"酸奶风格的山间民宿，蓝白相间的圣托里尼式浪漫风情的确如同酸奶一样醇厚。

而圣岛二期着力打造一家莫干山山里的"小京都"，不仅有日式和风的精致庭院、推门入眼的榻榻米，还有日风必备的木屐、和服，以及全日式的贴心管家服务，每一处的小细节都诠释了日系住宅素、灵、雅的空间之美。

风格迥异的两期圣岛民宿给住客带来了不同的惊喜体验，而圣岛的温泉是体验的重点，民宿主人将日本泡汤的一套流程带入了圣岛，不去日本就能感受到满满的泡温泉仪式感（如图1-1-8所示）。

图1-1-8　莫干山圣岛民宿温泉泡池

圣岛两期呈现两个国家的不同风格，房间内的装修陈设也各有特色。

一期是浪漫热烈的圣托里尼风情，二期是温暖古朴的日式和风。处于不同经纬度的两个国家所孕育出的两种风情格调在莫干山的茫茫竹海中相遇，让你不出国就与两个国家邂逅。

「秋田布谷山庄」

位置：德清县××镇

莫干山不愧是网红民宿扎堆的地方，除了上面的莫干山圣岛，还有一家像童话世界一样的民宿山庄——秋田布谷山庄，城堡一样的设计能够满足所有小朋友对世界的神奇想象。

山庄主打亲子度假，民宿内部陈设大多以小朋友的视角来布置，呈现出一个天马行空的世界。

如果你也是一个做着童话梦的"大孩子"，欢迎你入住秋田布谷山庄。童趣的陈设帮你找到记忆里那段闪闪发光的童年，而具有设计感的生活设施也能让你捕捉到成人对生活的精致追求（如图1-1-9所示）。

视频分享
1-1-1

"民宿+"
如何为乡村
民宿注入
活力？

图1-1-9　秋田布谷山庄民宿的儿童饰品

资料来源：佚名. 江浙沪超级神仙的5大温泉民宿，冬日泡汤趴走起［EB/OL］. ［2022-12-26］. https://baijiahao.baidu.com/s?id=1753227476267554412&wfr=spider&for=pc.

评一评 1-1-1

根据学生在任务实施中的表现完成本任务评价表（见表1-1-1），可以此作为该任务学习的成绩参考基础。

表 1-1-1　　　　民宿活动发展认知任务评价参考表

评价项目	评价标准	分值	得分
步骤一：阅读相关文献	• 资源质量：所阅读文献的来源，包括是否来自可信赖的学术出版物、研究报告、政府文件或权威机构 • 文献阅读：是否针对特定主题进行文献阅读	10	
步骤二：探索在线平台	• 平台选择：是否选择了合适的在线平台，以获取与民宿体验活动相关的信息 • 数据采集：是否有效地使用在线平台获取数据和资源 • 信息整理：是否能够整理和组织在线平台上获得的信息，以便后续分析和应用	20	
步骤三：参与民宿活动	• 参与程度：参与民宿活动的程度，包括积极性、参与活跃度和投入度 • 反馈反思：是否能够提供反馈和反思，对参与活动的经历进行总结	40	
步骤四：访谈民宿主人	• 访谈技巧：包括提问方式、倾听和回应等 • 访谈效果：是否提前作了充分准备，现场访谈是否顺畅、融洽，是否作了详细记录	10	
步骤五：参加相关活动和研讨会	• 活动选择：是否参加了与主题密切相关的活动 • 互动和学习：在活动中的互动程度，包括参与讨论、提出问题和与其他与会者的交流	20	

任务二　明晰民宿活动的类型与作用

民宿活动丰富多样，包括营销型民宿活动、传播型民宿活动、娱乐型民宿活动、社会公益型民宿活动等。它们提供了个性化、独特的住宿选择，让客人更深入地了解当地文化和环境。不仅满足了客人对特别体验的需求，还促进了本地经济发展，给当地居民提供了额外的收入来源。

【知识目标】

1.了解民宿活动类型。

2.理解民宿活动的作用。

【能力目标】

1.通过对民宿活动类型的分析，提升学生对民宿行业的认知能力。

2.通过对民宿活动作用的展示，提高学生对民宿行业作用的挖掘能力。

【素养目标】

1.掌握民宿活动的类型，增强文化自信和职业认同。

2.分析民宿活动的作用，增强民宿行业从业者在乡村振兴中的责任感。

学一学 1-1-2

一、民宿活动类型

（一）按照活动目的划分

1.营销型民宿活动

营销型民宿活动旨在提高民宿的可见度和吸引力，以吸引更多客人预订住宿。常见的营销型民宿活动有特定的促销或折扣，例如季节性折扣、周末特价或长期住宿优惠。此外，可以通过合作伙伴、社交媒体广告、优化网站和在线预订平台等途径来宣传民宿。

2.传播型民宿活动

传播型民宿活动旨在通过客人的口碑和社交分享来扩大知名度。此类活动一般会提供特殊的亮点和体验，以激发民宿客人在社交媒体上分享和推荐。例如，提供独特的装饰风格和设计元素、文化体验、主题房间或与当地文化和传统有关的活动，激发客人的兴趣，鼓励他们在社交媒体上分享住宿体验，从而增加民宿的曝光度。

3.娱乐型民宿活动

娱乐型民宿活动旨在为客人提供娱乐和休闲的体验。常见活动一般包括提供娱乐设施，如游泳池、SPA、健身房、儿童游乐区或游戏室。此外，还有一些特殊的主题活动，如音乐会、庆祝活动、烹饪课程、瑜伽班等，以提高客人的满意度和留宿体验。

4.社会公益型民宿活动

社会公益型民宿活动重点在于回馈社会和承担社会责任。这类活动往往是为促进民宿合作伙伴关系，支持当地社区项目、慈善机构或环保，而举办的慈善活动、志愿者服务、文化交流或教育活动。通过这些活动，民宿可以参与承担社会责任，吸引具有社会意识的客人，并增加品牌的声誉。

（二）按照活动形式划分

1.文化体验类民宿活动

文化体验类民宿活动旨在为客人提供深度的文化互动，让他们深入了解当地的文化、传统和生活方式。此类活动包括参与传统仪式、庆典、文化表演，如舞蹈、音乐和戏剧，以及参观历史遗产和博物馆等。客人还可以参与传统手工艺品制作，如制作陶器、乐器、年画等，学习当地语言和美食制作技巧。这些活动促进了文化交流和相互理解，有助于客人更深入地与当地社区进行联结。文化体验类民宿活动为客人提供了独特的学习机会，拓宽了他们的视野，使旅行更具意义，促进了不同民族之间文化交流和友谊。这种形式的旅游强调文化的多样性，为可持续旅游和文化保护做出贡献。

2.美食体验类民宿活动

美食体验类民宿活动重点在于让客人探索和感受当地美食文化。这种活动提供了独特的机会，客人可以参与美食制作，如学习烹饪传统菜肴、品尝特色美食、参观市场和农场，与当地厨师互动，并了解食材的采集和制作过程。客人可以品尝当地特色美食，从街头小吃到高级料理，享受口味的多样性。

美食体验类民宿活动不仅满足了美食爱好者的味蕾，还让客人深入了解了当地的饮食传统和文化，有助于促进文化交流，培养食品可持续性意识，支持农村经济，同时也为客人提供了独特的、令人垂涎的旅行体验，使民宿活动成为美食文化的一部分。

3.体育运动类民宿活动

体育运动类民宿活动旨在满足运动和户外爱好者的需求，强调运动和冒险。体育运动类民宿活动主要有徒步旅行、自行车骑行、滑雪、登山、水上活动、钓鱼、高尔夫等。客人可以在民宿周边的自然风景胜地、山区、海滨、森林或河流等不同地点进行运动，与大自然亲近并追求身体健康。体育运动类民宿活动强调户外体验，在进行身体锻炼的同时培养探索精神。组织方还可以教授新的技能，如冰雪滑行、攀岩或潜水，提高客人的自信心。除了满足个体需求外，这种活动还有助于促进可持续旅游，保护自然环境，推动当地社区经济增长。最重要的是，它为民宿客人提供了充满刺激的、令人难忘的旅行体验，使他们更加亲近自然，提高身体素质。

4.教育研学类民宿活动

教育研学类民宿活动旨在提供深刻的学习和研究机会，通常以当地住宿为基础。这些活动涉及历史、文化、科学、自然和其他学科领域，可包括民宿周边的博物馆访问、实地考察、学术研究、工作坊体验、听讲座和专家导师指导等。学生、学者和知识爱好者都可以从中受益。

教育研学类民宿活动通常与当地社区和专家合作，提供深入了解当地文化和学科领域的机会，促进学术和文化交流，增强知识和技能，培养批判性思维。此类民宿活动强调亲身体验和学习，丰富学习者的知识和教育经验，有助于促进文化交流和推动教育创新，同时也促进了可持续发展和文化保护。

5.企业团建类民宿活动

企业团建类民宿活动是一种为公司和组织提供的团队建设和团队活动的形式。这种活动通常在民宿周边的农村、郊区或自然风景区举行，为员工提供了脱离城市生活的机会，以促进团队合作、凝聚团队精神和提升员工士气。活动类型多种多样，旨在培养企业员工的沟通、协作和问题解决等技能，同时也提供了放松和娱乐的机会。

企业团建类民宿活动不仅有助于团队建设，还提供了员工与自然环境互动的机会，促进了员工的全面发展和团队凝聚力，有助于增强员工的工作满意度，提高绩效，并为企业创造积极的工作氛围。

6.娱乐表演类民宿活动

娱乐表演类民宿活动是一种融娱乐与文化体验为一体的旅游形式，如民宿音乐会、舞蹈表演、戏剧演出、传统庆典、文化节庆等。活动旨在为客人提供精彩的娱乐，同时也让他们深入了解当地的文化和艺术传统。

娱乐表演类民宿活动为客人提供了与当地居民互动和文化交流的机会，促进了文化沟通。客人可以欣赏当地的音乐和舞蹈，参与传统庆典，甚至学习一些表演。活动不仅为客人提供了娱乐，还强调了文化的多样性和文化保护。娱乐表演类民宿活动使旅行更加丰富多彩，给客人带来了独特的文化体验，有助于促进和平、友谊以及互动。

7.会议展览类民宿活动

会议展览类民宿活动是一种商务与休闲相结合的旅游形式，旨在为企业、组织和专业团体提供会议、研讨会、展览和培训等商务活动场所。活动通常在民宿环境中举行，提供了脱离城市的宁静氛围，鼓励创造性思考和团队建设。活动内容包括研讨会、培训课程、展览、座谈会、团队活动等。这些活动提供了交流和学习的机会，同时也为与会者提供了休闲和娱乐体验，如户外活动、美食品尝、文化表演等。

会议展览类民宿活动为与会者提供了工作与休闲的机会，鼓励创新与合作，提升了与会者的工作满意度和互动性。同时，这种活动也支持了民宿业的发展，促进了地方经济增长。

（三）按照活动场地划分

不同类型的民宿活动为客人提供了多样化的体验，以满足不同的需求和兴趣。

1.线上民宿活动

线上民宿活动是指在数字平台上提供的虚拟体验或服务。常见的活动形式有线上烹饪课、线上音乐会、线上导览、线上手工艺教程等。客人可以通过视频会议或在线平台与主持人互动，学习新技能或参与感兴趣的活动，而不必亲自到达民宿地点。这种类型的活动适用于那些无法前往实际民宿地点，但仍希望参与互动和学习的客人。

2.户外民宿活动

户外民宿活动是指利用民宿周围的自然环境和户外空间提供的体验活动，包括徒步、露营、钓鱼、划皮划艇、骑自行车、观察鸟类、观赏星空等。这些活动鼓励客人与大自然亲近，体验和享受户外冒险，而民宿通常提供相关设施、设备和指导，以确保客人的安全，增加其参与的乐趣。

3.室内民宿活动

室内民宿活动是指在民宿内部提供的各种体验，包括烹饪课、瑜伽课、艺术和手工艺工作坊体验、文化表演、阅读会等。这些活动让客人在温馨的室内环境中学习新技能，欣赏艺术和文化，或与其他客人互动，度过一段美好的时光。室内活动通常侧重于提供有趣的和具有教育性的体验。

（四）按照活动规模划分

1.系列民宿活动

系列民宿活动是一组相关活动或体验，通常在一段时间内安排，以吸引客人并增强他们的住宿体验。活动可以按周、月或季度定期举行，客人也可以根据自己的时间表选择参与。例如，一家民宿可能提供每周一次的烹饪课、周末露天音乐会、每月一次的自然探险之旅等。系列活动可以吸引客人多次入住，建立忠诚客户群。

2.大型民宿活动

大型民宿活动是规模较大、多人参与的活动，通常吸引更多客人和社交互动。常见的活动有举办大型庆祝活动、民宿婚礼、企业会议、文化节庆等。大型民宿活动可能需要额外的设施和资源，如宴会厅、会议室、活动场地，以及专业的协调和服务人员，以确保活动的成功。

3.小型民宿活动

小型民宿活动是为少数客人或小团体设计的亲密型体验活动。活动可以是浪漫的情侣周末度假、家庭度假、小型庆生聚会、私人瑜伽课程、烹饪班等。小型民宿活动通常强调个性化服务和独特体验，以满足客人的特定需求和兴趣。

> **案例分享 1-1-2** **在乡间民宿体验沉浸式剧本杀**
>
> 2022年年初，江北民宿经营者王少华在自己的民宿里开启了沉浸式剧本杀体验。在院子的某一角，"贾母"慈祥地端坐在主椅上，台下众人喝茶、抄诗、饮酒、酿曲，信步庭院，自得其乐。一壶陈皮普洱暖笔，一池清水填难平意。冬日里，王少华把《红楼梦》中"黛玉入贾府"的经典片段搬到了位于慈城南联村内的云湖隐居民宿。
>
> "我们这次剧本杀的尝试联合了慈城本土做古风造型以及剧本杀等相关业态的专业人士，共同打造这场沉浸式体验。"王少华表示，此次户外剧本杀仅前期策划和剧本讨论就花了一个月时间，"我们在现场布置了5个场景，除了黛玉入贾府，还有迎春诗会、宝钗抽签、晴雯撕扇、香菱赶棋等剧情。"
>
> "这次是我们民宿户外剧本杀的初体验，参与人数虽然只有三四十人，但每个人都有角色分配，从60后到00后，高度契合剧本中的人物设定。"王少华笑着说，自己扮演的是元春，"我们整场活动虽然只有两个半小时，但前期定妆、化妆就花了整整一上午，每个参与人员都认认真真地背剧本。"

　　王少华表示，这是一种尝试，也是对未来民宿经营的一种探索。"南联村仙气飘飘很有其独特的味道，非常适合古风剧本杀。今年我就想着结合慈城古县城做一些文旅相关业态的拓展。慈城的古风古韵很受年轻人的欢迎，而剧本杀又是当下年轻人热衷的娱乐方式，我就想着把两者结合一下，将休闲娱乐与慈城优质的自然风光相结合，带动文旅产业向更多元化发展。"

　　下一步，王少华准备整合更多资源，开展两天一夜甚至更长时间的户外剧本杀，让参与者可以住下来，实现更深层次的沉浸式体验。

　　资料来源：王溪. 在乡间民宿体验沉浸式剧本杀［EB/OL］.［2022-02-18］. https://wglyj.ningbo.gov.cn/art/2022/2/18/art_1229057570_58922530.html.

案例点评：

　　在民宿里打造剧本杀房间，好处多多。一是民宿打造剧本杀房间的成本极低，一般的民宿都配有电视，只需一套玖号房系统就能升级；二是一场剧本杀仅需4~6小时，即可获得600元起的收入；三是一般剧本杀时间都在中午到下午，基本都是民宿房间的空闲时间，能大幅提高民宿房间的闲置利用率。此外，通过脚本化的设计，不但将文化元素融入了民宿活动，更增强了客人的体验感。

二、民宿活动的作用

（一）形成民宿特色

　　民宿活动对于打造民宿特色起到了至关重要的作用。

　　首先，它鼓励民宿经营者通过个性化设计和装饰，打造独具特色的住宿环境。包括当地文化元素的融入，独特的建筑风格，或者创意的主题装饰，从而吸引更多的客人。

　　其次，民宿活动强调本地文化和体验，鼓励民宿经营者提供独特的活动和服务。包括当地美食的品尝、文化工作坊参观、导览等，为客人提供更深入的本地体验，从而使其流连忘返。

　　最后，民宿活动倡导温馨的互动和个性化服务，民宿经营者可以更加关心和满足客人的需求，营造亲切友好的氛围，提升住宿体验。最重要的是，民宿活动提供了独特的、个性化的住宿选择，有助于吸引更广泛的客户群，包括寻求不同体验的客人，这促进了旅游目的地的多样性和可持续性发展，创造了更多经济机会，同时也加强了文化交流。

　　总之，民宿活动通过鼓励个性化、本土化的特色，为旅游业注入了新鲜活力，提高了民宿的竞争力，丰富了客人的旅行体验。

实务参考1-1-2

民宿旅游的好处：融入当地文化和社区

　　旅游是一种学习和体验不同文化的方式，而选择民宿住宿是一种更加亲近当地文化和社区的方式。与传统的酒店相比，民宿提供了更多机会让旅行者融入当地文化和社区，这也是越来越多的人选择民宿旅游的原因之一。在此我们将探讨民宿旅游为什么能够让旅行更加难忘，以及如何在民宿旅游中更好地体验当地文化。

1.更接近当地文化和社区

住在民宿中，你将有机会更深入地了解当地文化和社区。由于民宿通常位于当地的住宅区或历史文化区，你可以更好地感受到当地人的生活方式和文化传统。与酒店相比，民宿通常更具个性化，装饰和设施也更具特色，反映了当地文化和历史。

此外，许多民宿业主都是当地人，他们可以向你介绍当地的美食、景点和文化活动。通过和他们交流，你可以更好地了解当地文化和社区，并且可以获得一些不同于旅游指南上的建议和信息。

2.更好的旅游体验

住在民宿中，你可以享受更好的旅游体验。由于民宿规模通常较小，房间数量也比较有限，因此你可以得到更具个性化的服务和更多的关注。民宿业主通常更加关注客人的需求和喜好，可以提供更多定制化的服务，如早餐和导游服务等。此外，与酒店相比，民宿的房价通常更具竞争力，可以提供更实惠的住宿选择。

3.更加环保和可持续

选择住在民宿中，也是一种环保和可持续的旅游方式。许多民宿业主会采用环保的方式来经营他们的住宿业务，如使用可再生能源和可降解的清洁用品等。与酒店相比，民宿更加注重环保和可持续性，这也让旅行者在旅游的同时更加注重环保和可持续性。

如何在民宿旅游中更好地体验当地文化和社区生活呢？以下是一些建议：

1.与民宿主人交流

在入住时，与民宿主人多交流，了解当地的餐馆、景点和活动。他们还可以帮助你制订旅行计划，并为你提供更多的信息和建议。

2.参加当地的活动

在当地参加各种活动，可以更好地了解当地的文化和社区。可以向民宿主人咨询当地的传统节日、音乐会、集市等，然后参加这些活动。

3.品尝当地美食

品尝当地美食是了解当地文化的重要途径之一。可以向民宿主人咨询当地的特色菜肴和餐厅，然后前往品尝。

4.参观当地景点

当地景点通常是了解当地文化和历史的最佳途径。可以向民宿主人咨询当地的著名景点，然后前往参观。

5.与当地人交流

与当地人交流是了解当地文化和社区的最佳方式之一。可以在当地的酒吧、咖啡馆或公园等与当地人交流，听他们讲述当地的故事和历史。

总之，民宿旅游不仅提供了一个舒适的住宿环境，更重要的是让旅行者更好地了解当地文化和历史。通过与民宿主人交流、参加当地活动、品尝当地美食、参观当地景点以及与当地人交流，旅行者可以深入了解当地的文化和历史，让旅行更加难忘。

资料来源：佚名. 民宿旅游的好处：融入当地文化和社区［EB/OL］．［2023-04-01］．https://www.zhunaqu.com/article/2657.

视频分享
1-1-2
"五一"假期乡村民宿预订升温"民宿+新业态"

（二）增加民宿收入

民宿活动为拓展民宿收入途径带来了显著机会。首先，在线预订平台，如 Airbnb 和 Booking.com，允许民宿主人出租房源，扩大了民宿的市场覆盖范围，吸引了全球客人，扩大了入住率，增加了收入。其次，民宿主人可以提供多种住宿选择，如整套房屋、独立房间、带早餐的住宿等，以满足不同客户的需求，从而提高了收入多样性。此外，民宿主人可以根据季节和需求调整价格，以最大程度地利用房源。

民宿活动还鼓励民宿主人提供额外的增值服务，如接机服务、当地导览、烹饪课程等，这些服务可以额外收费，增加了收入。此外，建立合作伙伴关系，如与当地餐厅、旅行社或文化机构合作，也可以为民宿主人增加额外的收入来源。

最重要的是，民宿活动通过个性化的体验和文化交流，吸引了更多客人，提高了客户忠诚度，鼓励了口碑传播，从而增加了重复入住率，为长期收入稳定性提供了保障。

民宿活动为拓展民宿收入途径提供了多种方式，通过市场多样性、价格灵活性，通过增值服务和提高客户忠诚度，为民宿主人创造了更多收入机会，提高了民宿的可盈利性。

（三）塑造民宿品牌

民宿活动对民宿品牌的塑造具有显著作用。首先，活动为民宿提供了一个独特的机会来展示其个性、文化和特色。通过主题活动、当地节庆或户外体验，民宿可以强调自身的品牌特点，如自然风光、文化互动或奢华体验。其次，活动能够加强品牌的可识别性。一个成功的活动可以成为品牌的象征，如标志性活动或特定的主题装饰，有助于提高民宿在客户心目中的形象，增加品牌认知度。

此外，民宿活动也可以营造积极的品牌声誉。通过提供独特的活动和服务，民宿可以塑造出积极的客户体验，建立口碑，吸引更多客户，提升忠诚度，并传播积极的用户评价。活动有助于创造情感纽带。客人通过参与活动，与民宿建立更亲密的联系，产生情感认同，这对于品牌忠诚度和长期客户关系的建立至关重要。

总之，民宿活动不仅丰富了民宿的客户体验，还是品牌塑造和推广的有力工具。通过准确设计和执行，民宿活动有助于强调品牌的特色，提高可识别性，建立积极的声誉，以及培养与客户的情感联结，从而为民宿品牌的长期成功做出贡献。

（四）促进文化交流

民宿活动在文化交流方面发挥了重要作用。它们提供了独特的平台，使客人能够深入了解并参与当地文化、传统和生活方式。

首先，民宿活动促进了文化理解。通过与当地居民互动，客人能够了解不同文化的背景、价值观和习俗。这种互动有助于消除偏见和误解，增强尊重和欣赏不同文化的能力。

其次，民宿活动提供了文化学习的机会。客人可以参与各种文化活动，如传统庆典、手工艺制作、烹饪课程和文化表演。这些体验有助于深入了解当地文化，促进文化知识的传播和保护。

此外，民宿活动强调了文化的多样性。它们为少数民族、宗教群体和语言社群提供了宣传和展示自身文化的机会。这有助于维护和传承多样性的文化遗产。

最重要的是，民宿活动为文化交流提供了实际体验。与仅仅观光不同，客人在当地居民的陪伴下能够融入文化，与之互动，使文化交流更加丰富和有意义。

综上所述，民宿活动通过亲身体验和互动，促进了文化交流，有助于文化理解、文化保护和促进不同文化之间的尊重与友谊。这对于促进世界各地的文化多样性和和平具有深远的影响。

（五）带动产业发展

民宿活动对农业产生积极带动作用，鼓励农村地区农业多样化和经济可持续发展。农场主可为客人提供农业体验，如采摘水果、蔬菜种植、养殖活动，从而增加农场的经济收入。这有助于减轻传统农业所面临的压力，推动了农村地区的经济多元化。此外，一些农村地区还通过农产品销售、农场活动和农产品加工业务受益于民宿活动，增强了当地农业的可持续性。这对促进农村地区的繁荣和农业的现代化发展起到了关键作用。

民宿活动对手工业产业有积极带动作用，其提供了展示和推广手工艺品、艺术品和本地特色制品的平台。客人可以亲自参与手工艺制作活动，了解制作过程，购买当地手工艺品，从而支持手工业者。这种形式的旅游不仅促进了手工业的可持续发展，还有助于传承传统技艺。此外，手工业与民宿活动相结合，提供了独特和个性化的住宿体验，吸引更多客人前来体验和购买手工艺品，促进了手工业的推广和发展。

民宿活动对服务业有积极带动作用，其鼓励当地社区提供各种服务，如导游、美食体验、文化活动、户外探险等，以满足客人的需求。这创造了就业机会，提高了服务业的需求。同时，民宿主人也提供服务，如接待、清洁、烹饪等，增加了对服务业的需求。这有助于促进多元化服务，提供更多就业机会，促进经济发展。服务业在民宿活动中扮演着关键角色，丰富了旅游体验，提高了客人满意度。

（六）加快经济发展

民宿活动对经济增长起到了多方面的积极作用。

首先，民宿活动创造了就业机会。民宿主人、导游、清洁工、厨师等专业人员从这一形式的旅游中受益，提高了就业率，尤其是在农村和偏远地区。这有助于提高居民生活水平。

其次，民宿活动吸引客人消费。客人在住宿、餐饮、娱乐、购物和其他服务方面消费，刺激了零售和餐饮业的增长，为当地经济发展注入资金，也提高了税收收入。

最后，民宿活动促进了小微企业发展。许多当地企业家通过提供与民宿相关的服务，如美食、文化活动、交通服务等，实现了业务扩展，从而推动了小型企业和初创企业的成长。

（七）提升文明素养

民宿活动在提升文明素养方面发挥了重要作用。

首先，民宿活动鼓励客人尊重当地文化和生活方式。通过与当地居民互动，客人了解到不同文化的独特之处，促进了文化理解，从而提高了文明素养。

其次，民宿活动强调互动和亲善。客人通常会与当地居民一起生活，分享餐食、谈话和体验文化活动。这促使他们学会与他人相处、尊重不同意见和习俗，培养了社交技能和互助精神。

再次，民宿活动鼓励客人参与当地社区项目和慈善工作。许多民宿主人支持社区发展和文化保护项目，客人也有机会参与。这有助于提高客人的社会责任感和文明素养。

最后，很重要的一点是，民宿体验活动提供了教育机会。客人可以了解当地历史、文化、生活方式和传统，从而拓展知识领域，培养文明素养。

民宿活动通过促进文化理解、互动和社会参与，提升了客人的文明素养，有助于培养更具包容性、互助和尊重的社会环境。

做一做 1-1-2

民宿活动助力乡村振兴作用调研

党的二十大报告指出，"全面推进乡村振兴"。2022年7月，文化和旅游部等十部门联合印发《关于促进乡村民宿高质量发展的指导意见》，如何通过丰富民宿活动产品更好地满足多层次、个性化、品质化的大众旅游消费需求，全面助力乡村振兴呢？接下来，我们以在南京汤家民宿村开展的实地考察为例，调研民宿活动如何在产业发展、乡村振兴中发挥了独特的作用。

步骤一：提出实地调研目的

明确调研的目的：了解民宿活动如何通过丰富的产品更好地满足了多层次、个性化、品质化的大众旅游消费需求，全面助力乡村振兴。

步骤二：阅读文献

查阅相关文献，了解该调查地区民宿发展情况和已有成果。

步骤三：制订调研计划

首先，确定调研区域，选择民宿和受访者；其次，设计问卷或采访提纲，用于数据收集；最后，制订调研计划。

步骤四：数据收集

实地访问民宿，与民宿主人和客人交流，收集民宿活动作用的数据，做好记录和观察。同时，收集相关数据，如入住率、价格信息等。

步骤五：数据分析

整理和分析收集到的数据，提取有关民宿作用的关键指标。

步骤六：结果解释

解释数据和分析结果，讨论民宿对当地社区、经济和文化的实际影响。

查看前面学习的内容，进行对比和讨论。

步骤七：撰写报告

撰写调研报告，包括调研目的、方法、发现和建议，既要总结调研的主要发现和结论，又要说明对民宿的作用的理解，最好能够使用图表和案例研究等方式清晰地展示调研成果。

步骤八：讨论和分享调研报告

将调研报告在班级进行演示，分组进行讨论和交流，教师进行点评。

评一评 1-1-2

根据学生在任务实施中的表现完成本任务评价表（见表1-1-2），可以此作为该任务学习的成绩参考基础。

表1-1-2　　　　　　　　**民宿活动助力乡村振兴作用调研任务评价参考表**

评价项目	评价标准	分值	得分
步骤一：提出实地调研目的	• 目标明确性：是否明确说明了民宿活动助力乡村振兴作用调研的目标与问题	10	
步骤二：阅读文献	• 文献广度：是否广泛阅读了相关领域的文献	5	
步骤三：制订调研计划	• 调研设计：调查计划的合理性，包括选择的样本、数据收集方法和时间框架 • 数据采集工具：检查问卷或采访提纲的质量和适切性，以保证准确而有针对性地完成数据收集	10	
步骤四：数据收集	• 数据质量：数据的准确性、完整性和可靠性，确保数据收集过程没有偏见或错误 • 样本代表性：检查被调研民宿参与群体样本的代表性，以确保能够从多方了解民宿活动的作用	10	
步骤五：数据分析	• 分析方法：所使用的分析方法的适用性 • 结果的解释：确保分析结果与研究问题相关，并有助于民宿活动作用调研目标的实现	20	

续表

评价项目	评价标准	分值	得分
步骤六：结果解释	• 结果解释：对调研结果的解释，确保它们与研究目标一致，具有实际意义	15	
步骤七：撰写报告	• 结构和清晰度：检查调研报告的结构和清晰度，能够确保读者轻松理解研究的内容 • 数据呈现：检查图表、表格和案例研究等信息呈现方式，确保它们有助于传达研究结果	30	

【参考文献】

1. 吴丹. 文旅融出"强村富民"好风景 [N]. 雅安日报，2023-10-31（8）.

2. 胡园园，兰琼瑛. 激活海岛文旅潜能 走好海岛共富之路 [N]. 舟山日报，2023-10-27（5）.

3. 劳玉婷，王壹. 乡村旅游持续"升温"民宿体验热度不减 [N]. 农民日报，2023-10-21（7）.

4. 周仑，刘成臣，邹景根，等. 郧西民宿经济搭上"七夕号"快车 [N]. 十堰日报，2023-09-15（2）.

5. 陆康. 文旅融合背景下"民宿+书房"发展模式探究与思考 [J]. 河南图书馆学刊，2023，43（9）.

6. 马晓婷. 加快培育乡村旅游"新空间新场景新活动" [N]. 青岛日报，2023-09-14（2）.

项目二
点石成金——认知民宿活动策划

　　民宿活动策划旨在为客人提供丰富的、有意义的住宿体验。策划工作包括确定活动类型，调研客人的兴趣和需求，协调与当地社区和活动资源的关系，以及安排时间、预算、安全预案等工作，以确保活动顺利进行。策划创意的产生、策划思维的形成，以及策划工具的使用是影响民宿活动策划的关键因素。

【项目导图】

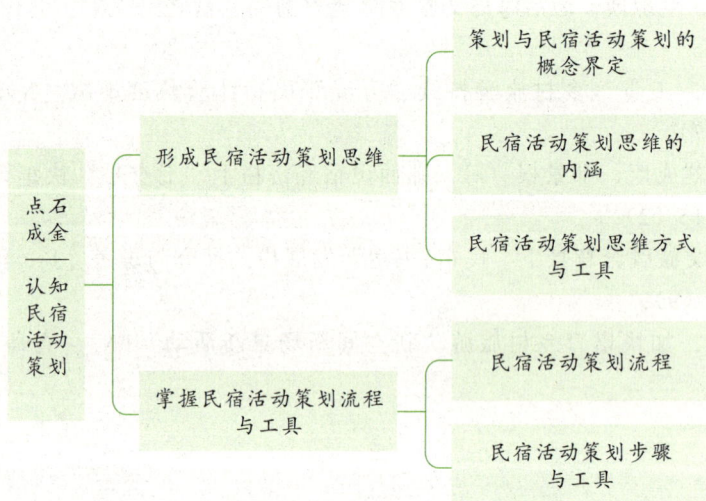

任务一　形成民宿活动策划思维

【知识目标】

1.理解民宿活动策划的概念。

2.知晓民宿活动策划思维。

【能力目标】

1.能够深入理解民宿活动策划思维。

2.能够掌握民宿活动思维的方式。

3.能够使用民宿活动思维的工具。

【素养目标】

1.培养学生的理论分析能力。

2.提升学生的逻辑架构能力。

3.增强学生的团结合作意识。

4.提高学生的社会参与度。

学一学 1-2-1

一、策划与民宿活动策划的概念界定

（一）策划的概念

策划一词最早出现在我国《后汉书·隗嚣传》，"是以功名终申，策画复得"。"策"指计谋，如决策、献策、下策。"画"与"划"相通，指设计、筹划、谋划。策划的英文为 planning，意思是制订计划，包含设计、规划之意。

活动是指一系列有目的、有意义、有组织的行动或事件，旨在实现某种目标或满足某种需求。活动可以有体育运动、文艺演出、社交聚会、教育培训、商业展示等各种形式，通常需要有策划、组织、执行和评估等环节。活动的成功关键在于目标的明确、策划的合理、执行的协调和评估的追踪。

日本策划家和田创认为，策划是通过实践活动获取更佳效果的智慧，它是一种智慧创造行为。

美国哈佛企业管理丛书中关于策划的描述为，策划是一种程序，"在本质上是一种

运用脑力的理性行为"。

《中国公共关系辞典》对策划的解释是："人们为了达成某种特定的目标，借助一定的科学方法和艺术，为决策、计划而构思、设计、制作策划方案的过程。"

更多理论认为策划是一种对未来采取的行为作决定的准备过程，是一种构思或理性思维程序，也就是通常讲的"出谋划策"。

旅游策划专家张稳柱认为，"策划"是指为达到某种特定预期的目标，借助科学的、系统的方法和创造性思维，通过调查研究分析，对目标对象的各种因素进行准确了解，对现有资源进行组合和优化配置，设计并制订行动方案的行为。也就是说，策划是事先决定做什么、如何做、何时做、由谁来做的系统方案。

（二）活动策划的概念

统观现有研究成果，业内对活动策划的界定主要从内容、形式、传播和价值四个角度入手。

1.内容

（1）活动内容必须具有鲜明的目的性，这是活动策划的本质、宗旨。

（2）活动内容需具备广泛的社会性，为大众所接受，并对受众产生影响。

（3）活动内容必须直接或间接达到目的，实现直接或隐性利益，满足发起方目的需要。

2.形式

活动策划的形式应根据活动策划的内容而定，需要具备以下特点：

（1）实效性。活动策划的投入产出比，决定了形式必须具有实效性。

（2）创新性与可操作性。创新性使活动策划具有生命力，是活动策划的灵魂，但同时可能会受到诸多因素影响而难以实施，所以创新性与可操作性必须同时具有。

3.传播

美国著名政治学家拉斯韦尔在1948年发表的题为《社会传播的结构与功能》（The Structure and Function of Communication in Society）一文中提出了著名的5W传播模式。在该模式中，传播过程包括五大要素：谁（Who）、说什么（Say what）、通过什么渠道（In which channel）、对谁说（To whom）、产生什么效果（With what effect）。

通过图1-2-1，可以清楚地了解活动策划的成功在很大程度上源于传播的成功。

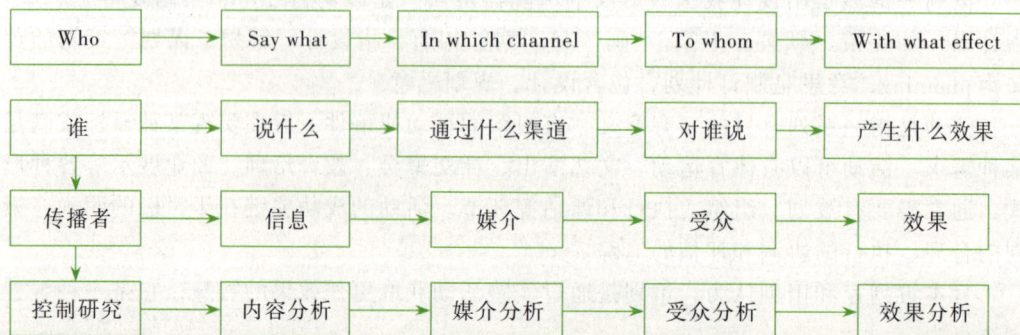

Who	Say what	In which channel	To whom	With what effect
谁	说什么	通过什么渠道	对谁说	产生什么效果
传播者	信息	媒介	受众	效果
控制研究	内容分析	媒介分析	受众分析	效果分析

图1-2-1　传播模式图

4.价值

从价值的角度考虑，活动策划成功与否应有两层含义：

（1）新闻价值。

活动策划是否创新、是否抓住了社会的热点，为受众喜闻乐见，引起媒体关注，具有传播价值，是活动的新闻价值的依托与延续。

■ **知识链接1-2-1**　　　　　　　　　**新闻价值的五大要素**

时新性。时新性是指事实在时间上是新近发生的，在内容上是人们所未知的新鲜事。事情发生的时间越近，新闻价值越高；内容越新，新闻价值也越高。人们的欣赏习惯是"喜新厌旧"，新闻更是如此。

重要性。重要性是指事实具有的为多数人所关心的社会意义。比如，神舟九号飞船、蛟龙号潜水航母入列等。许多获奖新闻，就是其事件本身意义重大。

显著性。显著性是指事实所涉及的人物、地点等因素为众人所瞩目，因而也就格外引起人们的关注。比如，社会公众人物，普通人的恋爱和婚姻不是新闻，但社会公众人物的恋爱和婚姻则是新闻。

接近性。接近性是指事实在地理、心理、职业、年龄、性别、兴趣等方面与受众接近。越接近，则新闻价值越大。人们日常读书、看报、看电视，首先关心的是当地的事、熟悉的事，或同职业、同年龄、同领域的事。

趣味性。趣味性包括人情味，是指事实因为新奇为人们所始料未及；或富有戏剧性，情节曲折跌宕；或极具人情味，能引起人们的情感共鸣，因而这类事实对受众具有特别的吸引力。比如，奇闻趣事、曲折遭遇、感情纠葛等。

需要特别说明的是，上述五个要素中，时新性是不变要素，即每条新闻都必须具备，另四个要素可多可少，但所具备的要素越多，新闻的叠加信息量就越大，新闻价值也就越高。

资料来源：岳春阳. 新闻价值的五大要素［EB/OL］.［2020-02-26］. http://m.ccutu.com/270091. html.

（2）体验价值。

活动策划是否吸引受众最大程度参与，表现为活动参与者精神状态的改变。其价值体验是由一系列舒适、欣赏、赞叹、回味、共鸣等心理过程组成，给参与者以强烈的心理影响，突出了活动主题的全新价值。企业与消费者的"深度沟通"，使品牌深入人心。消费者通过参与活动来体验、感受企业的产品和服务，进而对品牌产生重视、信赖，这样的一个体验将最终影响活动的效益。

通过以上分析，我们试着给出一个活动策划的定义。活动策划是指在现代社会活动中，为了达到某种预期的目的，借助科学方法、系统方法和创造性思维，对目标对象的生存和发展的环境因素进行分析，组合和优化配置所拥有的资源及可开发利用的资源，而进行的调查、研究、分析、创意、设计并制订行动方案的行为。

（三）民宿活动策划的概念

民宿活动策划是一个综合性的过程，旨在为客户创造深刻的、有意义的住宿体验，同时促进社会经济发展、文化交流和可持续性。策划者的任务是将这些概念融合在一起，以实现独特而有意义的旅行体验。民宿活动策划具有以下特点：

1.个性化体验

民宿活动策划着眼于每位客人的独特需求和兴趣。通过仔细了解客人的期望，策划个性化活动，以提供与众不同的住宿体验。

2.文化交流

民宿活动策划强调促进文化交流。包括客人与当地居民互动、参与当地文化活动和体验传统特色，从而推动文化的传承和理解。

3.可持续性

策划者通常注重可持续旅游实践，以减少环境影响、促进当地社区的经济增长和社会收益。这包括采用环保措施和支持本地产业。

4.安全和满足

活动策划需要考虑安全性，确保客人的健康和福祉。此外，策划者也要确保客户的需求得到满足，从住宿设施到餐饮和活动。

5.协作和创新

民宿活动策划通常需要与当地供应商、社区合作伙伴和专业人士合作，以提供多样性和创新性的体验。

二、民宿活动策划思维的内涵

（一）民宿活动策划思维的概念

民宿活动策划思维是一种系统性的思维方式，旨在有效规划、组织和实施民宿各种类型的活动、项目或计划，以实现特定的目标和预期结果。策划思维强调考虑各种因素和细节，以最大程度地提高成功的可能性，并减少潜在问题和挑战。策划思维是有利于"针对活动的需求，产生解决方案"的思维方式。民宿活动策划是应用策划思维的产物。

一个优秀的民宿活动策划，至少应该做到以下六点：

- 清晰地定义民宿活动目标：定义问题。
- 给出民宿活动的执行方案：解决问题。
- 分析解决执行方案的投入和产出：投产分析。
- 能够被他人理解：可传播性。
- 能够被他人执行：可执行性。
- 符合书写规范：符合标准。

所谓策划思维，就是要将上述要求作为前提进行民宿活动策划构思。

（二）民宿活动策划思维的基本要求

1.清晰地定义民宿活动目标：定义问题

在策划阶段，民宿活动的目标应该被明确定义，以确保所有相关方都了解活动的意义和预期结果。包括明确指出要解决的问题或实现的目标，如提高入住率、增加客户满意度、促进本地文化传播等。这个步骤帮助确定活动的方向和关注点。

2.给出民宿活动的执行方案：解决问题

一旦确定了民宿活动的目标，接下来就是制订详细的执行方案。包括确定活动的主题、时间表、场地、资源需求、活动内容和亮点，以及与目标相关的具体行动和活动元素。策划应该明确活动的策略，以解决之前定义的问题或实现目标。

3.分析解决执行方案的投入和产出：投产分析

优秀的民宿活动策划需要进行成本效益分析，以确保所提出的执行方案是可行的，并且预期的投入与产出相符。包括预算制定、资源分配、风险评估等。策划者应该在活动前期正确地管理资源，以最大程度地实现目标。

4.能够被他人理解：可传播性

民宿活动策划应该使用清晰、简洁的语言，以便其他团队成员、参与者和利益相关者能够理解。包括编写详细的策划文档、制作可视化材料，以及提供简洁的沟通渠道，以便传达策划的核心信息和目标。

5.能够被他人执行：可执行性

优秀的策划不仅要制订可行的方案，还要确保其执行是可行的。这包括协调各个团队成员的角色和责任，提供培训和资源支持，以确保所有执行者都能有效地履行其职责。策划者还应考虑实际执行的可行性，包括时间、成本和技术要求。

6.符合书写规范：符合标准

民宿活动策划转变为活动策划方案应符合专业书写规范和标准。这包括正确的格式、语法和拼写，以确保文档的可读性和专业性。符合书写规范有助于提高策划的可信度和可接受性。

三、民宿活动策划思维方式与工具

（一）由点及面思维方式与工具

1.思维方式

由点及面的思维方式，是一种将问题或事物从局部到整体进行思考和分析的方法。它的核心是从一个个细节着手，逐步将这些细节整合在一起，形成一个完整的整体。这种思维方式广泛应用于各个领域，包括科学、工程、艺术等。在应用由点及面的思维方式时，首先需要明确问题的具体细节和各个局部的特点，通过对这些细节的分析和了解，可以逐渐认识到它们之间的相互关系和影响。接下来，可以将这些细节进行整合，找出它们之间的共同点和联系，并进一步分析和总结，从而得出整体的结论或解决方案。

2.思维工具：甘特图

甘特图（Gantt Chart）是一种项目管理工具，用于可视化展示项目的时间表和进度。它以横向的条形图形式显示项目任务、活动或事件，按时间轴排列，帮助项目团队和利益相关者了解项目的时间线、任务依赖关系和进展情况。

甘特图通常包括以下要素：

（1）任务列表：列出项目中的所有任务、活动或事件。每个任务都有一个名称和描述，以便明确任务的性质和目标。

（2）时间轴：水平的时间轴表示项目的时间范围，通常以日、周、月或其他时间单位为基础。时间轴显示了项目的开始日期和结束日期。

（3）条形图形：每个任务在甘特图上由一条水平条形代表。这些条形的位置和长度表示了任务的开始时间和持续时间。任务的起始点和结束点分别标在时间轴上，以便清晰表示时间范围。

（4）任务依赖关系：甘特图可以用箭头或其他符号来表示任务之间的依赖关系。这帮助项目团队了解哪些任务必须在其他任务完成之后才能开始，以便有效地安排和管理项目。

（5）完成百分比：甘特图还可以显示每个任务的完成百分比，以表示任务的进展情况。这有助于团队和利益相关者追踪项目的状态。

甘特图是一种强大的项目管理工具，可帮助项目经理和团队成员规划、协调和监控项目。通过可视化项目进度，项目的时间线和关键任务一目了然，有助于更好地管理和优化项目资源，确保项目按计划进行。下面给出一些甘特图的示例（如图1-2-2至图1-2-8所示）。

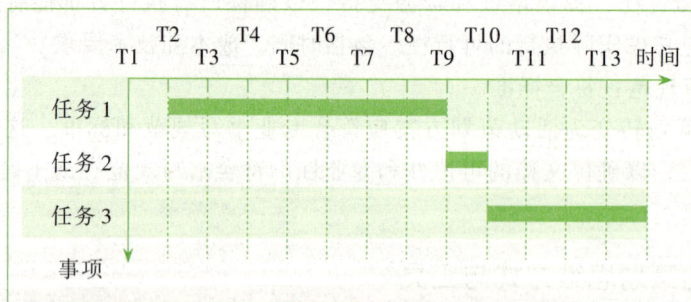

图1-2-2　甘特图示例1（基于坐标）

图1-2-3　甘特图示例2（基于表格）

纵轴：事项安排　横轴：项目时间
可不连续，也可不均分

开始执行　　　　　　　　　　　　结束执行

17 18 19 20 21 22 23 24 25 26 27 28 29 30

物料购买

事项

开始时间　　　结束时间

事项行

某事项的时间安排

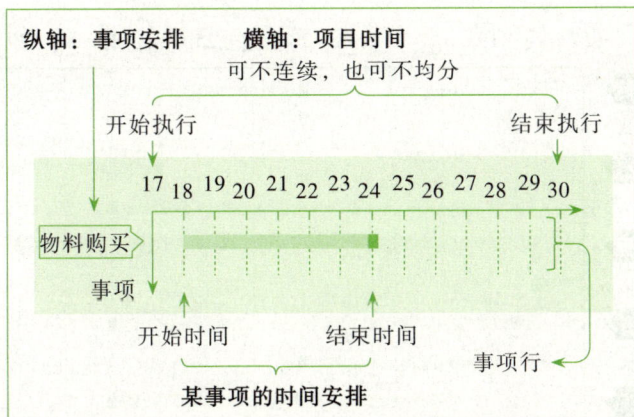

图1-2-4　甘特图示例3（坐标轴和事项样例1）

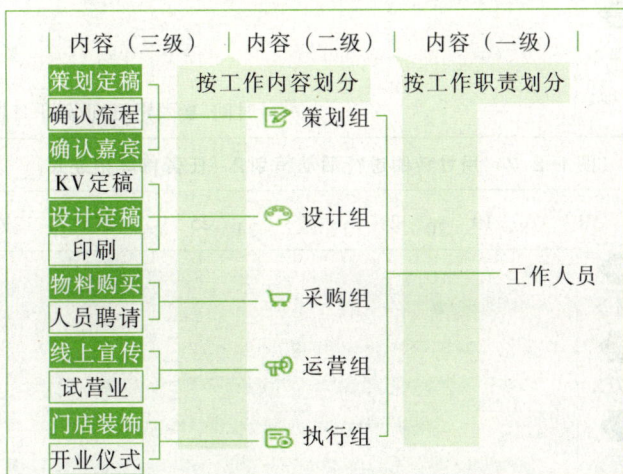

内容（三级）　内容（二级）　内容（一级）

策划定稿	按工作内容划分	按工作职责划分
确认流程	📝 策划组	
确认嘉宾		
KV定稿	🎨 设计组	
设计定稿		
印刷		工作人员
物料购买	🛒 采购组	
人员聘请		
线上宣传	📣 运营组	
试营业		
门店装饰	📋 执行组	
开业仪式		

图1-2-5　甘特图示例4（坐标轴和事项样例2）

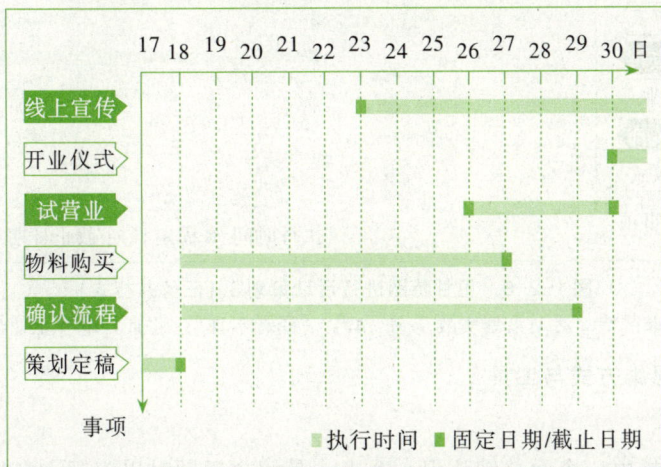

17 18 19 20 21 22 23 24 25 26 27 28 29 30 日

线上宣传

开业仪式

试营业

物料购买

确认流程

策划定稿

事项

■ 执行时间　■ 固定日期/截止日期

图1-2-6　用甘特图进行活动策划1

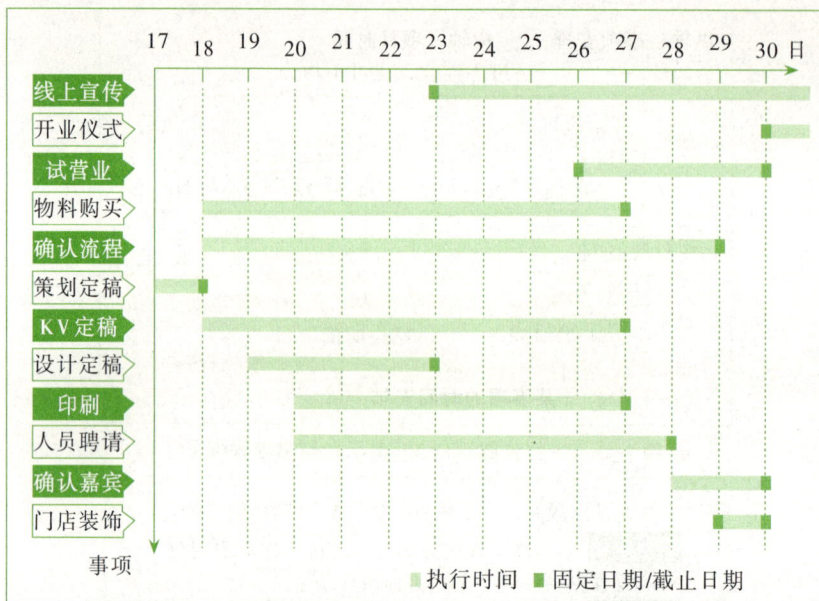

图 1-2-7　用甘特图进行活动策划 2（任务首尾相连式）

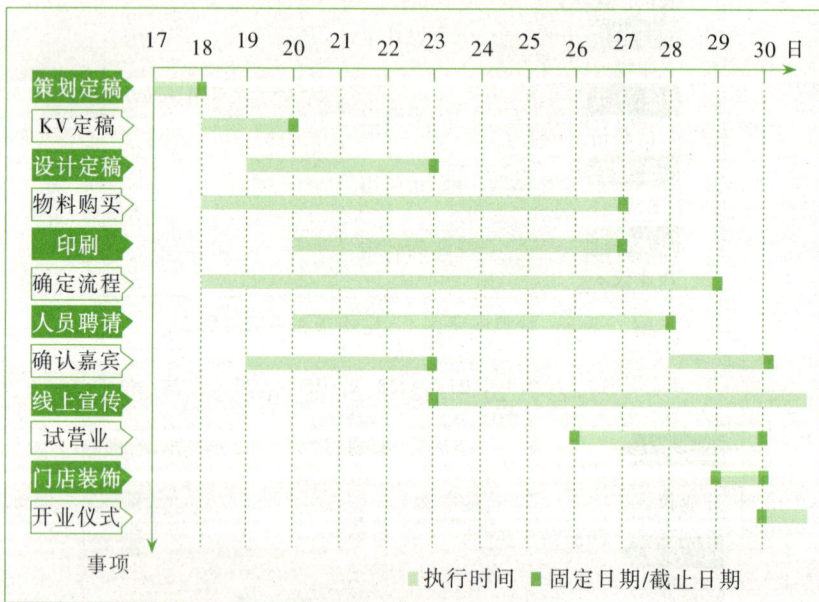

图 1-2-8　用甘特图进行活动策划 3（任务并行式）

资料来源：卡米雷特. 活动策划实战全书［M］.［译者不详］. 北京：电子工业出版社，2020.

（二）由面及点思维方式与工具

1.思维方式

由面及点是指由一个面总结认识一个点，是解决问题时以宏观方向指导微观事物的方法。由面及点意味着首先考虑整体框架和目标，然后确定实现这些目标的具体细节和元素。这种方法注重整体规划和战略，然后细化实施计划中的各个步骤。对于大型民宿活动或多个相关活动的协调非常有用，因为它可以确保所有元素都与整体愿景和目标保持一致。

2.思维工具：思维导图

思维导图（Mind Map）是一种图形化工具，用于以非线性、有机的方式组织和表达思维和信息。它通常以中心主题或核心思想为起点，然后从中心主题发散出各种相关分支和子主题，以便可视化和整理复杂的信息、观点和关系。思维导图被广泛用于知识管理、创意思维、问题解决、学习和项目规划等领域。思维导图的基本特点如下：

（1）中心主题：思维导图的中心是一个核心主题或中心思想，通常用一个关键词或短语表示。这个主题是整个思维导图的起点。

（2）分支：从中心主题向外辐射出各种分支，每个分支表示一个相关的子主题、概念或观点。这些分支可以连接到中心主题，也可以相互连接，形成一个分层结构。

（3）关键词和图标：每个分支通常包括一个简洁的关键词或短语，以表达子主题的核心概念。思维导图还可以包括图标、颜色、线条和其他可视元素，以增加信息的清晰度和可读性。

（4）分支交叉和连接：思维导图允许分支之间的交叉和连接，以表示不同主题之间的关系、依赖和交互作用。有助于呈现复杂信息的多面性。

（5）自由形式：思维导图是自由形式的，允许创作者以非线性和有机的方式组织信息。这使得思维导图非常适合创造性思维、概念整理和解决问题。

思维导图（如图1-2-9、图1-2-10所示）可以用纸笔绘制，也可以使用专业的思维导图软件创建，这些软件通常提供更多的功能和灵活性。它们被广泛用于各种领域，包括教育、企业、研究和项目管理，以帮助人们更清晰地组织思维、理清思路，以及更有效地处理信息和复杂的概念。

（三）倒推思维方式与工具

1.思维方式

倒推思维是一种从目标出发逆向思考的方法，它要求我们先确定目标，然后反向推导，以找到实现目标的步骤和关键要素。倒推思维能够帮助我们预测结果、识别潜在的隐患，并制订更加合理和高效的解决方案。倒推思维的核心是逆向思考。当我们面临一个问题时，常规思维方式是按照顺序解决问题，即从问题的起点开始往前推导。而倒推思维则相反，它从问题的终点出发，逆向推导问题的发生原因。逆向思考让我们能够更加全面地分析问题，而不仅仅局限于表面现象。通过倒推思维，我们可以深入理解问题的本质，准确定位问题的症结，从而找到更加有效的解决方案。

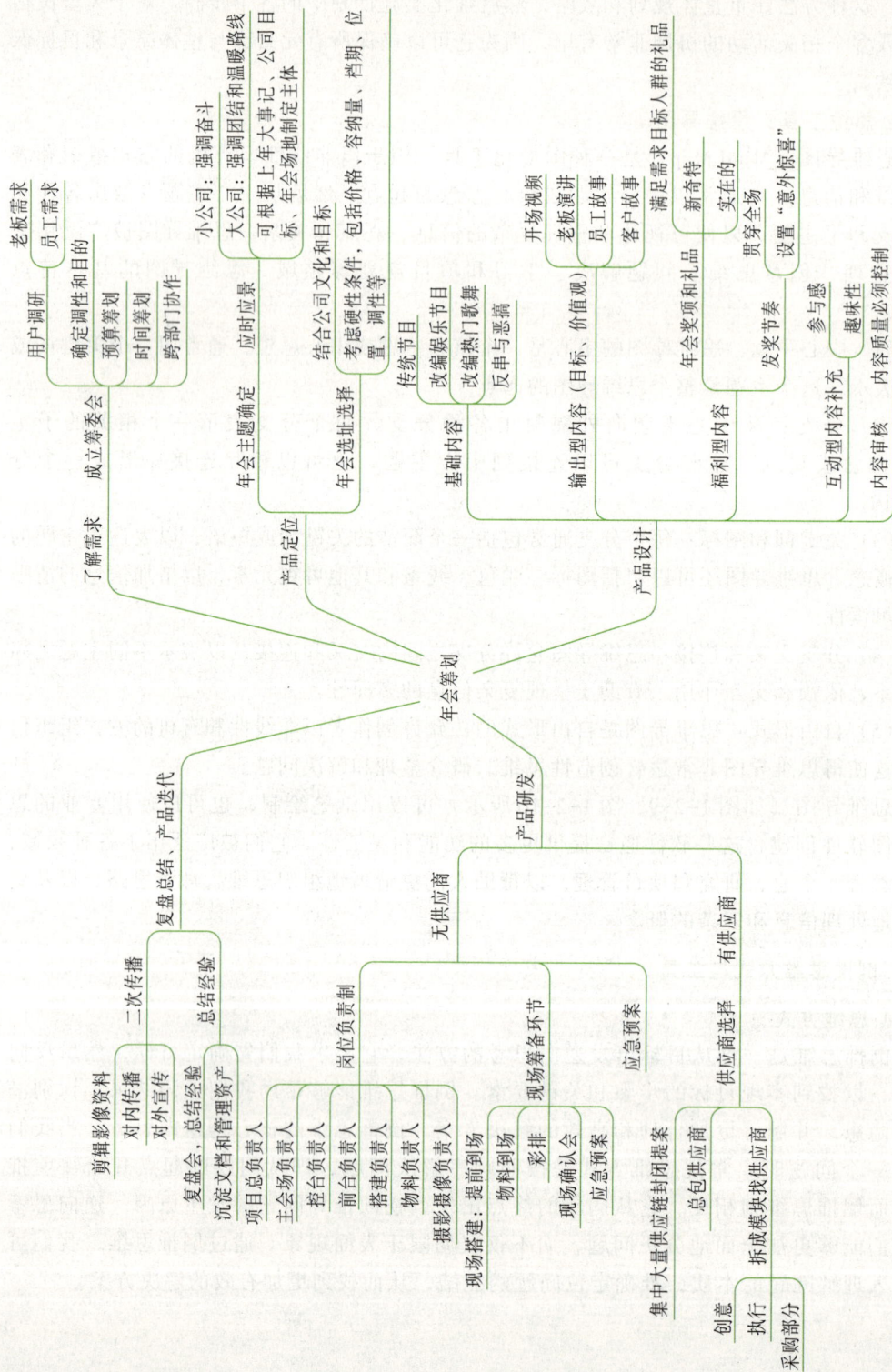

图1-2-9 企业年会活动思维导图

年会策划

- 了解需求
  - 用户调研
    - 老板需求
    - 员工需求
  - 成立筹委会
    - 确定调性和目的
    - 预算筹划
    - 时间筹划
    - 跨部门协作
- 产品定位
  - 年会主题确定
    - 应时应景
    - 结合公司文化和目标
      - 小公司：强调奋斗
      - 大公司：强调团结和大事记，公司目标、年会场地制定主体
      - 可根据上年大事记、公司目标、年会场地制定主体
  - 年会选址选择
    - 考感硬性条件、包括价格、容纳量、档期、位置、调性等
- 产品设计
  - 基础内容
    - 传统节目
    - 改编娱乐节目
    - 改编热门歌舞
    - 反串与恶搞
  - 输出型内容（目标、价值观）
    - 开场视频
    - 老板演讲
    - 员工故事
    - 客户故事
  - 福利型内容
    - 年会奖项和礼品
      - 满足需求目标人群的礼品
      - 新奇特
      - 实在的
    - 发奖节奏
      - 贯穿全场
      - 设置"意外惊喜"
  - 互动型内容补充
    - 参与感
    - 趣味性
  - 内容审核
    - 内容质量必须控制
- 产品研发
  - 无供应商
    - 岗位负责制
      - 项目总负责人
      - 主会场负责人
      - 接台负责人
      - 前台负责人
      - 搭建负责人
      - 物料负责人
      - 摄影摄像负责人
    - 现场筹备环节
      - 提前到场
      - 物料到场
      - 彩排
      - 现场确认会
      - 应急预案
        - 应急预案
  - 有供应商
    - 供应商选择
      - 总包供应商
      - 集中大量供应链封闭提案
      - 拆成模块找供应商
        - 创意
        - 执行
        - 采购部分
- 复盘总结、产品迭代
  - 二次传播
    - 对内传播
    - 对外宣传
    - 剪辑影像资料
  - 总结经验
    - 复盘会，总结经验
    - 沉淀文档和管理资产

现场搭建

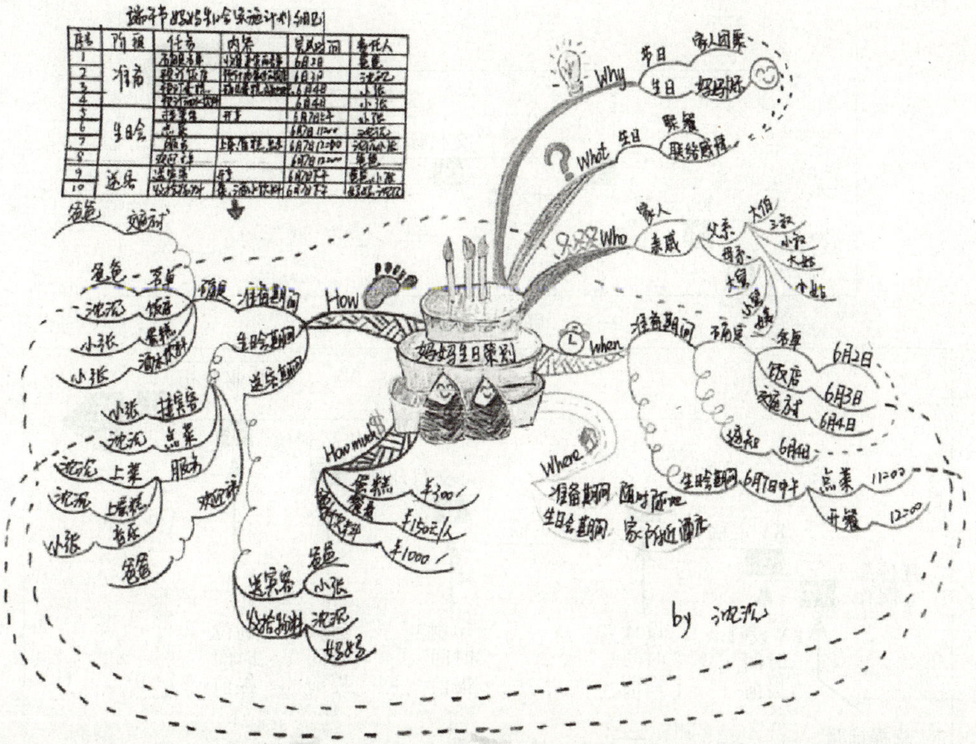

图 1-2-10　生日活动手绘思维导图

图片来源：沈洁莹. 【文魁大脑-思维导图精英班】沈沉第二幅 妈妈生日会策划 ［EB/OL］.
［2019-09-15］. https://www.jianshu.com/p/377348ca0a4d.

2. 思维工具：鱼骨图

鱼骨图，也称因果图或石川图，是一种分析问题的图形工具。它通常用于找出产生问题的根本原因，特别适用于团队合作解决问题的过程。鱼骨图的名称来源于其外观，它看起来像鱼骨骼结构，中心是问题，而从中心伸出的分支代表问题的不同因素和潜在原因。鱼骨图的主要特点包括：

（1）中心问题：鱼骨图的中心是待解决的问题，通常用简短的描述性短语或句子表示。

（2）鱼骨结构：从中心问题伸出水平分支，这些分支代表问题的不同因素或影响因素。这些分支通常分为几类，如人员、流程、设备、材料等，根据问题的性质和背景进行调整。

（3）子分支：每个水平分支下可以有更多的子分支，这些子分支表示更具体的原因或因素。子分支可能还有进一步的分支，以帮助识别问题的深层原因。

（4）原因分析：在各级分支中，团队成员可以记录与问题相关的潜在原因，或者对每个原因进行进一步的分析，以了解其背后的原因。

（5）罗列和优先级：一旦鱼骨图中的因素和原因都被列出，团队通常会对它们进行优先级排序，以确定哪些原因是最重要的或最有影响的。

下面给出一些鱼骨图的示例（如图 1-2-11、图 1-2-12、图 1-2-13 所示）。

开业典礼 0 结束

宣传品到位 3

交付印刷 3

KV定稿 5 设计定稿

宣传品制作 17 3

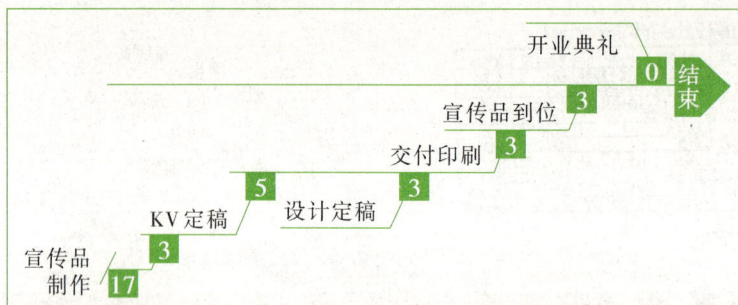

图 1-2-11 用鱼骨图进行活动策划 1

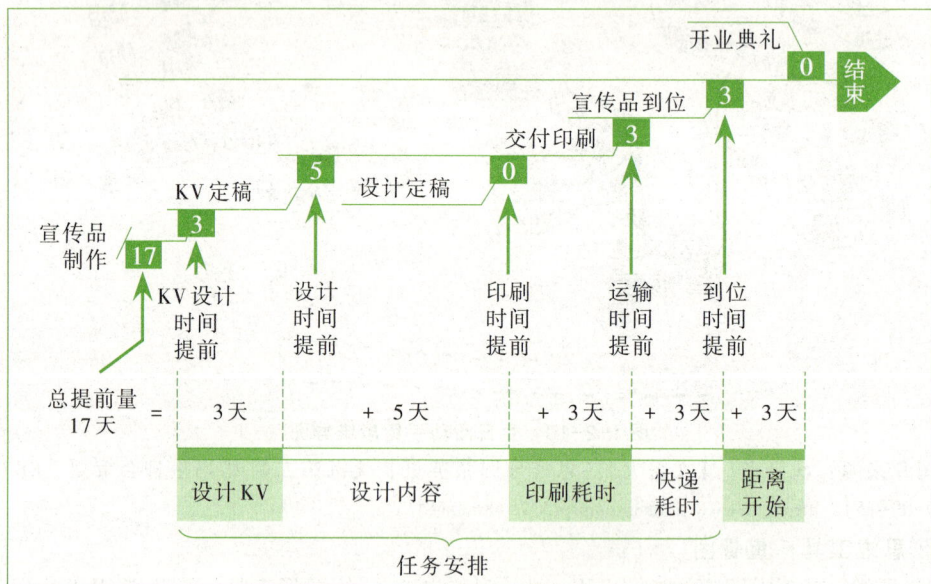

开业典礼 0 结束

宣传品到位 3

交付印刷 3

KV定稿 5 设计定稿 0

宣传品制作 17 3

KV设计时间提前 设计时间提前 印刷时间提前 运输时间提前 到位时间提前

总提前量17天 =	3天	+ 5天	+ 3天	+ 3天	+ 3天
	设计KV	设计内容	印刷耗时	快递耗时	距离开始

任务安排

图 1-2-12 用鱼骨图进行活动策划 2

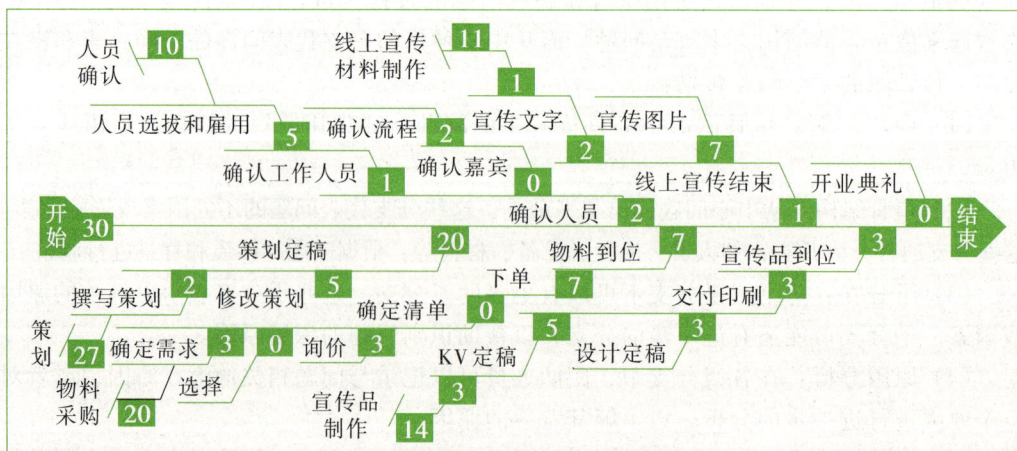

人员确认 10 线上宣传材料制作 11

1

人员选拔和雇用 5 确认流程 2 宣传文字 宣传图片

确认工作人员 1 确认嘉宾 0 2 7

线上宣传结束 开业典礼

开始 30 确认人员 2 1 0 结束

策划定稿 20 物料到位 7 宣传品到位 3

撰写策划 2 修改策划 5 下单 7 交付印刷

策划 27 确定需求 3 0 询价 确定清单 0 5 3

选择 KV定稿 设计定稿

物料采购 20 宣传品制作 14 3

图 1-2-13 用鱼骨图进行活动策划 3

资料来源:卡米雷特. 活动策划实战全书 [M]. [译者不详]. 北京:电子工业出版社,2020.

（四）正推思维方式与工具

1.思维方式

正推思维是一种解决问题和制订计划的方法，它从已知信息和现有资源出发，逐步推演出实现特定目标的步骤和行动计划。正推思维的过程通常是自上而下的，从总体目标到具体步骤，以便达到预期的结果。正推思维的特点包括：

（1）目标导向：正推思维始于明确的目标或期望结果。首先确定你想要实现的目标，然后考虑如何达到这个目标。

（2）逻辑推导：一旦设定了目标，正推思维依靠逻辑和推理来确定达成目标的必要步骤，考虑各种可能的方法，然后选择最合适的方案。

（3）顺序性和系统性：正推思维通常是有序的，步骤和行动计划按照一定的顺序进行。它通常会考虑不同步骤之间的关系，以确保活动计划和实施的可控性。

（4）确定性：正推思维的过程通常基于已知信息，它试图确定实现目标的最佳方法。这种方法适用于问题较为明确和已知的情况。

（5）计划制订：正推思维常常涉及计划的制订，包括明确的时间表、责任分工和资源分配，以确保计划的执行。

2.思维工具：流程图

流程图是一种以图形化表示流程、过程和程序的图表。它通过符号、图形和文本来展示特定活动的顺序、交互和相关信息，以帮助人们更好地理解和分析流程。流程图通常被广泛用于各种领域，包括工业、商业、信息技术、工程、项目管理和教育等。流程图的主要元素和符号包括：

（1）开始/结束符号：通常表示流程的开始或结束点，一般使用椭圆形或矩形。

（2）操作/处理符号：表示执行具体操作或任务的步骤，通常用矩形框表示，内部包含操作的描述或编号。

（3）决策符号：用于表示决策点，通常使用菱形或菱形框表示，内部包含决策条件，分支通向不同的路径。

（4）数据流线：表示信息或数据在不同步骤之间的流动，通常用带箭头的线表示，箭头指向数据的流动方向。

（5）连接线：用于连接不同的符号和步骤，表示流程中的顺序关系。

（6）汇总符号：表示数据或信息的汇总点，通常使用矩形或长方形框表示。

下面给出2个流程图的示例（如图1-2-14、图1-2-15所示）。

（五）模块化思维与工具

1.思维模式

模块化思维是一种将复杂问题或系统分解为较小、独立的模块或组件，以更容易理解、管理和解决的思维方式。这种思维方式强调整体问题的分解，将问题划分为相互关联但相对独立的部分，以便更有效地处理和解决。

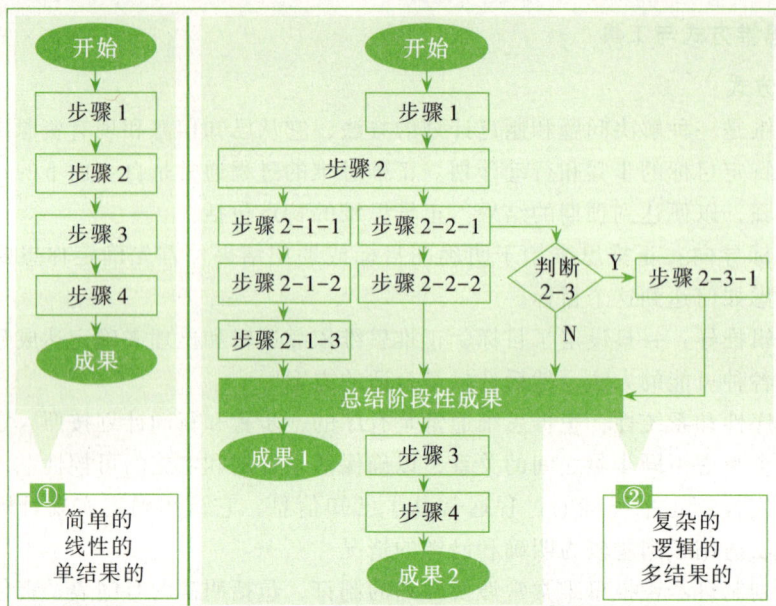

图 1-2-14　流程图示例

资料来源：卡米雷特．活动策划实战全书［M］．［译者不详］．北京：电子工业出版社，2020.

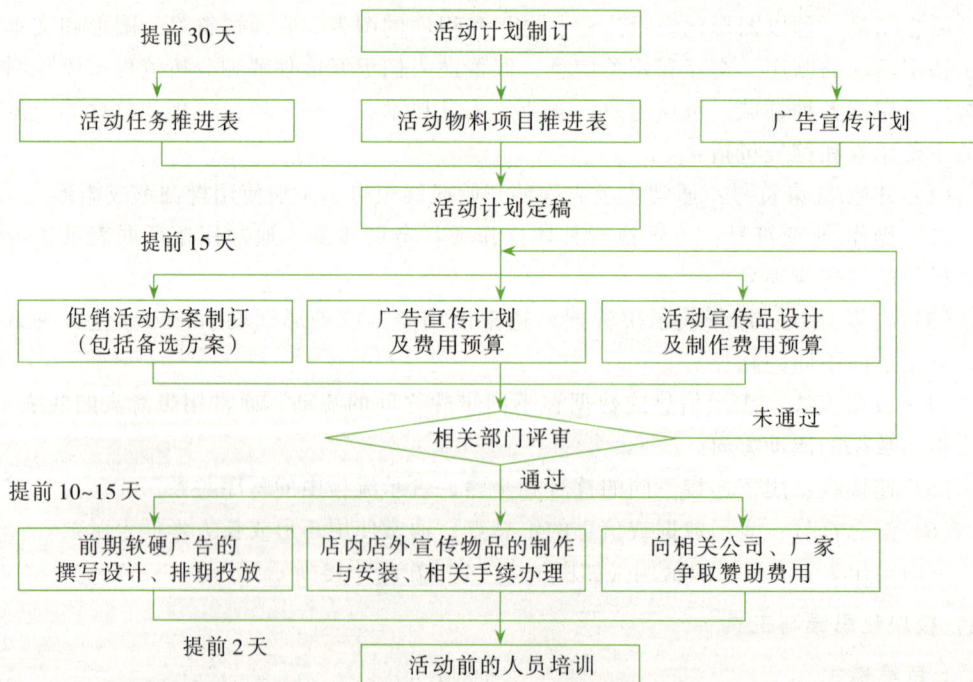

图 1-2-15　用流程图进行活动策划

模块化思维的关键特点包括：

（1）分解和组件化：模块化思维涉及将大问题或系统分解为更小、可管理的组件或模块。这些模块可以分别处理，然后合并为完整的解决方案。

（2）独立性：每个模块通常是相对独立的，可以独立开发、测试和维护。从而降低了模块之间的相互依赖性，提高了系统的可维护性。

（3）接口和互操作性：模块之间通常需要定义清晰的接口，以便它们能够互相通信和协作。这有助于确保模块可以无缝集成到系统中。

（4）可复用性：模块化思维鼓励将通用性高的模块设计为可重复使用的组件。这有助于提高效率，因为相似的模块可以在多个项目中重复使用。

（5）简化复杂性：将大问题分解为小模块有助于减少复杂性，使问题更易于管理和解决。

（6）并行开发：不同模块可以同时开发，从而加速整个系统的开发过程。

2.思维工具：结构图

结构图是一种以图形化表示软件系统或计算机程序的模块结构和组织关系的图表。结构图通常用于软件工程和系统设计领域，以显示程序的模块、子程序、函数或对象之间的层次结构、依赖关系和调用关系。它有助于理解和可视化一个系统的组织架构，从而更好地进行开发、维护和管理。结构图的主要特点和元素包括：

（1）模块或子程序：结构图中的模块代表程序中的功能单元，通常是一个函数、过程、子程序或对象。每个模块都有一个标识符和描述，以便理解其功能。

（2）层次结构：结构图使用树状结构来表示模块之间的层次关系。通常，一个主模块或主程序位于图的顶部，而底部包括底层模块，表示系统的最底层功能。

（3）连接线：连接线用于表示模块之间的调用或依赖关系。箭头通常指向被调用的模块，显示了调用的方向。

（4）模块层次：结构图中的模块可以有多个层次，其中顶层模块是主控制流程，而底层模块包括具体的功能和子程序。

下面给出一个结构图的示例（如图1-2-16所示）。

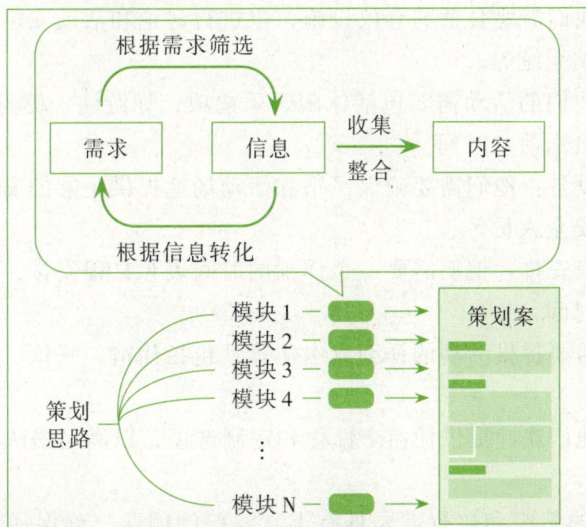

图1-2-16　结构图示例

资料来源：卡米雷特．活动策划实战全书［M］．［译者不详］．北京：电子工业出版社，2020．

视频分享
1-2-1

怎样画思维
导图？

做一做 1-2-1

民宿团建活动需求目标定义训练

请根据××公司定制民宿团建活动任务书对本次民宿团建活动进行需求目标定义。

步骤一：案例学习

××公司定制民宿团建活动任务书

××公司希望组织一次民宿团建活动，旨在促进员工之间的团队协作、增进彼此的了解、提高团队凝聚力，同时也为员工提供一次轻松愉快的休闲体验。

一、活动目标

通过这次活动，他们希望实现以下目标：

1.增进员工之间的互信和友情，促进更好的合作。

2.提高员工的团队协作技能和沟通能力。

3.鼓励创新思维和问题解决能力。

4.为员工提供一段愉快的休闲时光，以减轻工作压力。

二、活动需求

1.住宿安排：他们需要一家宽敞、舒适、干净的民宿，能够容纳公司所有员工。民宿应提供必要的床铺、浴室、生活设施以及舒适的休息区。

2.活动项目：他们希望活动包括各种团队建设和团队活动项目，如团队挑战、户外运动、团队游戏、团队建设工作坊等。这些项目应能够增强员工之间的合作和互动。

3.餐饮服务：活动期间，他们需要提供三餐餐饮服务，包括早餐、午餐和晚餐。餐点应包括各种美食选择，满足员工的口味。

4.会议设施：他们需要合适的会议设施，以进行讨论和活动安排。这些设施应包括投影仪、白板、音响系统等。

5.休闲娱乐：他们的活动需要包括休闲娱乐选项，如游泳、健身、SPA、户外活动等，以充实员工的自由活动时间。

6.安全和医疗设备：他们需要确保民宿和活动场地提供足够的安全措施，包括急救设备、医疗支援和安全人员。

7.时间表和日程安排：他们需要一个详细的时间表和日程安排，涵盖所有活动、工作坊、餐点和休息时间。

8.预算：他们需要提供活动的详细成本估算，包括住宿、餐饮、活动项目和任何额外费用。

9.定制选项：他们欢迎提供任何个性化和定制选项，以满足团队特殊需求。

三、附加要求

民宿团建活动的组织和执行需要具有丰富经验的团队，确保活动的成功和员工的满意。

请提供活动策划和执行的详细计划，包括活动项目的介绍、安排和指导。他们鼓励提供任何额外的建议和增值服务，以提高活动的质量。

步骤二：明确活动的总体目标

活动总体目标是客户希望通过活动实现的核心目标：提高员工团队协作能力和组织的凝聚力。

步骤三：拆分总体目标为具体目标

将提高员工团队协作和凝聚力总体目标拆分为更具体的子目标。例如，子目标可能包括提高员工沟通技能、融洽工作关系等。

步骤四：确定可度量的指标

为每个子目标确定可度量的指标，以便后续评估活动成功开展。例如，如果一个子目标是提高员工沟通技能，可以度量通过参与团队建设活动所达到的沟通技能的改善情况。

步骤五：明确目标的期望结果

详细描述每个子目标的期望结果，了解在活动结束时应该看到的变化。例如，期望结果可能是员工之间有了更多的信任与合作。

步骤六：与相关方进行讨论和确认

与活动的相关方，包括管理层、员工和其他利益相关者进行讨论，以确保目标已经达成共识并得到确认。确保目标能够满足他们的期望。

步骤七：目标文件化

将目标详细记录下来，可以使用文档、表格或清单，确保目标清晰明了，易于查阅。

实务参考 1-2-1

想要成功？这 9 个设定明确活动目标的窍门帮你！

在组织和策划活动时，设定明确的活动目标是非常重要的。一个清晰的目标可以帮助你制订计划、分配资源、吸引参与者，并衡量活动的成功程度。以下是一些建议，帮助你设定明确的活动目标：

确定活动目的：首先要明确活动的目的和意义。考虑活动的背景、目的、主题和预期结果，确保目标与活动主题相一致。

具体化目标：将目标具体化，使其具有可衡量性。使用量化的词汇来描述目标，例如"增加 50% 的参与者数量"或"提高 20% 的销售额"。

设定时间期限：为活动设定一个明确的时间期限。这有助于你在策划和执行过程中保持专注，并确保活动在规定时间内完成。

制定 KPI（关键绩效指标）：确定活动的主要绩效指标，即 KPI。这些指标可以是关于参与者数量、反馈评分、媒体报道等的关键指标，用于衡量活动的成功程度。

明确责任分配：确保每个团队成员了解自己的职责和目标。将任务分配给合适的团队成员，并确保他们能够按时完成工作。

制定预算：根据活动规模和目标，为活动制定合理的预算。确保预算包括所有必要的开支，如场地租赁、设备租赁、餐饮等。

制订实施计划：根据目标、时间期限和预算，制订详细的实施计划。这包括活动策划、宣传、日程安排、人员安排等细节。

跟踪与评估：在活动执行过程中，密切关注活动的进展情况，并定期进行评估。比较实际结果与预期目标，分析差异原因，并采取必要的调整措施以确保目标的实现。

总结与反馈：活动结束后，对活动进行总结，并收集参与者和相关人员的反馈。分析活动的成果和不足之处，为未来的活动提供经验。

设定明确的活动目标是成功组织和管理活动的关键。通过确定具体目标、制订计划、明确责任分配、跟踪评估和总结反馈，你将能够更好地实现活动的目标，并取得预期的成功。

设定明确的活动目标对于活动的成功至关重要。以下是一些常见的问题及其解答，以帮助你更好地设定明确的活动目标：

问：设定活动目标时应该考虑哪些因素？

答：在设定活动目标时，需要考虑活动的目的、主题、受众、资源和时间等因素。此外，还需要考虑市场和竞争对手的情况，以及目标是否具有可行性和可衡量性。

问：如何确定活动目标的优先级？

答：确定活动目标的优先级是确保活动重点突出的关键。可以根据目标的重要性和紧急性进行排序，或者根据活动的长期和短期目标来划分优先级。

问：如何避免活动目标过于模糊或过于具体？

答：过于模糊的目标无法提供明确的指导，而过于具体的目标可能导致灵活性不足。因此，需要在具体和模糊之间找到平衡点，确保目标既明确又具有可操作性。

问：如何确保活动目标与组织战略一致？

答：为了确保活动目标与组织战略一致，需要明确组织的使命、愿景和价值观，并以此为指导来制定活动目标。同时，还需要确保活动目标符合组织的战略规划和发展方向。

问：如何评估活动目标的实现情况？

答：评估活动目标的实现情况是确保活动成功的关键环节。可以通过收集数据、分析指标、进行调查和评估反馈等方式来评估目标的实现情况，并根据评估结果进行调整和改进。

问：如何处理多个部门或团队之间的目标冲突？

答：当多个部门或团队之间的目标发生冲突时，需要协调和平衡各方利益。可以通过沟通、协商和资源分配等方式来解决冲突，确保各方的目标都能够得到实现。

问：如何设定具有挑战性的活动目标？

答：具有挑战性的活动目标能够激发团队的积极性和创造力。可以通过提高目标的标准、增加资源的投入、加强团队合作等方式来设定具有挑战性的活动目标。

设定明确的活动目标是确保活动成功的关键环节。需要综合考虑多种因素，明确目标的具体内容、优先级和评估方式，并确保目标与组织战略一致。同时，需要注意处理目标冲突和设定具有挑战性的活动目标等问题。

资料来源：佚名.时尚商业生活：想要成功？这9个设定明确活动目标的窍门帮你！[EB/OL].[2023-12-17]. https://baijiahao.baidu.com/s?id=1785480455075631139&wfr=spider&for=pc.

评一评 1-2-1

根据学生在任务实施中的表现完成本任务评价表（见**表1-2-1**），可以此作为该任务学习的成绩参考基础。

表 1-2-1 民宿团建活动需求目标定义训练任务评价参考表

评价项目	评价标准	分值	得分
步骤一：案例分析	• 案例要点分析的完整性：案例分析是否详尽、清晰、全面，并包括了公司的需求和目标	10	
步骤二：明确活动的总体目标	• 明确性：目标应该清晰明确，避免模糊或抽象的陈述 • 相关性：目标应与活动的性质和公司的需求相关联，确保与公司的目标一致 • 可衡量性：目标是否可以通过具体的指标或标准来量化和测量 • 可实现性：目标是否在给定的资源和时间框架内可行 • 时间范围：目标应具有明确的时间范围，指定完成目标的期限	20	
步骤三：拆分总体目标为具体目标	• 分解度：目标是否被充分细化为具体的子目标或任务，以便更容易实施和跟踪 • 相关性：每个具体目标是否与总体目标相关联，确保它们有助于实现总体目标 • 可衡量性：每个具体目标是否可以通过具体的指标或标准来量化和测量 • 可实现性：每个具体目标是否在给定的资源和时间框架内可行	15	
步骤四：确定可度量的指标	• 指标的明确性：指标应该清晰明确，便于收集和分析数据 • 相关性：指标是否与具体目标和总体目标相关联 • 可衡量性：指标是否能够通过数据收集和分析来量化 • 数据来源：确定从哪里收集数据以支持指标的测量 • 数据采集频率：指定数据收集的时间频率，以便定期跟踪指标	15	

评价项目	评价标准	分值	得分
步骤五：明确目标的期望结果	• 期望结果的描述：描述每个目标的期望结果，以便理解目标达成后预期的变化或成果 • 与目标关联：确保期望结果与目标直接相关，以反映目标的实现 • 可量化性：期望结果是否能够量化和衡量	15	
步骤六：与相关方进行讨论和确认	• 相关方的确认：确保目标得到相关方的理解、支持和认可 • 反馈收集：从相关方那里获取反馈，以便根据他们的意见和建议进行必要的调整 • 合作精神：确保与相关方之间的合作和沟通，以增进共识和协作	15	
步骤七：记录和文件化目标	• 文件化程度：目标应以书面形式记录，以确保所有相关方都可以访问和理解它们 • 版本控制：目标应进行版本控制，以便在变更时跟踪历史记录 • 可访问性：目标文件应易于访问，以便相关方随时查看和参考	10	

任务二　掌握民宿活动策划流程与工具

　　民宿活动策划深度依托主人资源、地区文化旅游资源和活动素材。民宿活动策划分为新闻性和体验性两类，我们聚焦于体验性民宿活动策划。其起点是分析目标客群需求，然后通过独特创意将素材充分融合，为客人设计难忘的体验。策划是复杂但有规律的过程，成功需要将创意转化为受欢迎的产品。活动策划要深入开发创意，通过实施和评价确认执行的有效性。学员将清晰了解民宿活动策划流程的三大阶段和十个关键步骤，并掌握一些项目管理工具和计算机软件。

【知识目标】

　　1.了解民宿活动策划流程的三大阶段和十个关键步骤。

　　2.知晓民宿活动策划各阶段中涉及的常见工具和应用软件。

　　3.掌握基本的活动策划管理工具。

【能力目标】

1.通过民宿活动策划演练，提升学生对市场需求与市场竞争的关注。

2.通过对社交媒体的应用，提高学生在活动方案营销宣传方面的技能。

3.通过对民宿特色主题活动的策划展示，加强学生对当地文化挖掘与利用能力的关注。

【素养目标】

1.掌握民宿活动策划的基本流程与工具，增强职业认同感。

2.通过民宿活动案例，激发学生对于民宿活动策划方案在深化阶段的安全因素和成本因素的关注。

3.引导学生重视活动执行质量的评价，培养精益求精的工匠精神。

学一学 1-2-2

一、民宿活动策划流程

民宿活动的策划不单单是即兴而发的，要想让民宿活动实现预定的目标，发挥应有的价值，成为市场喜闻乐见的消费体验，就需要按照一定的规范流程来进行策划，以确保民宿活动的策划研发不会挂一漏万。活动策划与管理的流程工具有很多，在本书中，我们重点呈现的策划流程分为三大阶段、十个步骤，如图1-2-17所示。民宿活动的策划先后经历方案设计（Design）、方案深化（Develop）、实施与评估（Implement & Evaluate）三大阶段。将策划流程划分为不同的阶段与步骤，有助于策划人员合理安排策划工作的时间，确保策划过程有条不紊地进行。

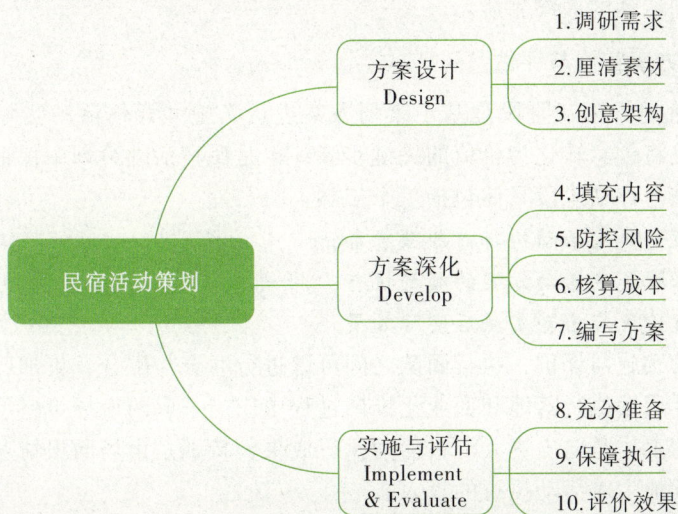

图 1-2-17　民宿活动策划流程的三大阶段和十个步骤

（一）民宿活动方案设计

民宿活动策划的第一阶段是提出活动策划的准确需求。这一步是基于民宿经营的实际发展需要，将市场需求与现有资源素材进行匹配，较为明确地提出特色主题活动策划与实施的需求。在这一阶段中具体包含三个步骤：

步骤一：调研民宿活动的需求；

步骤二：厘清民宿活动的素材；

步骤三：创意民宿活动的架构。

在这一阶段，虽然已经开始了筹划工作，但是我们并不知晓能否实际投入和实现预期的目标。通过方案设计，可以让活动策划的需求和目标更加具体，民宿活动的主题类型、市场现状、执行时间和预期目标等都将得以通过文字呈现。

（二）民宿活动方案深化

民宿活动策划的第二阶段是围绕方案目标及需求进行内容方面的细化，确保活动方案能够通过必要的资源和人力得以有效落地。这一阶段涉及活动实施过程中的执行者，具体包括四个步骤：

步骤一：填充民宿活动内容的丰富度；

步骤二：防控民宿活动中的潜在风险；

步骤三：核算民宿活动的成本与盈利；

步骤四：编写民宿活动详细执行方案。

通过方案深化工作，可以获得活动的具体议程、选定任务角色并明确分工、设定活动中的关键行动与里程碑，活动执行中可能涉及的潜在风险及规避措施与整体费用成本等都将通过文本的形式进行呈现。方案深化阶段将民宿活动的策划方案以书面的形式得以详细记录和呈现，为项目的具体实施提供指引。活动方案的优劣、执行人员的实力都将极大地影响到活动的最终品质。

（三）民宿活动方案实施与评估

民宿活动策划的第三阶段是基于策划方案进行实施并评估活动实际取得的市场反应。这一阶段是将创意转化为价值的关键步骤，也是民宿活动策划中保证策划案落地的重要环节。实施与评估阶段具体包括三个步骤：

步骤一：做好民宿活动执行前各项准备；

步骤二：保障民宿活动方案的顺利执行；

步骤三：评价民宿活动实施后实际效果。

通过方案的实施与评价，执行团队之间可以进行磨合与配合，更加明确地了解消费者的反馈，设计后续执行落地和商业化推广过程中应当采取的市场策略。在实施与评估阶段，很重要的工作是向出资人汇报活动执行成果，特别是市场回报情况，并在此基础上判断是否持续加大对活动执行的投入。

活动策划的三大阶段各有侧重，因此从不同的角度对活动策划者提出了不同的要求。下面，我们将按照民宿活动策划三大阶段分别展开，来分析和介绍活动策划者的工作职责和常用工具。

二、民宿活动策划步骤与工具

（一）民宿活动方案设计阶段：明确需求，设定架构

设计阶段的最终目的是将活动策划的需求和目标得以明确。在实际工作中，撰写方案相关文本的工作仅占很小一部分。活动策划者的主要职责是调查、分析、整合和沟通，具体来说，活动策划者需要通过完成以下行为来推进工作执行。

1.调研活动需求

从民宿经营者或民宿活动发起方（可能是订制民宿活动计划的客户）那里获得必要的需求信息，主要包括尽可能准确的执行时间、地点、核心人物的背景与好恶、人数、预算、目的和预期效果。获得的信息越多，往往对活动策划就越有利，也越容易避免活动策划偏离需求的情况发生。活动的参与者是否是活动采购的最终决策者？如果不是，需要尽力了解活动采购决策者的预想与好恶。

现实中的民宿活动可以大致分为两类：常规特色体验活动和客户定制化活动。庆生会、成人礼以及企业工作会或培训等都属于客户定制化的活动。森林康养、禅修、非遗制作等则往往属于民宿的常规特色主题体验活动。定制化活动往往活动采购的决策者非常明确，而常规特色体验活动的需求方往往是民宿主人或民宿的实际运营机构。

调研客户需求时常用到以下六种方法。根据活动的复杂程度灵活使用一种或组合使用多种相关方法：

方法一：面对面询问客户的需求是明确客户需求和目标的最直接且高效的做法。

方法二：在面对较多人进行需求收集时，也可以通过发放调查问卷进行。很多时候会通过赠送小礼品或提供住宿折扣等形式来激发目标客户将自己的真实需求告诉活动策划者。

方法三：调研人员也可以化身为"记者"，主动访谈客户以获得他们对民宿活动的需要和期待。

方法四：情报分析也是深入挖掘和理解客户需求和好恶的重要来源。通过大量收集与客户相关的各类可获得的在线信息和研究报告，来了解和刻画目标客群的性格、偏好与厌恶。例如现在网络上有大量的资料分析介绍95后（Z世代）的消费特征。

方法五：化身为客户的"影子"，参与客户内部举行的活动前期研讨会，详细记录并分析客户内部对活动需求所提出的各种想法。

方法六：向民宿活动专家或人类行为学专家请教，设定客户的情绪需求及结果期待。

在调研和整合活动需求、明确活动目标这一步，要全面了解活动各利益相关者（客户、出资人、民宿主人、活动导师、相关工作人员）的需求。可以用SMART工具来评价活动目标的清晰度。在目标设定时应尽量做到：具体的（Specific）、可测量的

（Measurable）、以行动为导向的（Action-oriented）、现实的（Realistic）、有时间节点的（Time-bounded）。

例如：通过为住店旅客提供半天的湘绣手工教学来提升民宿的文化体验价值，刺绣作品将作为客人的入住纪念品免费带回家。希望借此活动打造主题特色的同时，实现住店亲子客人的五星综合满意度增长0.5个百分点，客人的住店停留时间平均增加一天。

又如：××月××日10：00至12：00，在村广场，为××公司举办一场具有典型中式风格的庆祝会。邀请村醒狮队进行醒狮表演，表演之后安排参加庆祝会的嘉宾进行团建活动（待细化设计，准备出可选择的活动主题列表），并于中午在××大院用餐（菜单待细化）。

在需求调研这一步，活动策划者经常会用到的软件工具包括：在线表单工具（如问卷星、麦客等）、远程会议工具（如腾讯会议、Zoom等）。在梳理活动需求和目标的时候，思维导图类软件（如XMind、MindManager等）的使用也能够让工作逻辑结构更加清晰明了。表1-2-2列出了民宿活动需求调研常用的几种思维工具和软件。

表1-2-2　　　　　　　　民宿活动需求调研的思维工具和软件举例

思维工具	软件
• 结构化需求调研模板 • 工作分解结构（WBS） • SMART目标描述 • 结构思维法（金字塔原理）	• 在线表单软件（问卷星、麦客） • 远程会议软件（腾讯会议、Zoom） • 思维导图软件（XMind、MindManager）

2.厘清活动素材

民宿活动最终成功与否与民宿可提供和支持的素材和能力密不可分。厘清民宿当前的资源与素材情况，有利于梳理和对照活动的执行条件。比如，定制化的活动在时间上的需求是否与场地供给或执行团队的时间相冲突；活动预算相对于活动目标达成是否合理，是否还有增加预算的空间；活动的规模和质量要求是否超出了现有团队的执行能力。如果这一步出现判断失误，将可能导致整个活动策划方案出现问题，并令民宿经营者产生亏损。

通常而言，民宿活动能够触及到的资源与素材不仅仅是民宿院落围墙内的人和物。还包括民宿所在村落的公共资源、民宿邻近的自然生态资源与人文景观资源等，以及民宿可以通过合作和采购调度到的人力与素材。大多数常规性特色主题活动，往往普遍建立在外部的这些重要资源的可触达、可利用的基础上。

比如，如果想开展非遗活动，那就要先考虑一下本村或本社区是否拥有相关的非遗资源，以及是否有相关的合作老师来指导非遗制作活动。如果活动老师恰好是本地非遗传承人，那么将会为该活动增色不少。又比如，依托于自然生态资源的乡村民宿普遍倾向于开展森林康养类活动，那么在民宿周边是否已经具备成熟的森林健步康养路线？是否与拥有执业证书的专业森林康养师合作？在民宿活动策划的过程中，专业的活动执行人才也是活动中的核心"资源"或"素材"，他们往往是民宿活动中的灵魂要素。

在厘清民宿资源与素材的过程中，常用的工具就是穷尽枚举法。将这些可用的资源与素材分类排序后，便于在民宿活动的能力自评和后期方案深化环节中使用。

在这一步，对资源和素材的记录非常重要。通常使用的软件包括：Word、Excel、思维导图、图片及视频浏览器、流程绘制等。

表1-2-3罗列了几种在民宿活动素材调研中常用的思维工具和软件。

表1-2-3　　　　　　　　民宿活动素材调研的思维工具和软件举例

思维工具	软件
• 穷尽枚举法 • 结构思维法（金字塔原理） • 头脑风暴法 • 故事思维 • 关键路径图	• 办公软件（Word、Excel） • 思维导图 • 图片及视频浏览器 • 流程绘制（Visio、Project）

3.创意活动架构

民宿活动策划的第三步是构思执行活动的步骤，建立活动框架。此时活动策划者需要对活动的内容、步骤、人员（执行人员及受众）等形成初步的设计思路和活动框架，确保活动策划方案具有认知上的可执行性。

民宿活动的创意要与时俱进，突出活动策划者对时下文旅活动流行趋势的理解和驾驭。随着国内旅游进入文旅3.0时代，文旅活动呈现出分众化、体验化和网络化等诸多典型特征。客人愿意为了自身兴趣和深度体验而支付。这就要求民宿活动在策划的过程中为高净值的小众客户专门进行设计和研发。通过讲故事引发客人沉浸式的共情体验成为其中的关键点。结合不同的活动主题，需要用到不同的专业性的工具。比如，时下在很多民宿都非常流行的剧本杀活动，这类活动主要面向00后及在校大学生群体。剧本杀的核心就在于如何结合民宿及所在村落或社区构建出一场别开生面的"故事"，让客人在玩的过程中，不断参与，不断"入戏"。对文旅活动发展趋势的把握需要活动策划者们对国内文旅产业的发展充满热情和好奇心。

在创意活动架构这一步中，需要活动策划者灵活应用头脑风暴，借鉴成功活动案例，组织各方面利益相关者提供新鲜视角与金点子。此时，活动策划者的职业素养和视野变得尤为重要。活动创意的边界往往正是活动策划者本人的认知。

（二）民宿活动方案深化阶段：填充内容，规避风险

深化阶段是对活动创意的进一步完善，基于方案设计环节提供的框架通过填充更丰富有料的内容，并冷静思考活动执行过程中可能出现的风险，提早制定防范措施，做到未雨绸缪。在方案深化环节，活动策划者的职责是沟通、组合、优化、计算和编撰，具体来说，活动策划者需要通过完成以下行为来推进工作。

1.填充活动内容

这一步的核心是通过将更多的活动内容植入活动的关键路径中，以确保各个里程碑的高品质达成与实现。丰盈的活动内容，会令客户感知到活动更加立体多面，唤醒并满足客户尚未察觉到的收益感知。

填充活动内容，重在对细节的把控和完善。在方案框架的基础上，活动策划者需要不断比较、考量和评价现有的、可调度的资源及素材，包括物料、人员、合作关系等是否可以或多大程度上满足客户对活动的采购需求。活动策划者根据活动参与者在活动流程中的情绪变化，适当加入调节因素，或增强或舒缓客户的情绪感知。有时需要寻找新的资源、场地、供应商或临时聘用工作人员，确保活动框架上的内容饱满、逻辑合理且疏密有致。引入新的资源和内容可能会产生额外的成本，此时需要平衡项目的收益与项目的品质之间的关系。必要时，策划者要懂得及时停止对内容的丰富和堆砌。很多时候简约也是一种风格。

填充活动内容，有时会借助声光电技术、互联网技术以及人工智能技术，打造出虚实结合的沉浸场景与环境。通过技术对空间的装饰与改造可以让客户获得更加丰富而独特的体验与享受。

在填充活动内容的过程中，常用到比较分析法，寻找不同活动间的相似点与差异点。

表1-2-4简单罗列了民宿活动内容选择时常用的几种思维工具和软件。

表1-2-4　　　　　　　民宿活动内容选择的思维工具和软件举例

思维工具	软件
· 关键路径图 · 甘特图	· 办公软件（Word） · 流程绘制（Visio、Project）

2.防控活动风险

在方案深化环节，活动策划者要对活动实施中可能出现的各种潜在风险进行防范。最常见的是活动参与者的人身安全保障，签订活动风险承诺书自然是一种解决方式，购买保险也是广泛采用的避险方法。对于绝大多数专业性活动，例如某些特定体育运动，可以通过聘用持有专业教练证书的人士带队指导来规避运动中常人不易发现或无法及时应对的问题，为活动参与者提供训练有素的专业帮助和急救保障。

对于很多室外的活动，还需要考虑到当阴雨天到来时的替换方案有哪些。对于深度依赖外部资源及素材的活动，策划者要事前确认相关的资源及素材、人力或合作在活动执行的时候是可用的。

对于风险的排查，通常会依靠策划团队进行头脑风暴找出尽可能多的潜在风险点。采购具备专业服务及经营资质的合作伙伴的产品和服务是规避和防控活动风险的重要方法。

在防控风险这一步，策划者常用的思维工具和软件（见表1-2-5）不多，但是对于风险点的敏感性要求却很高。

表1-2-5 民宿活动防控风险的思维工具和软件举例

思维工具	软件
· 头脑风暴法	· 办公软件（Word）

3.核算活动成本

活动策划与执行的前提是盈利，所以对活动成本的核算是活动方案深化的重要组成。策划者要对全部物料、人工、关系等成本进行全面测算，将具体的时间安排和预估的花费制作成表格，通过适当调整内容使活动的总体成本低于可能的总体收入，实现基本盈利。

当然，有些常规性特色体验活动的价值不能简单用货币收入来进行测算。例如，对于很多非遗传承人而言，非遗制作已经是他们日常生活的组成部分，非遗教学与学术研讨交流等活动的维持并不依靠民宿客人的体验消费，得以被大众接受、喜爱和传承是另一种无价的收益。

核算活动成本时，活动策划者要有财务概念。通常使用的思维工具和软件（见表1-2-6）仅为制作财务表格而服务。

表1-2-6 民宿活动成本核算的思维工具和软件举例

思维工具	软件
· 预算管理思维	· 办公软件（Word、Excel）

4.编写活动方案

这一步是活动创意的最后一步，但并非活动策划的最后一步。活动策划方案的文档通常以配图的文字版为主，也可能会有多个版本。比如，对内的版本需要附加成本测算表单，而对外的版本则附加报价表。另外，还需要根据客户展示与沟通的需要，额外制作幻灯片版本或视频版本的活动策划方案，以利于更加直观地影响客户采购决策。在这一步，可能还会需要设计现场效果图等辅助展示文案，因此常用的民宿活动方案编写的思维工具和软件见表1-2-7。

表1-2-7 民宿活动方案编写的思维工具和软件举例

思维工具	软件
· 故事思维 · 关键路径图	· 办公软件（Word、Excel、PPT） · 图形编辑（PS、AI、Canva） · 视频编辑（Premiere、剪映）

编写活动方案的目的是在纸面上满足了"做活动"的需求。策划者从需求出发，基于对活动目标的理解，通过不断界定问题和解决问题，将活动策划指向需求的实现。但是策划是为了实际执行服务的，活动策划方案中的所有内容都是纸面上的，所有的承诺也都是预先给出的，当活动策划方案本身未确定时，很多因素都还处于变化的状态。活动策划方案没必要追求绝对的完美，也不可能做到绝对的完美。很多现实中的问题，需

要在活动策划方案投入执行的过程中面对并逐一解决。

（三）方案执行与评估阶段：辅助实施，呈现价值

就好像高楼拔地而起成为地标建筑对于建筑师而言一般，活动方案的执行与评估对于活动策划者而言也意味着成绩的最终呈现。来自活动采购方和活动参与者对方案最终执行效果的评价与反馈极为重要。然而，活动执行的最终效果一方面受活动策划案的可行性与创意品质影响，另一方面取决于实际落地过程中对各项准备工作和团队配合等因素的管理水平。对于民宿活动而言，活动策划人通常必须亲临现场甚至全程领导执行过程。为了推动活动方案在最终执行过程中的成功，策划者需要通过跟进执行、解答问题、提示难点重点、参与资源对接、调查分析等行动参与到方案策划的最后环节。

1.做好执行准备

良好的开端是成功的一半，活动方案执行前的准备工作对于激发客户的兴趣，影响活动参与者的期待与情绪感知都有着重要的作用。在执行准备过程中，除了按照策划方案检查并采购必要的物料与合作外，还有两件非常重要的工作：活动现场流程穿越和宣传推广。

现场流程穿越通常以会议的形式开展，目的是确保全体执行人员充分理解自身在活动过程中的职责任务，确保团队配合与执行不会偏离策划方案。此外，通过执行人员在活动前期的提问有助于发现在方案设计与深化过程中忽略的部分细节问题，在实施前得以解决。

活动在执行前很大一部分工作是面向活动的客户群体进行宣传和营销。常见的宣传形式包括撰写新闻稿、设计H5动画页面、发布活动海报、分享之前类似案例的照片或短视频等。

在活动执行前的准备步骤中，方案策划者通常会更多地参与到对宣传和营销的指导中去，对于自媒体平台和社交平台的使用，特别是活动相关图文及短视频的制作和编辑需要活动策划者掌握一定的常用工具和软件。表1-2-8列出了为民宿活动作准备时常用的思维工具和软件。

表1-2-8　　　　　　　　　　民宿活动准备的思维工具和软件举例

思维工具	软件
• 客户视角 • 活动现场流程穿越	• 办公软件（Word、PPT） • 图形编辑（PS、AI、Canva） • 视频编辑（Premiere、剪映） • 自媒体平台（抖音、小红书等） • 社交平台（微信）

2.保障活动实施

在活动执行过程中，策划方案中的疏漏就会被清晰暴露出来。即便活动最终收到较好的反馈，但策划方案也会存在一定的不足之处，而这些不足之处可能被参与活动

执行的客户或活动的执行人员发现并灵活解决了。例如在森林远足的现场活动过程中，客人中有人主动捡起了其他客人随手丢弃的饮料瓶和塑料垃圾并带回营地。这类情况与活动策划方案没有直接的关系。但是，在环境友好的大环境要求下，方案策划者显然在方案优化后的升级版本中应将环境维护的职责指定分配给活动执行团队中的某个特定角色。

在保障活动实施这一步中，活动策划者的核心工作是跟进并记录活动现场，预防和解决可能出现的问题，常用的工具多为办公软件（见表1-2-9）。

表1-2-9　　　　　　　　　　　民宿活动保障实施的软件举例

思维工具	软件
—	• 办公软件（Word）

3.评价活动效果

活动实施后的归档及宣传都需要建立在对实施效果的客观评价基础之上。很多活动（如团队建设）非常重视后期宣传。二次传播的价值可能是活动的发起方更为关注的。在活动策划的早期阶段就需要和活动的发起方充分沟通是否有后期宣传的需要，并在策划方案中明确体现出来。

活动方案执行效果的评价通常采用问卷调查的方式，用到的思维工具和软件见表1-2-10。

表1-2-10　　　　　　　民宿活动效果评价的思维工具和软件举例

思维工具	软件
• 活动满意度调研模板	• 办公软件（Word、PPT） • 视频编辑（Premiere） • 在线表单（问卷星、麦客） • 远程会议（腾讯会议）

视频分享
1-2-2

认识甘特图

做一做 1-2-2

民宿特色主题活动策划中的工具和软件应用

特色主题活动的策划与实施是民宿摆脱外部资源依托而平衡淡旺季经营的重要方式方法。假设在你的家乡有一家民宿得知你擅长民宿活动策划，并邀请你在回家探亲的时候到现场调研。针对这样的一个特色主题活动的方案策划需求，你会怎么做呢？

步骤一：调研民宿活动的需求

首先，设计一份现场调研的提纲，将需要了解的民宿主人对于活动的期望进行询问。

其次，使用SMART工具，描述该项目的总体目标。

最后，对该民宿当前客群进行分析，设计并发放问卷，收集住客们对主题活动的需求。使用思维导图将需求按照类别和渴望程度进行整合与结构化。

步骤二：厘清民宿活动的素材

首先，盘点民宿自有员工及关系人群中可以提供特色主题活动服务的人力资源。盘点所在村落的特色资源和素材，并依据可触达即可使用的难易程度进行排序。

其次，使用思维导图将上述各项资源进行归类整理，并与步骤一中的需求进行对应和匹配。

最后，通过图片的形式将相关资源进行编码和记录。

步骤三：创意民宿活动的架构

首先，比对民宿的优势资源和需求调研结果，围绕民宿活动的总体目标，指出民宿特色活动的可能方向。

其次，组织头脑风暴会议，为民宿活动的架构创新出主意。

最后，在达成共识的基础上形成该民宿特色主题活动的初始框架，画出该活动的关键路径图。

步骤四：填充民宿活动内容的丰富度

首先，基于特色主题活动的初始框架或关键路径图，对活动各项里程碑的达成进行方案细化，编写并记录下达成里程碑前必须采取的行动。

其次，在关键路径图的基础上标识出增加的内容。

最后，辅助画出参与者的情绪变动线，将参与者情绪感知的调整作为调整和增加新内容的重要依据。

步骤五：防控民宿活动中的潜在风险

首先，召开头脑风暴会议。

其次，罗列活动可能会涉及的安全风险，指出其对策。

最后，罗列活动可能会面临的执行中不确定的因素，提出及时应对的备选方案。

步骤六：核算民宿活动的成本与盈利

对照活动内容所需要的各项资源、人力及合作关系，测算出对应的成本，给出活动的报价方案，注意留出必要的盈利空间。

步骤七：编写民宿活动详细执行方案

编写活动方案时，应按照活动前、活动中、活动后三个阶段将各阶段中的人员职责与分工、内容活动主题与资源等进行详细记录。对于有过往资料的，可以通过图片或短视频的方式为展现活动执行效果的提供参考。

步骤八：做好民宿活动执行前各项准备

首先，召开活动现场流程穿越会议，从执行者与参与者两个视角审查活动方案中可能存在的盲点。

其次，制作宣传海报或短视频，通过微信群或其他自媒体平台进行发布，扩大活动影响，吸引潜在消费者。

步骤九：保障民宿活动方案的顺利执行

跟进活动的执行，在执行过程中随时解答相关人员的疑问，记录下活动方案中未曾收录的可能问题点，持续优化活动方案。

步骤十：评价民宿活动实施后实际效果

利用问卷调查表收集互动参与者的感受，将参与者及活动采购者的反馈进行汇总，写入项目策划方案中，为后续的项目优化、项目销售及拓展提供支持。

实务参考 1-2-2

安徽黟县：发展民宿经济，助力乡村振兴

在黟县碧阳镇石亭村的民宿拾庭画驿中，民宿管家带小朋友体验传统乐器（如图1-2-18所示）。

图 1-2-18　拾庭画驿民宿传统乐器研学活动

近年来，安徽省黄山市黟县立足徽文化资源优势，以古建筑古民居为载体，以田园风光为本底，大力发展特色民宿。黟县民宿突破基础的住宿功能，注重对徽文化和田园生活的深度体验。

当地政府通过政策引导、产业扶持、成立行业协会、深化文旅融合等举措，促进民宿与其他产业的融合，发展以民宿经济为核心的新型乡村经济模式，助力乡村振兴。

目前，全县挂牌民宿、乡村客栈等有900余家，包括西递、宏村等8个民宿集群，形成全域乡村民宿集群发展态势。

资料来源：马宁. 安徽黟县：发展民宿经济，助力乡村振兴［EB/OL］.［2023-04-10］. http://www.news.cn/photo/2023-04/10/c_1129508261.htm.

评一评 1-2-2

根据学生在任务实施中的表现完成本任务评价表（见表1-2-11），可以此作为该任务学习的成绩参考基础。

表 1-2-11　　民宿特色主题活动策划中的工具和软件应用任务评价参考表

评价项目	评价标准	分值	得分
步骤一：调研民宿活动的需求	• 目标紧密围绕客户需求确定 • 通过问卷准确理解客户的痛点和期望 • 客户需求描述清晰准确	10	
步骤二：厘清民宿活动的素材	• 对所在村落的资源和素材整理清晰 • 对民宿已有的资源和人员记录详尽 • 对可触及、可利用的资源与关系使用思维导图进行梳理	10	
步骤三：创意民宿活动的架构	• 活动整体架构合理，优势资源突出 • 近似活动的市场调研资料充分且清晰 • 活动的关键路径图绘制翔实	10	
步骤四：填充民宿活动内容的丰富度	• 填充后整体活动形式丰富，体验感好 • 不同活动环节间主次分明，层次清晰 • 能够捕捉到参与者情绪变动	10	
步骤五：防控民宿活动中的潜在风险	• 安全保障措施清晰 • 对于突发状态有应急预案指引	10	
步骤六：核算民宿活动的成本与盈利	• 活动成本结构完整、清晰 • 总成本及分项成本的测算准确 • 民宿现有房屋及人员的成本与分摊合理	10	
步骤七：编写民宿活动详细执行方案	• 版本完备（对内、对外） • 图文并茂，活动流程及分工描述清晰 • 方案结构完整	15	
步骤八：做好民宿活动执行前各项准备	• 物料准备清单完备 • 流程穿越会议议程和记录完备 • 营销宣传资料排版美观大方，多渠道呈现	10	
步骤九：保障民宿活动方案的顺利执行	• 问题记录清晰（时间和具体情况）	5	
步骤十：评价民宿活动实施后实际效果	• 满意度调查表单规范、友好 • 利用开放式问题收集个性化感知与建议 • 用数据呈现活动执行的效果	10	

【参考文献】

1. 卡米雷特. 活动策划实战全书［M］.［译者不详］. 北京：电子工业出版社，2020.

2. 苏海. 活动策划实战宝典［M］. 北京：清华大学出版社，2017.

模块二

民宿活动策划

项目一
知己知彼——调研民宿活动需求

　　民宿活动类型丰富多样，不同客人对于民宿活动的需求截然不同。明确客人对于民宿活动的需求，有针对性地开展活动，是刺激客人消费、提升客人体验感的重要手段。因此，运用科学的调研方法，全面地、系统地、有计划地、有针对性地收集民宿活动的需求信息，并结合自身条件进行分析和研判，是策划民宿活动的基本前提和重要工作。

【项目导图】

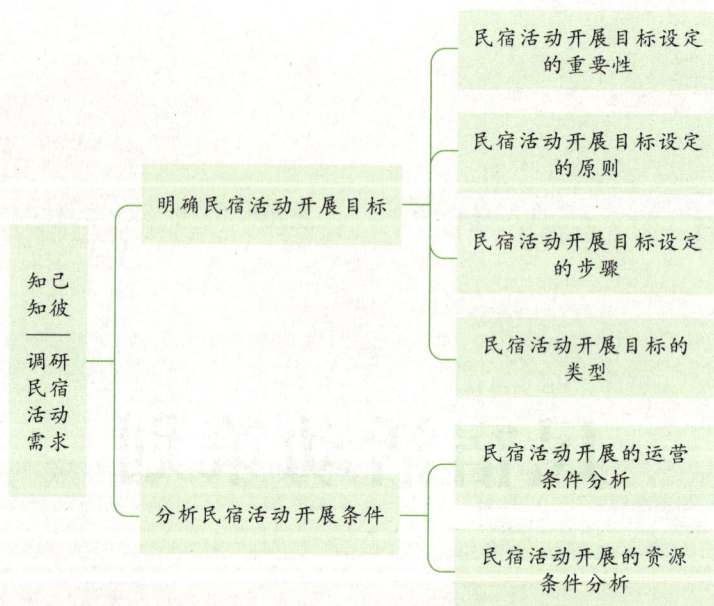

任务一　明确民宿活动开展目标

明确活动开展的目标，是民宿活动策划过程中关键的一步，它能帮助策划者明确活动的目的和意义，也能作为活动实施过程中的指导，还能作为活动后效果评估的标准。民宿活动开展的目标需要具体、可明确、可衡量，同时，在制订民宿活动策划方案时，亦需要根据不同的活动目标，采取不同的活动策略和手段。

【知识目标】

1. 了解民宿活动开展目标设定的重要性。
2. 理解民宿活动开展目标设定的原则。
3. 掌握民宿活动开展目标设定的方法和步骤。
4. 熟悉民宿活动开展的目标类型。

【能力目标】

1. 通过对民宿活动开展目标设定重要性的学习，提高学生对目标管理的认知能力。
2. 通过对民宿活动开展目标设定原则的学习，培养学生全面思考的能力。
3. 通过对民宿活动开展目标设定方法的学习，提升学生对计划管理的理解和实践能力。
4. 通过对民宿活动目标类型的学习，促进学生目标分解能力的提升。

【素养目标】

1. 了解民宿活动开展的商业目标，增强职业责任感。
2. 了解民宿活动开展的社会目标，培养社会责任感。
3. 了解民宿活动开展的文化目标，增强文化自信。

学一学 2-1-1

一、民宿活动开展目标设定的重要性

（一）明确民宿活动目的

每一场不同的民宿活动，其宗旨和目标不尽相同。设定目标，可以帮助活动策划者明确活动的宗旨和目的，使活动的策划过程更加具有针对性。只有明确目标，策划者才能根据目标进行活动规模、活动主题、活动内容以及活动计划的制订，才能更好地实现

活动效果。

（二）指导民宿活动策划

活动目标的设定，可以对活动的策划和执行提供明确的方向，在民宿活动的策划过程中，策划者始终要围绕目标进行活动计划制订、活动内容安排、活动时间安排、活动资源分配、活动方案优化等。

（三）评估民宿活动的效果

活动结束后，活动目标可以作为效果评估的依据。活动策划者可以根据活动实际效果与设定目标的对比，进行活动效果的评估，从而进行经验总结，发现活动过程中存在的问题及不足，为未来的活动策划提供经验和参考。

二、民宿活动开展目标设定的原则

美国管理大师彼得·F.德鲁克（Peter F.Drucker）于1954年在其名著《管理的实践》中最先提出了"目标管理"的概念，同时提出了企业管理的SMART原则，该原则利于员工更加高效明确地工作，同时也为管理者未来实施绩效考核提供考核目标和依据。SMART原则主要包含以下五个方面：

S（Specific）：代表绩效指标必须是具体的；

M（Measurable）：代表绩效指标必须是可以衡量的；

A（Attainable）：代表绩效指标必须是可以达到的；

R（Relevant）：代表绩效指标要与其他目标具有一定的相关性；

T（Time-bound）：代表绩效指标必须有明确的时间期限。

笔者认为民宿活动开展的目标设定，亦可遵循目标管理的理论和方法。因此，民宿活动开展的目标设定原则主要表现在以下几个方面：

（一）明确性

在民宿活动的开展目标中，要明确地指出活动想要实现的具体结果。例如，某民宿为提高入住率，预计在国庆节期间举办一场国庆嘉年华活动吸引客人，其目标就是提高民宿房间的销量。这一明确的目标有助于活动策划者进行全面的营销策划，从而制订出更详细的活动方案。

（二）可衡量性

可衡量性要求民宿活动的开展目标设定须进行指标量化，即用具体的指标进行活动目标的设定。例如，如果民宿的活动目标是提高房间的销量，可以设定具体的销售额指标作为目标；如果民宿的活动目标是提高人气、扩大知名度，可以设定具体的活动到访客人数量作为目标。明确的量化指标，可以更为直观地表达活动的目标效果，对于后续活动的评估也更为便利和直观。

（三）可实现性

民宿活动的目标必须是可行的、可以实现的，要基于现实的条件、环境来制定。例如，某民宿活动的目标设定为"通过本场活动，让民宿实现全年房间出租率100%"，该活动目标是无法通过一场活动来实现。

（四）综合性

民宿活动开展的目标设定，需要综合考虑各方面的需求和利益，除了满足客人的体验需求，还要有利于民宿本身的经营，同时还需要综合考虑其他社会、文化等因素。例如，某民宿计划举办民俗文化类手工活动，该活动的目标除了增强客人的旅游体验、使其融入当地特色文化外，还包含促进不同地区人们的文化交流、助力传统文化的传承。

（五）时效性

民宿活动开展的目标设定，需要明确该目标实现的时间期限。活动开展本身就具备非常强的时间属性，不同时间段、不同时间节点，活动的内容和主题也不同，那么该活动预计达成的目标自然也不同。因此，民宿活动目标的设定亦应遵循时效性原则，给出明确的时间期限。

案例分享2-1-1　这家民宿有108种活动，都是村里的原生态

九坊宿墅（如图2-1-1所示）的"九坊"，对应的是九个特色匠人工坊，包括盆景坊、陶艺坊、家居设计坊、染织坊、编艺坊等，为的是让民宿更有体验感和参与感。

图2-1-1　四川省温江区九坊宿墅

被称为浓缩版"桃花源"的九坊宿墅自建成运营以来，日均接待游客50人，即便1 280～2 980元的价格区间，也依旧"一房难求"。之所以这么"火"，不仅是因为颜值高，还因其提供了有别于同质化民宿的川西田园品质生活与乡村情怀。

1.身份转化—— 村民不再是民宿经营的"局外人"

走进成都市温江区寿安镇岷江村，整洁干净的马路两侧鲜花盛开，枝叶扶疏间是一栋独立两层的中式庭院，穿过一道茅檐柴门，九坊宿墅就掩藏在一片绿暗红稀间。

"昨天、今天都是满房，刚刚我们组织了消暑搓冰粉活动，现在这边的皮具工坊里正在进行皮具制作体验活动。"2018年，返乡大学生张岩英从北京回到家乡寿安，在九坊宿墅当起了"管家"，过上了"向往的生活"。

"我们还会推荐客人到村民自家厨房进行乡村烹饪体验，品尝村民烹制的特色乡村菜品，也可以跟村民预约菜品，将菜品送到民宿区，我们会按照一定的价格支付给村民。"张岩英说，九坊宿墅最大的亮点是推出"业态共享"的经营模式，比如村里谁家的菜园蔬菜新鲜、谁家做的豆花好吃、谁的盆景技艺高、谁是编织能手……都会进入村资源库，然后九坊宿墅会根据游客需求开展共享经营活动，"将近一年的时间，几乎每家每户都参与到了共享经营模式中来，让村民得到了真正的实惠。"

2.生态价值转化——保底收入+年终分红+更多的绿色福利

"这些模式让当地村民能够一起参与乡村发展，分享发展成果，而不是做一个局外人。"在岷江村党总支书记陶勋花看来，岷江村用于花木种植的土地达到了九成，但近年来随着花木市场的不景气，亟须产业转型。如何在保持美丽乡村本底的同时重塑产业形态？九坊宿墅让她看到了盘活岷江村生态资源，以产业发展带动农民致富增收，真正实现乡村振兴的契机。更重要的是，在乡村振兴背景下，这样的模式不仅仅将岷江村良好的生态价值转化成新的经济增长点，也为可持续的生态绿色投入提供了保障。

3.发展方式转化——项目还能为村民提供更多公共服务

九坊宿墅的价值并不仅仅体现在为村民增收、带动村民就业上。整个项目建设都特别尊重地方自然风貌，以竹造墙，青石铺路，每一面都具有乡村原汁原味。过去的低洼地变成了池塘，曾经的田埂砌上了土墙，院门依旧，却在鲜花草坪的映衬下多了几分生活情趣，"别看九坊宿墅项目的规模并不是很大，但它的带动效应很好，壮大村集体经济，为村民提供更多的公共服务、绿色福利将是未来项目发展的方向。"

资料来源：李彦琴.这家民宿有108种活动，都是村里的原生态［N］.成都商报，2019-07-09.

案例点评：

带动村民增收，利用现有优势资源开展共享经营，组织民宿活动，九坊宿墅利用丰富的、原汁原味的、具有当地特色的活动，不仅带动了民宿的发展，更促进了乡村振兴。

三、民宿活动开展目标设定的步骤

（一）明确活动背景

在设定具体目标之前，民宿活动策划者需要明确活动的背景、目的和意义，即：举办活动是为了什么？是要解决什么样的问题或者实现什么样的效果？只有明确了这个问题，才能更有针对性地设定活动的目标、制订相应的计划。

（二）展开市场调研

针对活动的目标客人、合作伙伴、竞争对手等，进行相关的市场调研，能够了解客人的具体需求，与合作伙伴进行充分的沟通，了解竞争对手的最新动态，让活动策划者更好地理解活动相关者的需求和期望，从而设定更加准确和贴切的目标。

（三）分析现状需求

在设定活动目标之前，活动策划者还需要进行现状和需求的分析，在前期市场调研的基础上，对活动开展的市场环境、资源条件、客户条件、竞争格局等进行评估，找出活动开展的优势和劣势，最终确定活动的重点和关键策略。

（四）设定活动目标

基于市场调研和现状分析，活动策划者可以根据目标设定原则确定活动核心目标，在核心目标的指引下，进一步细化确定具体的目标，进而进行活动的策划和组织。

四、民宿活动开展目标的类型

一般来说，民宿活动开展的目标主要包含以下四种类型。

（一）商业目标

民宿活动的开展是提升服务体验的关键，其构成旅游经济的核心。商业目标主要包括完善服务体系，提升客人体验，并吸引更多客人流量，提高销售率。随着民宿市场的成熟，客人需求逐渐多元化，不仅追求基础的住宿、独特的环境和设计，更关注个性化活动。通过丰富、多样的民宿活动，客人能够在享受舒适住宿的同时，满足个人兴趣，了解当地文化，拓展社交圈子，提升整体体验。活动是提升销售率的有效手段，通过各类吸引人的活动，提高客户满意度，鼓励客户口口相传，为民宿创造更广泛的宣传渠道。

（二）品牌目标

民宿活动作为民宿软性服务的重要载体，越来越承担起民宿品牌塑造的重担。品牌的打造离不开它的鲜明特点及个性特征，因此要想让客人记住并选择民宿的产品和服务，就要有一个鲜明的差异化定位。民宿特色活动的开展，就是民宿结合自身的特点，举办特色鲜明的活动，打造自身产品IP，树立自身品牌形象的过程。通过系列特色鲜明的主题活动，在民宿市场中形成独具特色的"市场IP"，从而吸引更多客人前往。

（三）社会目标

民宿活动，往往是结合民宿所在地社会经济、社会文化、社会人口开展的体验性经济活动。民宿活动的开展，对于活跃社会经济、促进人文交流都起到非常重要的作用。民宿企业在开展民宿活动时，应明确活动的开展将会产生的社会效益，同时借助公益类的民宿活动，承担起社会企业应承担的社会责任，推进社会公益事业的发展。

（四）人文目标

众多的民宿所在地，都拥有自己独特的地域文化，比如民俗文化、传统手工艺、传统戏曲等。特色文化类民宿活动的开展，对于客人来说，可以更加深入地了解不同地域的特色文化，体验不同文化背景下生活差异带来的新鲜感，在丰富旅游体验的同时提升其文化素养和社会责任感。而对于民宿所在地域和当地居民来说，特色文化类民宿活动的开展，也是进行文化传承、文化传播的重要途径，对于地域文化的交流起到积极作用。因此，民宿企业在开展民宿活动时，应重视活动开展的人文因素，将促进文化发展、助力文化传承作为活动开展的重要目标之一。

做一做 2-1-1

民宿活动开展目标设定的调研

通过以下步骤和方式学习如何在民宿活动策划过程中进行目标设定，深入理解并掌握民宿活动策划过程中目标设定的重要性。

步骤一：阅读相关文献

通过阅读书籍、文章和新闻报道，深入了解民宿活动的目标。

步骤二：参与民宿活动前期策划

参加民宿企业的实习项目，深入了解民宿活动策划目标设定阶段的工作要点，通过实地体验，掌握民宿策划活动目标设定工作流程，提升对民宿活动策划的认知能力和理解能力。

步骤三：参与民宿活动

选择一个感兴趣的民宿活动，深入体验民宿活动目标的实现过程。

步骤四：访谈民宿主人

与民宿主人交流，了解他们的从业经历和经营视角，深入理解不同类型的民宿活动目标的设定背景。

步骤五：撰写报告

通过阅读文献、实际调研、参与活动、访谈等，总结任务实施心得与体会，形成报告，进行班级内部研讨。

莫干山5家网红度假亲子民宿，多样活动、丰富童趣元素

1. 莫干山·溪山原宿（如图2-1-2所示）

图2-1-2　莫干山·溪山原宿

　　清澈的河水在脚下缓缓流淌，一望无际的林海让人心怀舒畅，溪山原宿正坐落于这山水之畔、林木之间。

　　民宿位置非常好，周围景点众多：具有巴黎香榭丽大道风情的"民国小镇"庾村；可以和可爱的长颈鹿宝宝们一起共进早餐的长颈鹿庄园；10分钟车距的莫干山"宝藏"农乐场。

2. 莫干山·秋田布谷（如图2-1-3所示）

图2-1-3　莫干山·秋田布谷

这是莫干山亲子民宿中的佼佼者。各种梦幻的主题房型让来到此地的小朋友忍不住尖叫。酒店一期包含爱丽丝仙境、霍比特人、豌豆公主……15间不同主题的房间，完美地装点了童年。酒店二期以成长为主题，10间客房，包括漫画、音乐、游戏等不同的主题，对于稍大一点的小朋友简直不要太有吸引力。

3. 莫干山·开元森泊度假乐园（如图2-1-4所示）

图2-1-4　莫干山·开元森泊度假乐园

占地1 800亩，28 000平方米水乐园，4 200平方米儿童乐园，2 300平方米芙罗拉花园，以及玩乐活动设施。

以"汽艇飞船"为主题，蹦床、滑滑梯、探索城堡、美人鱼船头、卡丁车、积木区、公主换装间、儿童迪斯科互动……20余项游乐项目能够满足全年龄宝贝需要，是无数爸妈首选的遛娃地。而旁边的休息区也让带娃的家长能够度过一个悠闲的午后。

4. 莫干山翠竹园·雲素（如图2-1-5所示）

图2-1-5　莫干山翠竹园·雲素

其位于竹海深处，被竹海环抱，拥有溪涧瀑布、私家茶田、无边泳池，还有挖笋、采茶、汉服旅拍等趣味活动。

民宿周边景点众多，仙潭乐园、马鞍子水库、Discovery探索极限主题公园、庾村小镇、安吉Hello Kitty乐园都在25分钟车程内。

5. 莫干山·璞域近山（如图2-1-6所示）

图2-1-6 莫干山·璞域近山

莫干山高颜值民宿众多，而璞域·近山却以服务和体验设施著称。在满池的幽蓝上体验漂浮下午茶，跟随着水的律动，躺在透明小船上，如同置身于电影中的奇幻漂流。700平方米松软草坪，可以进行野餐、玩具赛车、浪漫的草坪婚礼。

资料来源：佚名. 莫干山6家网红度假亲子民宿，多样活动、丰富童趣元素 [EB/OL].
[2022-09-02]. https://baijiahao.baidu.com/s?id=1742810003340269459&wfr=spider&for=pc.

视频分享
2-1-1

薰衣草遇见
你民宿活动
现场

评一评2-1-1

根据学生在任务实施中的表现完成本任务评价表（见表2-1-1），可以此作为该任务学习成绩。

表2-1-1　　　　民宿活动开展目标设定的调研任务评价参考表

评价项目	评价标准	分值	得分
步骤一：阅读相关文献	• 文献质量：所阅读文献的来源，包括是否来自可信赖的学术出版物、研究报告、政府文件或权威机构 • 文献选择：考察是否针对特定主题进行广泛的文献阅读，以获得较全面的背景信息	10	

续表

评价项目	评价标准	分值	得分
步骤二：参与民宿活动前期策划	• 平台选择：是否选择了合适的在线平台，以获取与民宿体验活动相关的信息 • 数据采集：是否有效地使用在线平台获取数据和资源 • 信息整理：是否能够整理和组织在线平台上所获得的信息，以便后续分析和应用	30	
步骤三：参与民宿活动	• 参与程度：参与民宿活动的程度，包括积极性、参与活跃度和投入度，如对当地文化的深度理解，包括传统、价值观、风俗习惯等 • 反馈和反思：是否能够提供反馈和反思，对参与活动的经历进行总结	30	
步骤四：访谈民宿主人	• 访谈技巧：包括提问方式、倾听和回应等 • 访谈效果：是否提前作了充分准备，现场访谈是否顺畅、融洽，是否作了详细记录	20	
步骤五：撰写报告	• 报告深度：是否将前期的阅读、访谈及实际参与感受进行深刻的总结，并结合所学理论知识，进行理论与实际的对比总结	10	

任务二　分析民宿活动开展条件

活动开展条件的分析，是活动策划的前提和基础。在明确了民宿活动开展的目标后，需要结合市场发展情况、企业发展现状等实际因素进行活动开展条件的分析。

【知识目标】

1. 了解民宿活动开展的经营条件。
2. 熟悉民宿活动开展的资源条件。

【能力目标】

1. 通过对民宿活动开展经营条件的分析，增加学生对企业经营的认知。
2. 通过对民宿活动开展资源条件的分析，拓宽学生解决问题的思路。

【素养目标】

1.具备民宿活动开展条件的分析能力，增强职业认同感。

2.理解企业经营和市场发展之间的相互作用，增强社会责任感。

学一学 2-1-2

一、民宿活动开展的运营条件分析

民宿自身的运营条件，是民宿活动开展的基础条件。在策划民宿活动之前，我们需要对民宿的运营条件进行分析。

（一）营收分析

在进行民宿活动策划前，须先对民宿的营收现状进行分析，对可用资金情况进行盘点，根据可用资金的情况来确定活动整体预算，根据预算情况进行活动的详细铺排。

（二）时间分析

寻找时间契合点。民宿活动策划前，我们可梳理民宿运营过程中本身的重要时间节点，如节假日节点、店庆节点、新客户维系节点、团队建设节点或者特殊纪念日节点等，确定活动的节点是否与民宿本身运营时间节点契合。若契合，则可以节点为由进行有针对性的活动主题策划。

选择恰当的时间段。民宿活动的安排，是旅游者旅行过程中的一个环节。民宿活动时间段的安排将直接影响客人的参与度和满意度，民宿活动的安排应以不影响晚间住宿的舒适度为前提。

（三）场地分析

民宿活动具有多样性，不同的民宿活动对活动场地的要求各有不同，因此民宿本身的场地在某些时刻可能无法满足活动举办的需求。因此，在进行民宿活动策划前，需要对民宿本身的场地条件进行分析，后续根据活动的规模、主题等，确定活动场地的选择和安排。

（四）人员分析

人员数量分析。在活动策划前，需要对现有工作人员进行详细盘点，预估活动举办时，现有人员数量是否充足、是否需要聘请临时活动支援人员等。

人员能力分析。在活动策划前，还需要对现有团队人员职责、擅长点等进行全面分析，为后续活动分工安排做好准备。同时，针对专业性的主题活动，还需要结合活动的主题，评估是否需要聘请与活动主题匹配的专业人员进行现场指导。

（五）营销分析

民宿活动，是民宿开展营销活动和实施推广手段的重要支撑。因此，在进行活动策划前，需要对营销现状进行分析，结合营销现状进行活动的策划和组织。例如，根据民宿现行的淡旺季，进行活动时间节点的安排，淡季为吸引客人可适当高频次地组织特色活动；寒暑假期间，为吸引更多的老师、学生客人，可多组织研学类民宿活动等。

案例分享 2-1-2   成都这家叫肯派的民宿被艺术和浪漫浸染得让人向往

"肯派"原本只是在成都注册的一个皮具商标，它是龙斌和陈静在 1995 年为自己的皮具工作室起的一个名字，两人觉得，"派"是一个很酷的字，包含了他们所热爱的生活方式，而"肯"是指两人肯定自己、坚持自己，愿意一直坚持做自己喜欢的事情。

肯派工作室位于桃花源别墅区内，工作室被龙哥和静姐打造成为民宿是在 2015 年的事。用静姐的话来说，这是一件特别顺理成章的事情，民宿没有计划，没有营销，两人只花了 4 天时间来清理和布置工作室，并将收藏在库房里的古董家具精心挑选了一部分出来，把这里布置成了家的样子。就这样，两人迎来了他们第一批民宿客人，而这对两人生活的改变仅在于："原来家里接待的客人是两人的朋友和朋友的朋友，而现在家里接待的客人是不认识的朋友、来自全国各地的朋友。"

肯派从一个私人的"家"变成一个半私人的"民宿"（如图 2-1-7 所示），主人龙哥和静姐没有一点不适应或者说存在过渡期，在两人的眼中，一切都是自然而然发生的。

图 2-1-7   肯派民宿院景

那时候的静姐会把家里装扮得很漂亮，并像现在一样，用心为客人准备精致的下午茶（如图 2-1-8 所示）。慢慢地，静姐家吸引的朋友越来越多，有时候，只邀请了五六个朋友，聚会时竟然迎来 20 多个人。

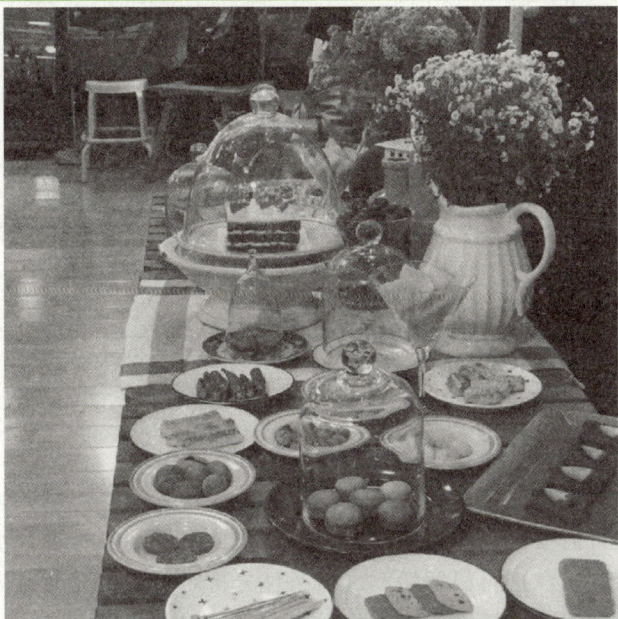

图 2-1-8　静姐家精致的下午茶

　　民宿内的音乐也是客人们十分喜欢的，时常有客人向静姐问起音乐的名字。这里的音乐不少都是静姐和龙哥朋友的作品，以古典音乐居多，"同一支曲子，反反复复放都听不腻，我和龙哥都特别喜欢这些音乐，这让整个空间的氛围变得美好而浪漫。"

　　肯派还会不定期地举办一些小型音乐会（如图 2-1-9 所示），喜欢艺术的两口子会邀请龙哥古典吉他圈内的一些朋友，大家在一起弹弹琴、聊聊天、讲一些有趣的近况，就这样度过美好的一天。

图 2-1-9　肯派举办的音乐会

　　也正是这里美好又富有艺术氛围的环境，吸引了全国各地各行各业的朋友前来小住，其中不乏业内颇有影响力的人物，这也让龙哥和静姐坚定了他们办民宿的初衷：
"注重与客人之间的真实分享，大家相互交流、彼此滋养。"

资料来源：我爱我家. 成都这家叫肯派的民宿被艺术和浪漫浸染得让人向往［EB/OL］.
［2018-09-26］. https://zhuanlan.zhihu.com/p/45375567.

案例点评：

肯派民宿的活动打造，正是充分利用了民宿主人现有的场地资源、文化资源等，充分结合民宿的调性，开展一系列民宿分享活动，使之成为民宿主人与民宿客人交流的方式，也成为肯派的"亮点"。

二、民宿活动开展的资源条件分析

（一）自然资源分析

民宿活动的开展，往往需要相应的自然环境条件作为支撑。例如，体育运动类的民宿活动中，徒步旅行需要民宿所在地有相应的较为成熟的徒步步道，水上活动需要能开展活动的水域。因此，在进行民宿活动开展条件分析时，需要充分考虑民宿所在地的自然环境及条件，选择适宜的活动类型和主题。

（二）人文资源分析

为打造具有当地特色的民宿主题活动，策划者往往需要利用当地特色的文化元素。地域文化特色可以赋予民宿活动独特的内涵和吸引力，因此，活动策划者需要对当地的人文资源进行全面的梳理，尽可能地发现和寻找本地突出并且特有的人文元素，将其融入活动策划过程中，形成具备文化特色的民宿活动。

（三）媒体资源分析

民宿活动的顺利开展，从前期的预热宣传、吸引参与者，到后期活动结束、品牌推广，均需要通过各种线上线下媒体资源的配合。开展民宿活动前，须盘点现有的媒体资源，并充分调动、整合各类资源，集中力量根据活动铺排的节奏，进行对应的宣传。其中，线上媒体包含各预订平台、网站、贴吧、微信公众号、抖音、哔哩哔哩、快手等；线下媒体包含户外广告牌、指示牌等。

（四）合作资源分析

民宿活动的开展，往往离不开合作方资源的支持与配合，如果能有合作方资源的加持，对于活动的举办具有巨大的助力作用。

合作资源一般包含：

1. 资金类合作资源

资金类合作资源是指为民宿活动的运营和发展提供资金支持的各种资源。民宿经营者可以通过与其他商业实体建立合作关系，例如旅游公司、当地餐饮企业或文化活动组织，获得资金支持、资源共享或交叉推广。

2.政府类合作资源

政府类合作资源是指相关的政府机关、企事业单位等类型的合作资源。例如，为共同宣传当地的民俗文化，该地文旅部门联合民宿，共同开展民俗文化类民宿活动，为活动提供场地支持和人员支持。

3.同业企业类合作资源

同业企业类合作资源是指与民宿本身同为旅游产业上下游产业链企业的合作方。例如，与本民宿同处于一个区域的餐厅，为了进行餐厅宣传，与民宿合作开展美食类民宿主题活动，为活动提供场地，从而达到宣传的效果。

做一做 2-1-2

特定时间条件下民宿活动需求挖掘

民宿活动是民宿经营过程中贯穿的营销手段，不同的时间节点，活动的内容不尽相同。如何结合不同时间节点客人的不同需求，举办不同的活动，是民宿经营的重要课题。接下来，请大家选取一个最近的特殊节点（节假日、庆典等），为民宿开展一次活动策划前调研，挖掘合适的民宿活动主题。

步骤一：选定时间节点

选取几个近期的节假日节点或者特殊日期节点，进行分析对比，最终选定一个时间节点。

步骤二：调研过往活动

通过阅读新闻资讯、走访不同民宿，了解该时间节点民宿过往的活动举办情况，包含活动主题、客人参与度、客人满意度等。

步骤三：制订调研计划

确定调研区域，选择民宿和受访者。设计问卷或采访提纲，用于数据收集。

步骤四：数据收集

实地访问民宿，寻找潜在客人，进行对应的访谈和交流，做好记录和观察。同时，收集相关数据，如活动类型、活动时间、预期费用等。

步骤五：数据分析

整理和分析收集到的数据，提取关于活动策划需要的关键信息。

步骤六：结果梳理

通过调研数据的分析和统计，选取在该时间条件下合适的活动主题。

步骤七：讨论和分享调研报告

将调研报告在班级进行演示，分组讨论和交流。

实务参考 2-1-2

暑期民宿+研学活动

——在民宿中感受清凉 在体验中留住美好

如今，带有暑期研学体验、为孩子量身打造"民宿+"活动的民宿备受家庭游客的青睐。

甘肃酒泉锦绣大地生态园自驾车营地便是其中之一，该营地主理人崔全江在接待研学客人方面非常有经验，"参加研学旅游的客人并不满足于单纯到景区打卡的行程，更喜欢体验当地特色民俗风情，参与场景性强的活动，比如营地观星、莫高窟泥塑画制作、玉门关露营等。"

为丰富客人的体验感，不少民宿面向亲子客人推出了夏令营和公开课等"民宿+研学"产品，培养孩子的动手、动脑能力。

湖北鄂州半岛计划湖畔营地新建了艺术咖啡馆和餐厅，筹备了一系列夏令营体验活动。"实践是最好的老师，我们计划在8月推出'小小艺术家养成计划'系列活动，在绘画、音乐、手工、电影等领域与相关机构展开研学合作，开设'音乐大师小课班''儿童电影赏析''野营技能'等公开课。"杨先生说。

在重庆界外美术馆民宿，丰富的研学课程也获得了不少家长的好评。"这里艺术气息浓郁，有美术馆和图书馆，孩子这两天跟着老师完成了人生中的第一幅油画，特别有成就感。不仅如此，民宿还有陶艺、植物拓印等体验项目，这次过来真的值了！"周末带儿子到该民宿参加了绘画课程的周女士连声称赞。

记者观察发现，暑假期间，以青少年为主要群体的研学旅行进入旺季，尤其是深度体验型研学项目更受关注。

"'民宿+研学'既可以看作民宿的衍生品，又可以视为研学内容的扩大化，是青少年集体旅行、集中食宿的主题教育活动，与平常跟随父母旅游或参加普通的旅行团不同，教育学习内容比较突出。"北京第二外国语学院旅游科学学院院长、教授吕宁提醒，各民宿可以结合不同年龄段已学知识，创新设计研学主题，增加多层次的动手实践机会，开发体验度高的活动产品，寓教于乐，让孩子有所学、有所乐、有所获。

视频分享
2-1-2

不老村民宿
活动展示

资料来源：唐伯侬，王玮.在民宿中感受清凉 在体验中留住美好［N］.中国旅游报，2022-08-04.

评一评 2-1-2

根据学生在任务实施中的表现完成本任务评价表（见表2-1-2），可以此作为该任务学习的成绩参考基础。

表 2-1-2　　　　　　　　　　特定时间条件下民宿活动需求挖掘任务评价参考表

评价项目	评价标准	分值	得分
步骤一：选定时间节点	·目标明确性：是否能快速筛选合适的活动时间，是否具备活动敏感度	10	
步骤二：调研过往活动	·调研广度：是否能通过大量信息的收集获取有效信息 ·实地走访：是否能够深入一线并充分了解实体民宿实际活动举办时间节点	20	
步骤三：制订调研计划	·调研设计：调查计划的合理性，包括选择的样本、数据收集方法和时间框架 ·数据采集工具：检查问卷或采访提纲的质量和科学性，能否保证准确而有针对性地完成数据收集	10	
步骤四：数据收集	·数据质量：数据的准确性、完整性和可靠性 ·样本代表性：检查样本的代表性，以确保能够反映民宿活动的多样性	20	
步骤五：数据分析	·分析方法：所使用分析方法的适用性	20	
步骤六：结果梳理	·结果梳理：对调研结果进行梳理，通过结果分析达到活动需求挖掘的目的，选取合适的活动主题	20	

【参考文献】

1. 耿婷婷. 科技场馆：缘何成为人气"顶流"［N］. 青岛日报，2023-11-07（A03）.

2. 李培. 打破界限：武术对于体育产业创新的启示［J］. 文体用品与科技，2023（21）：124-126.

3. 王政，李泓泽."四史剧本杀"融入高校学生党建活动的策划与示例［J］. 佳木斯职业学院学报，2023，39（10）：10-12.

4. 张钰. 国内主题公园与节庆活动的组织探讨［J］. 艺术品鉴，2023（29）：107-110.

5. 韩顺政. 新时期群众文化活动策划的路径探析［J］. 参花（下），2023（10）：119-121.

6. 傅小花. 群众文化艺术活动的创意与策划分析［J］. 艺术品鉴，2023（27）：19-22.

项目二
精挑细选——厘清民宿活动素材

　　厘清民宿活动素材，包含查找、收集、整理、评估和选择多个环节，需要民宿管理者或活动策划者具备敏锐的市场洞察力、丰富的创意能力和扎实的执行能力，这一过程旨在确保民宿管理者或活动策划者能够清晰、系统地挑选出可用于丰富民宿体验、吸引游客参与的活动资源，从而提升民宿活动的品质和吸引力。

【项目导图】

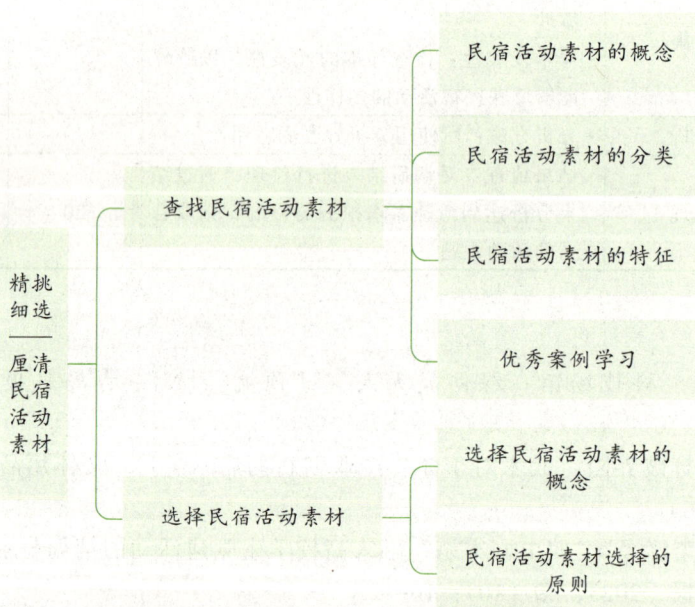

任务一　查找民宿活动素材

民宿活动素材调研是一项系统性的研究，旨在收集、分析和评估与民宿活动相关的各种资源，包括场地、设施、物品、人力和金融等，以满足特定活动的需求。通过调研，可以确定可用素材的类型、质量、可行性和可获得性，以便为活动策划和执行提供依据。此过程涉及目标明确、计划制订、信息收集、数据评估、与相关方讨论、数据整理、数据分析和制定素材使用策略等多个步骤，旨在确保素材的有效管理和最大化利用，以满足活动的成功举办。

【知识目标】

1.理解民宿活动素材的概念。

2.掌握民宿活动素材的类型。

3.了解民宿活动素材的特征。

【能力目标】

1.通过民宿活动素材的学习，拓展学生的认知能力。

2.掌握民宿活动素材的类型，培养学生调研和分析的能力。

3.了解民宿活动的特征，提高学生系统思考的能力。

【素养目标】

1.理解民宿活动素材的概念和类型，形成良好的职业认同感。

2.了解民宿活动素材的特征，激发学生对职业的深层次理解。

学一学 2-2-1

一、民宿活动素材的概念

民宿活动素材是指支持和促进民宿活动的各种元素和资源。素材包括了活动场地，如民宿、户外区域和会议设施，这些提供了活动的基本场所；团建项目和活动计划也是素材的一部分，包括团队建设项目、团队游戏、户外冒险等，以加强员工之间的合作和互动；餐饮服务、活动设备、休闲娱乐设施和安全设备也是素材的重要组成部分，以确保员工的舒适和安全；素材还包括时间表和日程安排，用于有效地安排和协调活动；另外，素材还包括资金和预算，以支持活动的策划和实施。民宿活动素材的有效管理和利用对于活动的成功至关重要。

二、民宿活动素材的分类

民宿活动素材的分类依据可以基于不同因素，包括素材的性质、用途、来源等。

（一）按活动素材的性质划分

按民宿活动素材的性质划分，民宿活动素材可以分为物质和非物质素材，物质素材包括场地、设备、食品、住宿等实物资源，非物质素材指非实体资源，如活动策划、服务、人力资源、时间等。

（二）按活动素材的用途划分

按民宿活动用途划分，民宿活动素材可以分为：场地资源，指用于提供住宿和活动场地的资源，如民宿、酒店、户外场地等。设备资源，包括会议设备、音响、投影仪等用于支持活动的设备。项目资源，涵盖团队建设项目、户外活动、团队游戏等资源。餐饮资源，指提供餐点和饮食服务的资源。休闲娱乐素材，指提供员工休闲和娱乐的设施和活动。安全和医疗资源，包括急救设备、医疗支援、安全措施等。时间资源，指时间表、日程安排等资源，用于协调和安排活动。预算资源，指资金和成本估算资源，用于支持活动的经济方面。定制选项资源，指提供个性化和定制选项的资源，以满足特殊需求。

（三）按活动素材的来源划分

按民宿活动用途划分，民宿活动素材可以分为内部和外部素材。内部资源，指组织内部可利用的资源，如员工、设备、场地等；外部资源，指组织需要从外部获取的资源，如租赁的场地、雇用的服务提供商等。

三、民宿活动素材的特征

（一）多元性

民宿活动素材包括各种场地、设备、项目、餐饮和娱乐元素，民宿活动素材的多元化特征使其成为满足不同需求的理想选择。从户外挑战到室内工作坊，从团队建设到休闲娱乐，民宿经营者可根据活动目标和参与者的需求进行个性化配置。

（二）地点相关性

民宿活动素材的地点相关性特征使活动的实施受到地理位置的限制和影响。素材通常与特定地点相关，如度假村、自然风景区或户外场地。这意味着活动的性质和可行性直接受到地点选择的影响，因此必须谨慎考虑。不同地点提供不同的环境和体验，需要根据活动的目标和参与者的需求来选择。地点的选择可以影响活动的成功与否，因此必须确保地点与民宿活动的性质和目标相匹配。

（三）互动性

民宿活动素材的互动性特征强调了其促进员工互动和团队协作的能力。素材包括团队挑战、团队游戏、团队建设工作坊等，旨在鼓励员工共同参与和互动。互动性的素材提供了与同事互动、协作和解决问题的机会，有助于提高团队协作技能和沟通能力。活动培养了员工之间的互信和友情，同时也激发了创新思维和提高了问题解决能力。互动性素材的特征使其成为民宿活动中的重要元素，有助于实现团队建设和员工发展的目标。

（四）安全性

民宿活动素材的安全性特征是确保员工的安全和健康至关重要的一部分。活动场地和设施必须符合安全标准，以预防潜在危险。此外，员工需要得到明确的安全指导和培训，以降低发生意外事件的风险。

（五）经济性

民宿活动素材的经济性特征是活动策划中的关键因素。素材的成本、可获得性和效益都需要谨慎考虑。民宿活动策划者需要在经济可行性和活动质量之间取得平衡，确保素材的利用是高效的，并达到最佳性价比。同时，经济性特征也意味着素材的管理和成本控制至关重要，以确保活动在预算范围内运作。

（六）休闲性

民宿是休闲放松的体验场所，活动素材的选择需要考虑这一特征。活动素材的选择以有助于减轻活动参与者的工作压力、享受各种娱乐活动、恢复活力，同时也有机会与同事建立更亲近的关系为标准。休闲性特征使民宿活动成为一个平衡工作与休闲的理想载体。

案例分享2-2-1　北京首个村级系列研学品牌：四渡河村"种"星星

北京市怀柔区渤海镇四渡河村位于北京北部郊区、栗花溪谷怀沙河畔，在历史古迹、红色文化等旅游资源方面均比较单薄。但小山村有自己的优势，比如板栗产业规模大、民宿多、风景美、交通相对便捷，结合科学教育和天文知识搞研学，既能让城里孩子亲近自然，带动民宿入住率，还能提高村集体的收入。在城乡要素流动和融合中不断发力村级文旅产业，以整村全业态思路盘活民宿、板栗、山水等村域资源，让绿水青山变成金山银山，把"颜值"变为产值。

结合团市委企业部U30平台优势资源，经实地调研和反复筛选，村集体最终与一家经验丰富的科学教育领域研学俱乐部达成合作。通过科旅融合打造四渡河村"种"星星研学品牌，将板栗文化、民宿体验及组装天文望远镜观星等活动串点成线。招募到村的亲子家庭到村后先品尝板栗特色餐，然后进行村内外徒步游览，其间会走进民宿，感受民宿文化；走进板栗林，由栗农讲解板栗历史和采收故事；寻找村内"盲盒"，打卡趣味内容等。回到教室后，由专业天文老师讲解牛反天文望远镜知识，带学生组装牛反天文望远镜；待望远镜调试好后，带队到半山平地观看星星，现场讲授天文研学内容。

经过数月筹备，2022年4月，北京市首个村级研学品牌项目——四渡河村"种"星星研学项目落地。4月3日，首批参加研学项目的12个家庭15个孩子来到四渡河村开启研学第一课。在已举办的18期研学活动中，有170余组亲子游家庭参与，入住民宿80多间房，带动村民"大姐的菜"餐饮创收2万余元。2022年全年研学活动已为村集体经济带来纯利2万余元的营收。

资料来源：北京市怀柔区渤海镇四渡河村第一书记王天宇提供.

案例点评：

化劣势为优势，依托小山村风景美、交通相对便捷的优势，发掘城市家庭的潜在需求，通过农文商旅融合促振兴，积极引导带动城市学龄群体深入了解农村文化，开创村级研学品牌，从而整体提升村经济水平。

案例分享2-2-2　　全业态文旅激活四渡河村好山好水

北京市怀柔区渤海镇四渡河村基于村级发展实际，以"中国五四青年村"为发展方向，以打造文化空间、盘活文旅产业、引领青年参与为实施路径的发展模式，实现人气旺、经济热、声望响的工作成效，奋力蹚出一条具有示范性和符合首都特色的乡村振兴怀柔方案，努力打造中国式现代化农村样板。

（一）融合赋能，建设乡村农产品新消费研发平台

四渡河村坚持产业需求导向，构建梯次分明、分工协作、适度竞争的农业科技创新体系，依托村集体，联合渤海镇老栗树合作社，以生鲜板栗多付栗农采购价、制作环节利润分成村集体模式，推出海底捞板栗助农产品，已持续热销6万余袋板栗零食、2 500套中秋板栗礼盒等。以融合产业增收路径复制此模式，推出抖音集团员工零食、滴滴出行下午茶零食等销售渠道，将板栗零食投放到消费市场。联合柴氏制汤企业，立足文旅餐饮品牌标准化，研发枸杞板栗鸡汤、板栗红烧肉等16道板栗特色菜品，打造京郊板栗特色菜系。同海底捞集团合作建立全面人才发展机制，依托该集团创业委员会平台，搭建山海青年人才阵地，结合板栗产业及乡村农产品新消费细分领域方向，联动首都高校青年人才资源，协同推进科技创新和制度创新，设置乡村农产品新消费实验室，加快板栗等各类农产品附加值提升。目前已同中国农业大学、首都经济贸易大学、北京林业大学及北京京北职业技术学院等高校达成合作。同步扩展融合首都特色农产品，为首都乡村振兴进一步发挥怀柔力量，助力农业关键核心技术攻关，找准农产品新消费细分方向，不断提升农产品附加值，为建设农业强国做出首都贡献。

（二）用城乡要素，搭建全业态文旅运营发展模式

坚持大城市带动大京郊、大京郊服务大城市，制定四渡河村特色振兴路线图和施工图，依托怀柔区文旅特色，用喜闻乐见的形式将科旅、文旅、影旅融合，将四渡河村全业态运营打造成村级区域公用品牌，从而激活乡村产业发展新业态。以板栗、民宿两个村级产业融合开发，吸引"城里人"走进乡村看振兴。联动首都高校资源平台

策划、设计、制作北京首套村级文旅导航系统，全面展示整村全业态文旅内容，村口展示主图中包含板栗文化区、民宿点位、公共空间和文旅盲盒等文旅特色内容。在每家民宿门口设立文化图，展示老院子换新颜新旧图对比、中英文注释等；在村内主要路口设置村级空间图，让游客清楚知道要去哪里、回到哪里，解决山村易迷路、体验差等问题；在村外公共区域设立导向标识，使游客更易找到公共区域。目前门头沟区南港村、怀柔区洞台村、延庆区称沟湾村等多个乡村复制该模式进行应用推广。巧用村落资源，将板栗文化（如图2-2-1所示）、民宿体验（如图2-2-2所示）、组装天文设备以及夜间观星（如图2-2-3所示）等活动串点成线，多渠道宣推文旅短视频，并将其融入村级宣传矩阵，打造出北京市首个村级系列研学品牌，包括"四渡河村'种'星星"、剧本杀、露营、中国艺术乡村实践等40多节课程。创新开发山村"实习研学"项目，设置"民宿经营实践实习生""实习村长""艺术山村实习生""山野民宿主理人"等实践岗位，让即将出国留学的中学生在实践中体验村委会工作、民宿经营、乡村设计等实践项目，村集体创收10余万元，带动数名村民增收数万元。

图2-2-1　四渡河村"怀柔板栗"写生课

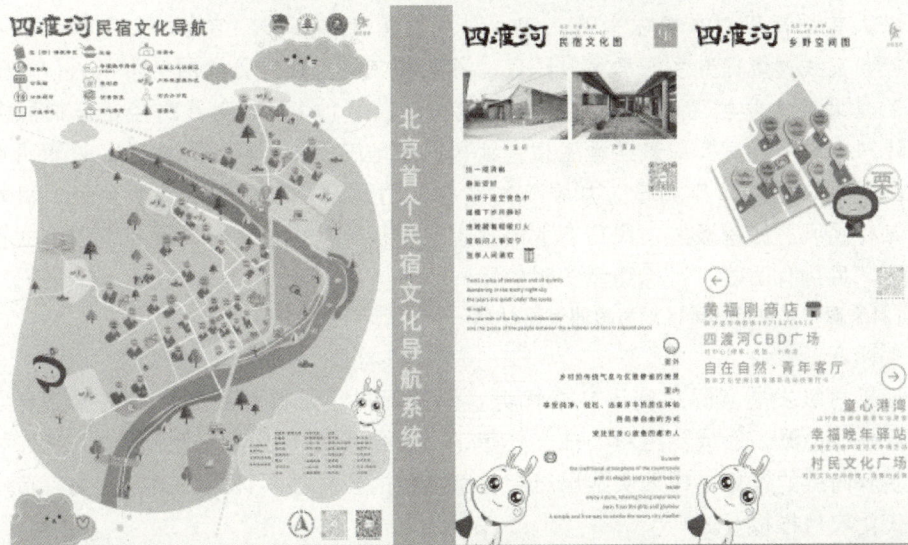

图2-2-2　四渡河村民宿文化项目导览图

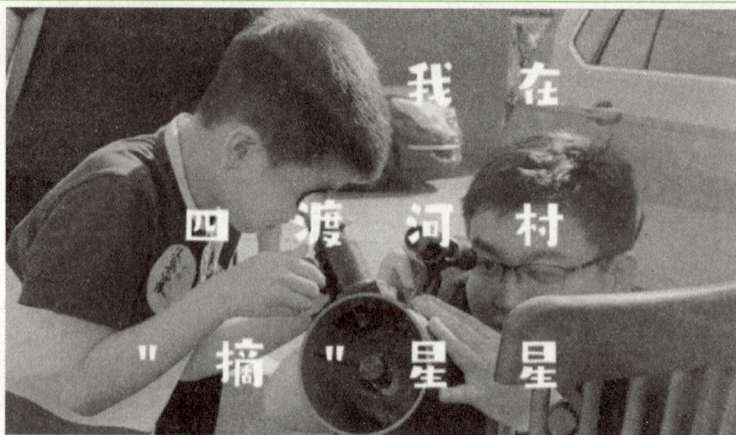

图2-2-3　四渡河村"种"星星活动宣传图

（三）用文旅场景，打造城区乡村互动公益平台

在四渡河村党组织的支持下，努力建设老少皆宜的乡村场所，打造少有所乐、青有所为、老有所依的文化空间，丰富"老青少"的文娱活动，提升全民的地方依恋与归属认同。

四渡河村"两委"推动四渡河村全球青年计划志愿服务品牌建设。青年志愿者在产业、人才、生态、文化、组织等振兴场景持续发光发热，依托社会工作、志愿服务和社会实践等实践路径为乡村振兴提供内驱力。建立北京市首家"童心港湾"基地，关心关爱山村青少年群体，以"每周一课"公益服务乡村儿童，共计开展课程100余次，参与人数800多人次，并多次组织策划乡村青少年艺术巡展。打造青年施展空间，创建青年书吧、青年创新创业办公区等场景，主动开拓青年服务乡村路径，从而带动整村全业态运营。还通过城区各类活动推介、ESG组织支持和高校宣讲等形式不断扩大首都青年对乡村振兴的认知、对乡村建设的参与，结合社会工作、志愿服务、社会实践力量提升乡村教育、医疗、养老和文明实践等公共服务水平，以"童心港湾"基地、大学生劳动教育、社会实践和红色"1+1"等实践路径，全面服务乡村。让"天天有人气"愿景落地生根，让村民就地感受到现代文明生活。设置青年社会实践场地，借助青年力量，加强农村精神文明建设，推动形成文明乡风、良好家风、淳朴民风。深挖板栗、民宿产业内容，实现板栗附加值提升、民宿创收形式多样化，让"月月有固收"目标稳步实现。

资料来源：北京市怀柔区渤海镇四渡河村第一书记王天宇提供.

案例点评：

基于村级发展实际，突出文旅优势，四渡河村作为首都新时代特色振兴村倡导者，也是行动派，形成党组织心往一处想、村民劲儿往一处使、产业协同共建、和美乡村欣欣向荣的景象，探索实践出符合首都特色的乡村振兴怀柔方案，全力打造中国式现代化农村样板。

做一做 2-2-1

调研民宿活动素材

步骤一：明确调研目的

确定为何需要调研民宿活动素材，以及调研的具体目标是什么。这有助于明确研究的方向和范围。

步骤二：制订调研计划

制订详细的调研计划，包括调研的时间表、参与人员、数据收集方法和预算。

步骤三：收集信息

根据计划，开始收集关于民宿活动素材的信息。这可以包括在线搜索、采访民宿经营者、查阅文献和报告等。

步骤四：评估素材质量

对收集到的素材进行评估，包括素材的可行性、质量、成本等方面。这有助于确定哪些素材最符合活动的目标。

步骤五：与相关方讨论

与参与活动策划的相关方进行讨论，包括公司管理层、员工代表等，以获取他们的意见和建议。

步骤六：记录和整理数据

整理和汇总收集到的数据，以便进行后续分析和决策。

步骤七：分析素材数据

对民宿活动素材数据进行分析，评估素材的适用性和可行性，以确定最佳的素材组合。

步骤八：制定素材使用策略

根据民宿活动素材调研结果，制定活动策略，包括素材的选择、安排和预算。

实务参考 2-2-1

京郊乡村民宿活动素材来源展示

1.民宿野炊活动

"在民宿里野炊，这是年轻女孩们的热爱。"

——隐居乡里营销经理　赖姗姗

民宿露营活动的兴起，为年轻人带来了精致野炊的打卡活动。在民宿里野炊，不睡床而睡草地，亲近大自然，成为时下年轻人的潮流。

在北京房山青龙湖环绕的"左岸花园"民宿里找一片绿地，铺上一张桌布，搭配着精致的下午茶和酒水、香薰蜡烛、抱枕和花，打造出一组无论怎么拍都美的野炊场景（如图2-2-4所示）。午后的槐树枝叶将阳光筛得细碎，欧式花园便被打造成了充满文艺气息的野炊胜地。对于爱拍照的年轻人来说，玻璃房里的床已经吸引不了他们了，睡在草地里更能出片。

图2-2-4　结合民宿环境和绿植等活动素材资源打造的野炊活动场景

2.民宿亲子活动

"牛羊和马兔，孩子们喜欢去的民宿原来叫作——动物园。"

——途家民宿公关 李乐

对于亲子游来说，孩子们玩得有趣很重要。位于北京延庆区的熙熙宪宪de乐园民宿（如图2-2-5所示），院子里有一匹白马，门外还有奶牛场和羊圈，孩子们既可以体验喂养牛羊的快乐，也可以动手挤奶，打包纯正的奶皮鲜奶。除了与小动物们近距离接触外，院子里还搭建了7.2米高的旋转滑梯、4.5米长的爬网、秋千沙坑等玩乐体验项目，为孩子们带来更多的乐趣。

图2-2-5　结合动物资源策划的民宿活动一角

3.民宿文化活动

"北京有很多历史古迹，也有不少老宅子。在晚清时建造的老宅子里寻找现代印记，这家民宿是个宝藏。"

——博物馆研究员、历史系毕业生 Anna

自从老洋房的话题热度上升后，很多人都在寻找当地有历史印记的老房子，也想住进改造后的老宅里一探究竟。

于是，Anna和她的室友们便在北京房山将晚清老宅变成了"姥姥家"民宿。民宿以当地山石砌成院墙，斑驳的外墙结构显得古朴，经过烟火气熏陶的木头老门窗背后是五代人的成长印记（如图2-2-6所示）。设计师为这栋老宅增添了现代艺术感，其设计获得了意大利设计金奖。

图2-2-6　结合民宿资源策划的民宿活动展示墙一角

作为京郊少有的由百年老宅改造而成的民宿，"姥姥家"还推崇素食生活，来这里体验的"肉食主义者"，也能被一道麻香杏鲍菇所折服。

4.民宿团建活动

"百亩草坪和独栋花园很有仪式感，团建型度假民宿是潮流也是我的首选。"

——郎泽传媒总监 杨石

如今不少人以家庭为单位一起租个小院进行团建型度假，团建型度假类民宿（如图2-2-7所示）也因此备受追捧。这类民宿一般以独栋花园别墅、百亩草坪、超大活动空间为特色，一些独特的文娱活动也能让团建型度假变得更有趣。

图2-2-7　结合民宿菜地和庭院资源策划的主题宴会活动

位于北京怀柔的"蜡笔森林"和位于延庆的"青山依旧"就属于这类团建型度假民

宿。"蜡笔森林"靠近黄花城水长城，周围种满了板栗、核桃、苹果和山梨树。民宿还联合了国内美学平台墨念女塾打造了植物标本墙、手作区、画材墙和绘本区，客人可以与家人朋友们一起观察植物，制作银黏土首饰等。

5.民宿摘星活动

"摘星计划与植物漫步，一些你不曾留意过的民宿周边景区，也能玩出新花样。"

——旅悦（花筑）市场部 Lemon

知名景区周边的民宿向来都是客人首选。八达岭长城脚下的花筑·酒仙居由两栋经历 80 年沧桑的文保老宅改成，花筑·酒仙居保留着北京四合院的历史韵味，庭院式花园贯穿其中，周围群山环绕，远离城市的喧嚣。民宿摘星计划、植物漫步、亲子手作等活动深受亲子家庭的喜爱。

摘星计划是让孩子们聚集在民宿的天台上，由专业的天文老师讲解当月天文现象、黄道星座和星座神话，并借助导览仪、星盘、天文望远镜讲解星座的辨别等知识。同时，民宿还将八达岭长城作为户外教学场地，在专业的户外老师和植物老师的带领下，让孩子们学习 LNT 户外原则，了解八达岭长城的历史、地质知识，辨别八达岭地区的植物及昆虫等。

6.民宿剧本杀活动

"把民宿当作沉浸剧工坊，一起玩个剧本杀真是太爽了。"

——剧本杀狂热爱好者 KOL

视频分享
2-2-1

U 闲小院
——偏爱
是独属于
这里，微风
温柔

年轻人喜爱的剧本杀、推理杀等如今也有新玩法——找个民宿来场大型沉浸式推理游戏。

位于北京大兴区魏善庄镇的花筑·北京谜鹿沉浸剧工坊民宿就是这样一个地方，民宿由 5 个主题院落组成，风格各有特色，有仙侠风、圣托里尼风、唐风等，对于推理迷来说，在民宿里玩剧本杀也是一种特别的体验。

资料来源：底伊乐. 去京郊民宿，达人们提供了这 7 种新玩法［EB/OL］.［2022-04-29］. https://baijiahao.baidu.com/s?id=1731424840436148771&wfr=spider&for=pc.

评一评 2-2-1

根据学生在任务实施中的表现完成本任务评价表（见表 2-2-1），可以此作为该任务学习的成绩参考基础。

表 2-2-1　　　　调研民宿活动素材任务评价参考表

评价项目	评价标准	分值	得分
步骤一：明确调研目的	·目的明确：调研目的是否清晰明确，使调研有针对性，能够指导后续的调研工作 ·背景信息：是否提供了背景信息，解释了为何需要进行这项调研	10	

续表

评价项目	评价标准	分值	得分
步骤二：制订调研计划	• 计划完整性：调研计划是否详尽完整，包括时间表、数据收集方法、参与人员等方面 • 预算规划：是否考虑到调研所需的经费和素材，并有合理的预算规划 • 可行性评估：是否考虑到了调研计划的可行性和实施难度	15	
步骤三：收集信息	• 数据来源：收集的信息是否具有多样化的可靠来源，以提高信息的可信度 • 数据完整性：是否收集到了足够的信息，以支持后续的分析和决策 • 数据收集方法：所使用的数据收集方法是否合适，能够满足调研需求	15	
步骤四：评估素材质量	• 质量标准：对素材的质量标准是否明确定义，以便进行评估 • 可行性评估：是否评估了素材的可行性和适用性，以确定是否符合调研目标 • 数据质量：素材的数据质量是否可靠，包括准确性、完整性和及时性	10	
步骤五：与相关方讨论	• 数据整理：是否对收集到的数据进行了整理，以备后续分析 • 文件化：是否记录了数据并使之文件化，以备后续报告和参考之用	10	
步骤六：记录和整理数据	• 结果梳理：是否对调研结果进行梳理，通过结果分析达到活动需求挖掘的目的，从而确定合适的活动主题	10	
步骤七：分析素材数据	• 数据分析方法：是否使用适当的数据分析方法，以得出合理的结论 • 结果解释：是否能够清晰解释分析结果，使其有助于决策制定	15	
步骤八：制定素材使用策略	• 策略有效性：制定的使用策略是否有助于实现调研目标 • 成本效益：是否考虑到了素材使用策略的经济性和成本效益	15	

任务二　选择民宿活动素材

　　选择民宿活动素材是指在民宿提供的丰富多样的活动内容中进行筛选，用于吸引住户，为日后活动举办提供高质量的素材案例，并提供与住宿环境相匹配的体验项目。在选择活动素材时，应当从多个渠道进行收集，考虑活动的特点和独特性，与住宿环境相融合，同时要注重活动的实施和运营。选择独特的活动素材，能够提高民宿主的收益，建立良好的客户关系，提高民宿的口碑效应和品牌影响力。

【知识目标】

　　1.明晰选择民宿活动素材的概念。

　　2.了解民宿活动素材收集的来源。

　　3.理解民宿活动素材选取的特点。

　　4.掌握民宿活动素材搭建的方法。

【能力目标】

　　1.明晰选择民宿活动素材的概念，完善学生的学科理论基础。

　　2.通过民宿活动素材来源的学习，提高学生对社会问题的认知分析能力。

　　3.理解民宿活动素材选取的特点，培养学生对民宿产业的理解应用能力。

　　4.掌握民宿活动素材搭建的方法，提升学生进行跨学科的思考学习能力。

【素养目标】

　　1.明晰选择民宿活动素材的概念，培育良好的专业理论素养。

　　2.了解民宿活动素材收集的来源，拓宽自己的职业视野。

　　3.理解民宿活动素材选取的特点，形成良好的职业认同感。

　　4.掌握民宿活动素材搭建的方法，理解自身在职业中的价值和使命。

学一学 2-2-2

一、选择民宿活动素材的概念

　　选择民宿活动素材是指从各种可用素材中筛选和决定要使用的素材，以满足特定民宿活动的需求和目标。其旨在确保所选素材与活动目标相一致，并能够为活动的成功执行和达成预期效果做出贡献。选择民宿活动素材要权衡各种因素，如素材的可行性、质量、可获得性、成本效益、安全性和适用性等，以确保最佳的素材配置。此过程还需要与相关方进行沟通和协商，获得他们的反馈和建议，以便做出明智的决策。其最终目标是确保所选素材能够支持民宿活动的成功举办，满足参与者的需求，并提供有意义的体验。

二、民宿活动素材的选择原则

（一）目标一致性原则

民宿活动素材选择的目标一致性原则是指在选择素材时，应确保所选素材与活动的目标和主题相一致，意味着素材的使用应与活动的宗旨相符，以确保素材对于活动的成功是有益的。素材的特性、属性和功能应与活动的目标保持一致，以支持活动的实现和达成预期效果。目标一致有助于确保素材的选择不会偏离活动的核心目标，而是有助于实现这些目标，提供有意义的体验和提高参与者的满意度。

（二）质量优先原则

民宿活动素材选择的质量优先原则强调选择具有高质量、可靠的和卫生安全的素材。在选择素材时，应确保它们能够提供出色的体验和服务，同时符合卫生和安全标准，以确保参与者的健康和满意度。质量优先原则强调素材的品质，不仅关注素材的外观和性能，还关注其可持续性和可靠性，从而帮助提供高水平的民宿活动体验，提高参与者的信任度和提高其快乐感。

（三）安全性原则

民宿活动素材选择的安全性原则强调在选择素材时考虑安全因素。活动素材的使用应符合安全标准，以确保参与者的安全和健康。其包括场地的结构安全、应急设备的安全可用、卫生和食品安全等方面。安全性原则旨在降低民宿活动期间潜在风险的发生，并提供紧急情况下的支持和救援措施。

（四）可行性原则

民宿活动素材选择的可行性原则强调选择那些容易获取和实际可行的素材。在选择素材时要考虑其可行性和可获得性，以避免不必要的问题和延误。可行性原则关注素材的可用性、可运营性和适用性，确保素材的选择能够顺利使用到活动中，而不会遇到不可控制的障碍。

（五）成本效益原则

民宿活动素材选择的成本效益原则侧重于确保所选素材的成本与其提供的价值相匹配。在选择素材时，应权衡成本与预期收益，以确保素材的使用是经济上切实可行的。成本效益原则能够优化素材的使用，降低活动的总体成本，并确保获得最佳的素材回报，不仅有助于民宿活动的财务可行性，还能提供高性价比的民宿活动体验，提高参与者的满意度。

（六）多样性原则

民宿活动素材选择的多样性原则着眼于提供多样性的素材，以满足不同参与者的需求和偏好。在选择素材时，应考虑不同类型、特点和风格的素材，以丰富活动的体验。多样性原则有助于吸引更广泛的受众，提供更多选择，提高参与者的参与度和满意度。可以开展更具创意和刺激性的活动，使参与者能够体验不同的文化、环境和活动方式，从而丰富他们的体验。

（七）易推广原则

易推广原则指的是在选择民宿活动素材时，优先考虑那些容易推广和宣传的素材。活动素材应具有引人注目、独特、吸引人的特点，并可以通过各种媒体和渠道进行宣传。选择易推广的素材有助于提高活动的知名度，吸引更多的参与者和利益相关方。更多的曝光通常会带来更多的支持和参与，从而增强活动的影响力和效果。

案例分享2-2-3 **2023年四渡河村特色振兴计划——等你来加入**

一、活动主题——四渡河村全球青年招募计划

1.产业振兴方向

民宿经营帮扶计划、板栗产业提升附加值计划、文旅活动提升计划。

（1）背景/概况

村内精品民宿初具规模，已有经营中和在建民宿共30家，民宿品质优秀，但是淡旺季人流差距大，运营管理方面需要进一步加强。村内家家都有板栗树，近年来随着投入成本增加，板栗收购价格低，导致利润下降。村内文旅宣传运营仍在起步阶段，需要大量的运营人才和优质的内容支撑。

（2）目标

帮助民宿提升服务质量，提高宣传能力，打造高质量精品民宿群落。

帮助村民解决板栗树的管理难题，为板栗附加值提升提出可行性建议，提升村民的固定收益。

为四渡河村文旅活动进行内容生产制作，结合乡村特色打造具有强吸引力的文旅活动，增加村子人气。

（3）计划

围绕民宿产业、板栗种植与加工、乡村商店升级打造、乡村餐饮中心打造等方面推进，进行乡村宣传平台日常运维，筹备首届四渡河论坛。

（4）招募人群

内容创作者、设计师规划师、大学生、青年双创团队。

2.文化振兴方向

（1）背景/概况

村内有长期运行的针对老人和孩子的多种活动，有内容特色和长期可持续性，活

动也有一定的运营基础。

（2）目标

让更多青年人在乡村振兴事业中发挥力量。

（3）计划

四渡河村"童心港湾"基地运营、共青团北京市委员会教育实践基地建设运营、村内各类公益活动（幸福全家系列活动、一起过节日活动、中医义诊活动、特色课堂活动、老人艺术课堂活动、乡村自习室、乡村图书室、环保助力活动、乡村广播台建设运营、四渡河村主题曲创作、四渡河村乒乓球联赛等内容）。

（4）招募人群

大学生志愿者、青年双创团队、学生实践团。

3.人才振兴方向

（1）背景/概况

2022年，四渡河村迎来了几十组"挑战杯"竞赛的学生团队、大学生实践团队，受到了国际青年的关注，吸引青年创业者的到来。

（2）目标

计划打造更加完善的志愿服务和创新创业孵化体系。

（3）计划

培养村内大学生若干，吸引大学生入村干事创业；吸引青年双创团队助力村级产业升级。

（4）招募人群

高校大学生、青年双创团队。

二、青年招募范围

1.乡村振兴青年创业团队

招募数量：3组。

2.乡村振兴青年规划师

招募数量：3人。

3.乡村振兴青年志愿者

招募数量：5人。

4.乡村振兴国际青年志愿者

招募数量：4人。

三、你将收获

你将不仅收获在四渡河的衣食住行：香气飘飘的热乎栗子、多种风格的精品民宿、四渡河特色板栗餐、慕田峪红螺寺雁栖湖等附近大热景区体验票、四渡河自在露营体验卡；你还将收获清晨露水的清香、午后的暖阳、傍晚彩色的天空、夜晚闪亮的星星和步行在四渡河溪流边、山林里的悠悠的静。

除此之外，你还将获得志愿服务时长、官方证书和深度合作机会。

我们在四渡河村等你来。

资料来源：北京市怀柔区渤海镇四渡河村第一书记王天宇提供．

案例点评：

在推进乡村振兴战略中，四渡河村牢牢牵住文旅兴村这个牛鼻子，吸引外界青年入局乡村振兴工作。通过招募青年志愿者、创业团队、规划师以及合作支持方，为外界青年提供了乡村振兴的参与路径，并取得了一定成效。四渡河村以"文化留住人、文旅活经济、文人创新举"的"三文"机制，走出了一条文旅兴村之路。

做一做 2-2-2

搭建民宿活动素材库

搭建民宿活动素材库有多方面的好处。第一，素材库提高了活动策划和执行的效率，因为所有相关素材都集中存储，不需要花费大量时间在搜寻和整理素材上。第二，素材库可以确保素材的一致性和品质，因为所有素材都经过了筛选和管理，符合活动的风格和标准。第三，素材库促进了团队协作，团队成员可以轻松分享和访问素材，提高了信息共享和沟通效率。第四，素材库还有助于保护素材的安全，可以进行定期备份和维护，防止数据丢失。第五，最重要的是，它提供了数据分析的机会，可以追踪素材的使用情况，了解哪些素材更受欢迎和有效，从而优化活动策略。综上所述，搭建民宿活动素材库有助于提高质量、效率和管理，为活动的成功提供有力支持。

步骤一：明确目标和需求

定义搭建民宿活动素材库的目标，明确其服务的目的。确定所需的素材类型和数量，以满足不同活动的要求。

步骤二：设计素材库分类与结构

整个素材库的架构设计应具有一定的系统性、可拓展性和便捷性，根据民宿活动的特点和需求，将素材分为多个类别，以便进行有针对性的管理和使用。

步骤三：素材收集与整理

收集各种类型的民宿活动素材，包括图片、视频、文档、设计元素等。给每个素材添加适当的标签和描述，以便快速检索和识别。组织素材以便访问和使用，可以按照活动主题、类型、时间等进行分类和整理。

步骤四：统一命名和标记

素材库文件命名应有规范性要求，清晰统一，方便快速查询和使用，如文化体验类、休闲娱乐类、亲子互动类、团队建设类等，也可以进一步将其按照素材格式归类，如图片、视频、音频、文档、链接等。

步骤五：维护和更新

定期审查和更新素材库，删除过时或不再需要的素材。确保素材库的安全性，防止未经授权的访问和下载。

步骤六：使用和推广

素材库的建立是为了高效使用，广泛应用在各方面，为业务人员提供充足的支持。

实务参考 2-2-2

北京宜室怡趣精品民宿"民宿+"活动素材库搭建

（1）"宜室怡趣"精品民宿+游玩体验（如图2-2-8所示）

图2-2-8 "宜室怡趣"精品民宿外景

"宜室怡趣"精品民宿的游玩体验项目有山林漫步、稻田体验、林间慢宴等。山林漫步：在民宿附近设置多条漫步线路，线路覆盖的地方都是当地村落历史痕迹最多的地方，在这些街道可以听村民讲述故事。这些线路根据难易程度分成A至F多条。稻田体验：与当地有机农场合作，根据节气的不同来安排各具特色的体验活动。包括赏花、插秧、收获稻米等趣味农场体验活动。除了体验，还会专门设置向导讲解与农场、节气有关的小故事。

（2）"宜室怡趣"精品民宿+书屋（如图2-2-9所示）

图2-2-9 "宜室怡趣"精品民宿+书屋

"宜室怡趣"精品民宿创新"民宿+书屋"模式，把多功能厅、茶室打造成阅读空间，同时民宿书房开展网络资源服务和新媒体服务，让书香浸润休闲旅游。把书香梦与美好的田园生活结合在一起，将为更多人打造理想中的桃花源，让远方更具诗意。

（3）"宜室怡趣"精品民宿+技艺（如图2-2-10所示）

图2-2-10 "宜室怡趣"精品民宿+技艺

鲜花的用途广泛，不管是家居摆放还是送人探亲，抑或商务场合，都有其用武之地，深受女性喜爱。而女性作为家庭旅游出行的重要决策者，是民宿营销和内容策划的重点关注对象。"宜室怡趣"精品民宿在内容策划上，增添花艺活动模块，结合季节、节日策划插花主题，将空间之美、花艺之美、女性之美深度融合，形成美好的居住体验。此外，中式功夫茶道作为该民宿的优势资源项目，正好切中当下传统文化大热、追求健康生活的趋势，可以作为内容项目建设的另一模块，以茶艺沙龙、茶修禅修、冲泡研习、茶知识讲座、亲子茶艺活动等形式开展，亦可与花艺活动相结合，塑造茶席、鲜花与空间相映成趣的雅集之美。

（4）"宜室怡趣"精品民宿+养老度假（如图2-2-11所示）

视频分享
2-2-2

栗乡少年，
梦想一定会
实现 乡村振
兴青年先行

视频分享
2-2-3

共青团助力
乡村振兴
四渡河团学
活动教学点
课程介绍

图2-2-11 "宜室怡趣"精品民宿+养老度假

　　"民宿+养老度假"模式适应不同需求的客户群体，有效提升了入住率和营业额，周末游和亲子游的短租份额不断攀升，"宜室怡趣"精品民宿适时进行了营销策略的升级，实现了从"城中一宅、乡中一院"到"一宅一院一家人"的转变。现在这种模式不一定非得突出吸引老年人的特点，因为随着工作节奏的加快，年轻人的度假需求也很大，甚至比老年人的需求还大。

评一评 2-2-2

　　根据学生在任务实施中的表现完成本任务评价表（见表2-2-2），可以此作为该任务学习的成绩参考基础。

表2-2-2　　　　　　　搭建民宿活动素材库任务评价参考表

评价项目	评价标准	分值	得分
步骤一：明确目标和需求	• 目标明确：民宿活动服务流程的目标和要求是否明确 • 需求清晰：素材库的需求和用途是否清晰	10	
步骤二：设计素材库分类与结构	• 分类清晰：针对民宿活动服务流程的需求分类是否清楚 • 架构完善：整个素材库的架构设计是否严谨、完善，分类是否恰当	20	
步骤三：素材收集与整理	• 收集全面：素材库所选取的文档涵盖面是否较广，类型是否齐全，内容是否准确、全面、实用 • 审核认证：素材库文档来源是否真实可靠，符合法律法规和相关标准 • 整理有序：文档是否整理完备，结构合理，便于管理和使用，避免重复和重复整理	30	
步骤四：统一命名和标记	• 命名规范：素材库文件名命名是否规范一致，易于识别 • 标记统一：素材库标记是否清晰统一，方便快速查询和使用	20	
步骤五：维护和更新	• 更新及时：素材库更新是否及时 • 维护完好：素材库是否归类、整理齐备、保持清洁整洁，使其保持良好状态和整体性	10	
步骤六：使用和推广	• 使用率高：素材库是否能被正确使用，并能广泛应用在各个方面 • 推广广泛：素材库是否得到了广泛推广，为业务人员提供充足的支持	10	

【参考文献】

1.沈军.劳动周主题活动的策划与实施［J］.教育研究与评论（小学教育教学），2023（8）：61-66.

2.段亦凡，李沐.艺术管理视域下会展活动策划审美研究［J］.商展经济，2023（14）：9-12.

3.蔡婧.浅谈基层群众文化活动的策划和开展［J］.中国民族博览，2023（14）：101-103.

4.苏巧敏.综合实践活动中社会服务活动策划课的设计与实施策略［J］.名师在线，2023（21）：94-96.

项目三
别出心裁——创意民宿活动主题

　　民宿活动策划首先要考虑活动的主题。一场成功的民宿活动，主题创意是关键，主题吸引度决定了客人参与的积极性，是住宿体验的重要环节，也是延长客人逗留时间、丰富其体验的"秘诀"。民宿活动主题的创意，依托民宿自身风格、民宿主人的枳极引导及在地文化的融入而产生。别出心裁的民宿活动主题创意包含民宿活动主题方向的确定、对象特征的匹配和主题名称的创意。

【项目导图】

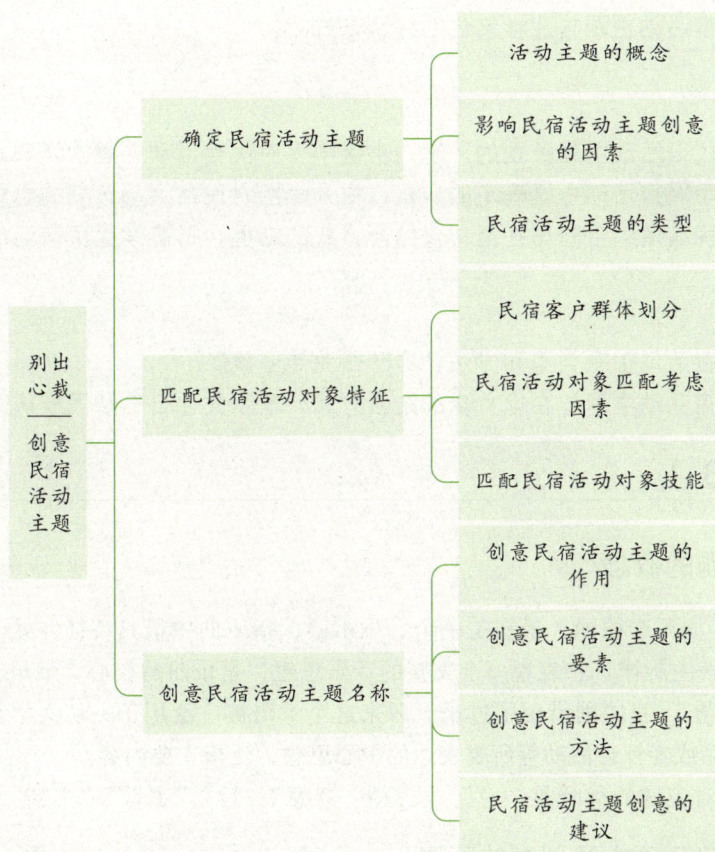

任务一　确定民宿活动主题

民宿活动主题丰富多样，涵盖了乡村体验、文化探索、自然风光、历史遗迹、美食烹饪、手工艺制作、户外冒险、健康养生等多个主题。民宿活动主题选择应与民宿位置、文化背景、市场客群定位相匹配。特色鲜明的活动主题能够增加民宿的吸引力，激发客人参与的热情。

【知识目标】

1.了解民宿活动主题类型。
2.熟悉民宿活动主题确定的方法。
3.掌握民宿活动主题与在地文化的结合方式。

【能力目标】

1.通过对民宿活动主题类型的了解，丰富学生对民宿活动主题的认知。
2.通过熟悉民宿活动主题确定的方法，提升学生对民宿活动策划的思路。
3.通过对民宿活动主题与在地文化结合方式的掌握，提高学生民宿活动策划能力。

【素养目标】

1.了解民宿活动主题类型和方法，提升职业专业度。
2.熟悉民宿活动主题与在地文化的结合方式，增强文化自信和民族认同感。

学一学 2-3-1

一、活动主题的概念

"主题"一词源于德国，最初是一个音乐术语，指乐曲中最具特征并处于优越地位的那一段旋律——主旋律。它表现一个完整的音乐思想，是乐曲的核心。最早在日本将这个概念译为"主题"，我国则借用了过来。后来这个术语被广泛用于一切文学艺术的创作之中，指文艺作品或者社会活动等所要表达的中心思想，泛指主要内容。

我国古代对主题的称呼是"意""主意""立意""旨""主旨""主脑"等。

二、影响民宿活动主题创意的因素

首先要对民宿的类型进行分析，这有助于展开活动时可以更精准地定位民宿客群，对标民宿定位。

（一）目标客群需求

目标客群需求直接塑造民宿活动主题创意。关注客户的兴趣和需求，确保主题吸引目标受众，提供符合其期待的体验，从而增强活动参与度。主题创意应紧密结合目标客群的文化、兴趣和体验期望，满足他们对独特的、个性化的和有意义的活动的渴望，以建立深层次的情感联结和忠诚度。

（二）地域文化

地域文化直接塑造民宿活动主题创意。主题应与当地文化融为一体，反映独特的传统和风俗，以吸引客人对地方文化的关注。考虑地域特色，创造深刻的当地体验，使活动在文化上有根有脉，为客人提供真实、丰富的文化感受，从而增强活动的吸引力和参与度。

（三）气候与季节

气候与季节直接塑造民宿活动主题创意。主题选择应适应当地季节和气候，确保在最佳时机进行。考虑季节性特点，创造与之相符的体验，使活动更贴近自然环境。夏季可推出水上活动，冬季则适合雪地体验。合理利用气候与季节，不仅能提高活动的吸引力，还能确保参与者在最适宜的条件下享受独特体验。

■ 知识链接2-3-1 　　　　　　　　　　　中国节气

民宿根据时令节气和特定节日的变化，组织不同类型的活动会更适合游客的需求。

中国节气是指24个时节和气候，是中国古代订立的一种用来指导农事的补充历法，是中华民族劳动人民长期经验的积累和智慧的结晶。由于中国古代是一个农业社会，农业需要严格了解太阳运行情况，农事完全根据太阳运行周期而进行，所以在历法中又加入单独反映太阳运行周期的"二十四节气"，用作确定闰月的标准。中国农历历法是一种阴阳合历，既根据太阳也根据月亮的运行制定，因此加入二十四节气能较好地反映出太阳运行的周期。

二十四节气分别指：立春、雨水、惊蛰、春分、清明、谷雨；立夏、小满、芒种、夏至、小暑、大暑；立秋、处暑、白露、秋分、寒露、霜降；立冬、小雪、大雪、冬至、小寒、大寒。

主要可以从以下几个方面策划相关的主题活动：可以根据不同节气的特点，举办相应的主题活动，如春分节气可以举办植树活动，冬至节气可以举办煮汤圆活动等。

可以根据节气进行相关手工活动：如制作冬至饺子、端午粽子等；举办节气文化讲座：通过活动来了解节气的历史、文化和传统；还可以根据节气时点来举办相关美食活动、节气文化节、节气音乐会等活动。

资料来源：作者根据相关资料整理.

（四）民宿特色和风格

民宿特色和风格直接塑造活动主题创意。主题应与民宿独有特色相契合，强调独特的住宿体验。考虑民宿的建筑、装饰和服务风格，创造与之一致的主题，以增强品牌形象。借助独有元素，活动主题能更深刻地融入民宿文化，吸引客户，强调与众不同的体验，促使客人留下深刻印象。

（五）民宿场地环境

民宿场地环境直接塑造活动主题创意。场地的自然环境、建筑结构和设施设备为主题提供了独特背景。考虑场地的特色，结合周边自然景观或文化元素，打造符合场地氛围的主题。充分利用场地资源，创造出与众不同的体验，使活动更贴近自然和地域文化，增加吸引力，为客户提供独特的居住和活动体验。

（六）成本和效益

成本和效益是决定民宿活动主题创意的关键因素。主题创意应当在可接受的成本范围内实现，平衡资源投入和预期效益。高效的活动设计能够最大程度地提升参与者体验，增强活动吸引力，进而带来更多的客户和更积极的口碑。通过精细的成本控制和效益评估，确保活动创意既能满足预期目标，又能在财务上可持续发展。

（七）民宿经营者的特长

民宿经营者的特长直接塑造活动主题创意。其个人兴趣、技能和经验将主导活动的独特性，为客户提供更丰富、更具创新性的体验。经营者若具备文化、艺术或户外领域的特长，可将其融入主题设计中，提升活动质量。专业技能和独特见解有助于创造独特体验，加深客户对民宿品牌的印象，使活动更具个性和深度。

案例分享2-3-1　广东韶关山原色民宿每年举办的全国咖啡大赛

韶关山原色民宿，民宿主阿宇和花姐是专业的咖啡师和烘培师。他们热爱咖啡和烘培，并有一定的深研。以此为基础，他们的民宿每年都会策划多场咖啡体验以及烘培体验活动（如图2-3-1所示）。

图2-3-1　山原色民宿于2023年举办的全国咖啡大赛

阿宇是县级非物质文化遗产艾糍的传承人，因此山原色民宿每年举办一次艾糍文化节，举办创意艾糍体验、文艺表演、抽奖等活动，而且每年都有特定的主题，如第四届艾糍节（如图2-3-2所示），除了延续原有的固定环节外，更是推出人文摄影展、非遗巡展、百米长卷体验等特色内容。而且，本届活动只需网上报名，便可获得免费入场券。

图 2-3-2　2019年山原色举办第四届艾糍节：千人做艾糍体验活动

2020年，第五届艾糍节，山原色民宿进行了如下策划：

【主题："艾在丹霞·幸福传承"】

当下人们最向往的，莫过于健康平凡的日子；最期待的，便就是这平凡日子里的小小幸福。而仁化，也正是这平凡世界里的一座小城，生活在这里的人们，也都是平凡世界里的一粒粒种子。

希望我们，都能享受到人世间的暖。

【线上活动：暖暖的幸福，家庭照片评选】

照片征集时间（3月11日—4月5日）；"丹霞原色生活"公众号投票（4月6日—4月10日22时）；"丹霞原色生活"公众号公布获奖名单（4月11日上午10时）

【征集报名事项】

1.关注"丹霞原色生活"公众号，转发此篇文章。

2.将自己的家庭生活照片（单张或组照都可）取好名称，发送给"丹霞原色生活"。

3.公众号会将作品的质量及照片与幸福主题的契合度作为选择的依据，在海选作品中，优选20个（组）作品，进入下一轮的投票环节。

4.进入投票票数前13名的选手，结合作品质量，优选出前三名，其余10名为优秀奖。奖品为旅行基金、客家非遗手工艾糍和山原色民宿房券。

【节日活动安排】

线上活动：非遗传承，艾糍制作工艺网上课堂（3月20日—4月5日）；

线下活动：传统艾糍制作（3月20日上午10时）；艾草香囊手工制作（3月25日上午10时）；艾香坚果条制作（3月30日上午10时）；艾香米饼制作（4月5日上午

10时）；

直播活动：艾糍文化节活动（4月11日上午9时），届时会在抖音、斗鱼、快手平台上进行直播（如图2-3-3所示）。

图2-3-3　山原色民宿2020年举办的第五届客家艾糍节海报及活动照片

活动项目包括：

1.民俗风物展。

2.客家+非遗文化静物展。

3.亲子家庭制作艾糍及创意艾糍。

4.传统艾糍及创意艾糍制作展示。

资料来源：广东韶关丹霞山山原色民宿提供.

案例点评：

山原色民宿的主人阿宇和花姐夫妇原本是服装设计师，2016年他们和北京摄影作家李双喜和陈秀娟一起回到家乡用自家房子做了民宿，阿宇喜欢做咖啡，花姐擅长做糕点。清明时节，客家人都有做客家小吃艾糍的习俗。于是他们结合民宿发起了"艾在丹霞"传统文化节，让游客来体验当地人文风俗，一起参与制作传统艾糍。从2016年开始做第一届，到2023年已经第八届了。每届艾糍文化节除了艾糍创意体验外，还设计了不同的主题，不同的创意活动，包括人文摄影展、咖啡冲煮大赛、文创产品展等。参与人数也在不断增长，由第一届的300人左右到2019年的2 000多人参与。2020年他们改用了线上直播的方式开展。山原色民宿也因此申请了艾糍传统技艺非物质文化遗产项目（韶关市市级非遗项目），阿宇为该项目的非遗传承人。

三、民宿活动主题的类型

民宿活动的主题丰富多样，涵盖了乡村体验、文化探索、自然风光、历史遗迹、美食烹饪、手工艺制作、户外冒险、健康养生、动物接触、艺术表演等多个主题。归结起来，民宿活动主题按不同的方向分为5个类别：

（一）自然风光体验主题

1.乡村体验

民宿乡村体验活动旨在让客人沉浸于传统乡村生活的环境中，体验与自然密切相关的宁静与淳朴。此类活动通常在远离城市喧嚣的乡村地区举行，客人可以参与到当地的日常活动中，如乡村散步、骑行探索、参观当地工艺品制作等。

2.户外冒险

民宿户外冒险活动是指在大自然中进行的各种探险活动，它旨在提供挑战性的体验，让参与者能够在自然环境中测试自己的体力和勇气。常见的户外冒险活动包括徒步登山、岩石攀爬、皮划艇、滑雪、悬崖跳伞等。

3.动物接触

民宿动物接触活动为客人近距离接触和了解各种动物提供了机会，这类活动尤其受到亲子游的喜爱。参与者可以在有指导的环境中与动物互动，如骑马、喂食农场动物、参与动物护理等。

4.农业采摘

民宿农业采摘活动允许客人直接参与农作物的采摘，如水果、蔬菜和花卉等。这类活动通常在农场或果园中进行，参与者可以在专业人士的指导下学习如何正确采摘，并了解农作物的生长周期等农业知识。

（二）文化探索休闲主题

1.文化展馆

可以组织民宿客人参观当地的文化遗址、博物馆等文化场所，或者开展当地民俗文化学习活动。文化展馆活动涉及在特定的展览空间内展示地区文化的元素，如艺术作品、手工艺品、历史文物等。民宿活动旨在通过展览让客人深入了解当地的文化和传统。

2.历史遗迹

历史遗迹活动主题指民宿组织客人参观当地的历史地标或遗址，如古堡、庙宇、纪念碑或古战场等。民宿管家进行导览解说，客人可以了解这些遗迹的历史背景、建筑特色和相关故事。

3.民俗风情

民俗风情活动主题以展示当地的传统生活方式和习俗为主，如节日庆典、传统手工艺品制作、民族服饰展示等。客人通过亲身观察和体验，可以更深入地感受到当地人的生活习惯和文化特色。

4.艺术表演

民宿艺术表演活动主题往往涵盖各种现场表演艺术形式，如戏剧、舞蹈、街头艺术表演等。艺术表演活动通常在民宿的公共空间或当地的表演场所进行，这不仅是文化交流的平台，也是展示当地艺术创新和创作才华的窗口，可吸引各种背景的客人。

5.音乐派对

音乐派对活动主题涵盖在民宿举行的现场音乐表演，如DJ现场、乐队演出或其他音乐活动。该主题活动通常具有高度的互动性和娱乐性，适合年轻人或寻求放松和社交的客人。

（三）夜间生活体验主题

1.烧烤篝火

烧烤篝火活动主题是指在户外生火进行烧烤、篝火晚会等社交活动，通常在晚上进行，参与者可以烤制各种食材。这为客人提供了一个亲自参与烹饪的机会，增加了互动乐趣，适合朋友群体和家庭参与。篝火活动还常伴有讲故事、唱歌等传统营火活动，营造温馨友好的氛围。

2.酒吧夜生活

酒吧夜生活活动主题，一般是在民宿内或附近的酒吧举办的各种夜间娱乐活动，如现场音乐、DJ表演、舞蹈等。活动旨在为成年客人提供放松和社交的场所，常吸引喜欢夜生活的年轻人或情侣参加。

（四）沉浸参与体验主题

1.家庭亲子

家庭亲子活动主题专为带小孩的家庭设计，包括一系列适合所有年龄段的互动游戏和学习活动，如手工艺制作、户外探险、故事时间等，让儿童在游玩的过程中学习新知识，增加家庭互动和情感交流。

2.美食烹饪

美食烹饪活动主题通常在民宿内提供，让客人有机会亲手制作地方特色菜肴或国际美食。在专业厨师的指导下，参与者不仅能学习到烹饪技巧，还能了解食材的来源和文化背景。民宿还可组织美食之旅，品尝当地美食。

3.手工艺制作

手工艺制作活动主题，一般邀请客人参与制作当地的手工艺品，如编织、陶艺、绘画或雕刻等，让客人可以在放松的氛围中学习新技能，并制作独一无二的纪念品带回家。

4.健康养生

健康养生活动主题旨在提升身体和精神健康，如瑜伽、冥想、水疗，以及健康饮食指导等。活动通常在自然环境中进行，帮助客人放松身心，恢复活力，特别适合生活压力大的城市人。

5.禅修养生

禅修养生活动主题侧重于通过禅修和静坐实践来达到精神的平静与自我反省。活动通常在宁静的环境中进行，引导参与者通过呼吸、冥想和体位练习来减压和增强内在联结。

6.温泉度假

温泉度假活动主题通过体验天然温泉，在浸泡中放松身心，达到增进健康的效果。温泉度假通常结合了美丽的自然景观和专业的水疗服务，是休闲和养生的理想选择。还可以安排客人在温泉度假中心进行其他休闲活动。

7.体育比赛

体育比赛活动主题一般是指在民宿周边组织或附近举行的各种体育活动和比赛，如高尔夫、网球等活动，或者篮球、足球等比赛。活动旨在鼓励健康的生活方式和增强客人之间的互动。

8.阅读分享

阅读分享活动主题一般在民宿内设置一个舒适的阅读空间，提供各种书籍供客人阅读。还可以举办读书会或作者见面会，让客人分享阅读体验和讨论书中的主题，促进知识和文化的交流。

9.花园婚礼

花园婚礼主题是指在民宿的花园或户外空间举行婚礼活动，提供自然美丽的背景和浪漫的氛围。活动通常包括定制的婚礼策划服务，确保每对新人都能拥有一个梦幻而独特的婚礼体验。

10.私人派对

私人派对活动主题一般在民宿内部或户外空间为特定客群定制派对，如生日派对、纪念日庆典等。民宿提供场地布置、餐饮服务和活动策划，确保派对独特且符合客户的个性化需求。

11.公司团建

公司团建活动主题专为企业团队设计，包括各种团队协作游戏和建设活动，旨在增强团队精神和提升员工间的沟通协作能力，为企业的员工提供放松和交流的机会。

（五）专业特色活动主题

1.科技体验

科技体验活动主题涉及最新科技产品的体验和学习，如虚拟现实（VR）、无人机操作和智能设备的使用。这为客人提供了接触和学习新科技的机会，增加了民宿的现代感和吸引力。还可以组织客人参观当地的科技馆、博物馆等场所，了解科技的发展和应用。

2.影视拍摄

影视拍摄活动主题是指在民宿或其周边地区进行电影、电视或短片的拍摄。活动不仅为影视作品提供了独特的拍摄地点，也可能吸引影迷和客人前来参观，增加民宿的知名度。

3.红酒品鉴

红酒品鉴活动主题，往往民宿提供专业的红酒介绍和品鉴机会，由资深的侍酒师或红酒专家主持。参与者可以学习红酒的基础知识，了解不同种类红酒的特点，以及如何鉴赏和搭配食物。

4.学术交流

学术交流活动主题，是指在民宿内外组织讲座、研讨会或小组讨论，涉及各种学术主题，如历史、文化、环境科学等。旨在为客人提供深入学习和思考的机会，同时促进学者和专业人士之间的交流与合作，为他们提供一个交流和学习的平台。

做一做 2-3-1

民宿活动主题策划

为便于同学们进行民宿活动主题选择，我们采取以下几个步骤和方法去练习。

步骤一：列出活动需求清单

通过与民宿主交谈，了解民宿主题活动的需求清单：希望活动的人数规模，希望活动有什么特色，帮助我们掌握关于活动诉求的基本信息。

步骤二：分析民宿自身特点

对于民宿建筑风貌、民宿公共空间、周边资源禀赋、民宿主人爱好等特点，逐项进行分析，以确保策划的活动主题能够与自身特点相匹配。

步骤三：收集地方文化活动

通过当地媒体、政府官网、公众号、微博等传统媒体和新媒体收集地方政府相关部门固定每年或近期举办的群众性文化活动资料，尤其是文旅、妇联、团委等部门。

步骤四：收集类似活动方案

视频分享
2-3-1

南京江宁
良竺花艺
主题活动

收集同地区和周边地区民宿酒店、景区景点以及外地同主题民宿的类似活动方案，尽量收集完整。

步骤五：策划民宿主题活动

综合收集到的以上四个步骤的材料，以时间（季节、节气）为序、以主题为类策划、设计民宿活动名录，选择主题特色突出的活动，进行细节策划。

评一评 2-3-1

根据学生在任务实施中的表现完成本任务评价表（见表2-3-1），可以此作为该任务学习的成绩。

表 2-3-1　　　　　　　　　民宿活动主题策划任务评价参考表

评价项目	评价标准	分值	得分
步骤一：列出活动需求清单	• 信息完整：评估列举的需求清单是否完整，来源是否来自民宿负责人 • 清单设计：需求清单是否科学设计，信息是否全面，考察学生是否能理解需求内容，并提供清晰的清单	20	
步骤二：分析民宿自身特点	• 访谈技巧：评估学生的访谈技巧，包括提问方式、倾听和回应能力 • 数据采集：检查学生是否成功收集了民宿信息，包括详细记录和笔记	20	
步骤三：收集地方文化活动	• 信息采集：是否有效地使用政府官网、新闻媒体获取数据和信息	20	
步骤四：收集类似活动方案	• 覆盖程度：评估学生对此类信息收集的覆盖度，同类型、同地区、同主题是否有所区分，是否全面覆盖 • 梳理能力：考察学生是否能够对收集的方案进行归纳总结	20	
步骤五：策划民宿主题活动	• 活动策划：评估学生是否设计了与主题相关的民宿活动 • 活动清单：考察学生在策划的主题活动中是否做好了分类、分时的设计。考察学生梳理、归纳能力	20	

任务二　匹配民宿活动对象特征

确定好民宿活动主题后，最重要的工作是如何根据活动主题匹配民宿活动对象特征，做到因地制宜、因人而异是民宿活动有效的关键步骤。不同的活动对象，具有不同的特征和不同的活动诉求，洞悉民宿活动的对象特征能够更好地与活动的内容和形式相匹配，达到活动预期的效果。

【知识目标】

1. 了解民宿活动对象分类类型。

2. 熟悉民宿活动不同对象的人群特征分析。

3. 掌握民宿活动对象匹配的技能技巧。

【能力目标】

1. 通过对民宿活动对象分类的了解，提高学生对民宿活动分类的能力。

2. 通过对民宿活动对象的人群特征分析，增强学生对民宿活动的掌握能力。

3. 通过对民宿活动对象匹配的技能技巧的掌握，提高学生策划民宿活动的熟练度。

【素养目标】

1. 了解民宿活动对象分类类型，培养职业敏感度。

2. 熟悉民宿活动不同对象的人群特征，提高社会感召力。

3. 掌握民宿活动对象匹配的技能技巧，提升职业信心。

学一学 2-3-2

一、民宿客户群体划分

根据不同的客户群体策划不同的活动称为匹配民宿的活动对象。

在民宿行业中，客户群体多种多样，不同的客户群体有着不同的需求和特点。民宿客户群体可以从性别、年龄、职业、消费能力、旅游目的、预订渠道等因素进行划分。具体可划分为：

（一）背包客与旅行者

背包客与旅行者是民宿市场中的主要客户群体之一。他们通常是年轻人或中年人，喜欢自由自在的旅行方式，追求独立和自由。他们注重旅游体验和深度旅游，希望在旅途中结交新朋友，感受当地文化和风土人情。

（二）家庭客户

家庭客户是民宿市场中的重要客户群体。他们通常是带着孩子或老人的家庭，希望在一个更为私密和家庭化的环境中度过假期。他们注重服务和设施，如儿童游乐区、家庭房、婴儿床等，同时也希望在民宿中享受到家庭般的温馨和舒适。

（三）情侣客户

情侣客户也是民宿市场中的重要客户群体。他们通常是年轻人或中年人，追求浪漫和情调，希望在民宿中度过一个难忘的假期。他们注重隐私和浪漫氛围，如私人花园、烛光晚餐等，同时也希望在民宿中享受到更为私密和亲密的体验。

（四）商务出差者

商务出差者是民宿市场中的另一个客户群体。他们通常是商务人士，因工作需要而出差到目的地，需要在短时间内完成工作任务并返回。他们注重便捷和舒适的服务，如快速入住、免费 Wi-Fi 等，同时也希望在民宿中享受到更为便捷和高效的商务设施和服务。

（五）学生或年轻人

学生或年轻人是民宿市场中的另一个客户群体。他们预算有限，追求性价比高的住宿体验。他们注重价格和服务品质，如优惠的价格、先进的设施等，同时也希望在民宿中感受到更为活跃和有趣的氛围。

（六）银发客户

老年人或退休者是民宿市场中的另一个客户群体。他们通常有着充裕的时间和较为稳定的收入，追求舒适和安逸的住宿体验。他们注重服务和设施的舒适度和安全性，如健康饮食、无障碍设施等，同时也希望在民宿中感受到宁静和宜人的环境。

综上所述，不同类型的客户群体有着不同的需求和特点，民宿经营者在设计和运营民宿主题活动时需要匹配不同客户群体的需求和特点，策划不同主题的活动。同时，也需要根据当地资源和市场需求来制定合适的营销策略，吸引不同类型的客户群体。

根据民宿活动主题以及民宿客人的特点精准地策划相关的民宿主题活动，可以更有效地拉近民宿与客户的距离，达到事半功倍的效果。

二、民宿活动对象匹配考虑因素

匹配民宿活动对象需要综合考虑多个因素，包括活动对象的兴趣爱好、需求和预算等。

（一）了解活动对象的需求和兴趣爱好

在为活动对象提供活动建议时，需要先了解他们的需求和兴趣爱好，以便推荐适合他们的活动。例如，如果客人喜欢户外运动，可以推荐一些徒步、攀岩、漂流等活动。

（二）根据活动对象的预算制订活动方案

在为客人提供活动建议时，需要根据他们的预算制订相应的方案。例如，如果客人的预算较低，可以选择一些价格较为亲民的活动，如采摘、徒步等；如果客人的预算较高，可以选择一些高端的活动，如高尔夫、温泉等。

（三）考虑活动的适宜人群

不同的活动适合不同的人群，因此在推荐活动时需要考虑客户的年龄、身体状况、文化背景等因素。例如，一些户外活动可能不适合身体状况较差的人。

（四）参考当地的文化和旅游资源

在推荐民宿活动时，可以参考当地的文化和旅游资源，以提供更为贴合客户需求的活动建议。例如，如果当地有独具特色的文化活动或景点，可以推荐客户参加或游览。

（五）提供个性化的服务

针对不同的活动对象，可以提供个性化的服务，以满足他们的特殊需求。例如，对于商务出差者，可以提供更为便捷的交通和商务设施；对于家庭客户，可以提供更为温馨和家庭化的服务和设施。

总之，匹配民宿活动对象需要综合考虑活动对象的需求和兴趣爱好、预算、当地的文化和旅游资源以及个性化的服务等因素。通过深入了解客人的需求和提供个性化的服务，可以为客户提供更为满意的活动体验。

三、匹配民宿活动对象技能

在民宿经营中，针对不同的活动对象，需要匹配相应的技能技巧，以确保活动的顺利进行和活动对象满意度的提高。以下是针对不同活动对象需要匹配的技能技巧：

（一）沟通能力

针对不同的活动对象，需要具备良好的沟通能力。例如，对于商务出差者，需要提供更为专业和商务化的沟通服务；对于家庭客户，需要提供更为亲切和家庭化的沟通服务；对于背包客和旅行者，需要提供更为自由和随性的沟通服务。

（二）组织能力

针对大型活动或团队活动，需要具备良好的组织能力。例如，组织户外拓展活动、团队建设活动等，需要提前做好活动策划、人员安排、场地布置等工作，以确保活动的顺利进行。

（三）服务意识

针对不同活动对象，需要提供个性化的服务。例如，对于商务出差者，需要提供更为细致和周到的服务；对于家庭客户，需要提供更为温馨和家庭化的服务；对于背包客，需要提供更为自由和个性化的服务。

（四）创新能力

针对不同的活动对象，需要具备优秀的创新能力。例如，针对年轻客户群体，可以推出更加时尚和新颖的活动形式；针对老年客户群体，可以推出更加健康和舒适的活动形式。

（五）领导能力

针对大型活动或团队活动，需要具备良好的领导能力。例如，在组织户外拓展活动时，需要有经验的领队来引导和指导团队成员完成任务。

（六）学习能力

针对不同的活动对象，需要具备良好的学习能力。例如，针对新客户群体，需要不断学习和了解他们的需求和特点；针对老客户群体，需要不断学习和提高服务质量。

（七）决策能力

针对不同的活动对象，需要具备良好的决策能力。例如，在面对客户投诉时，需要及时做出正确的决策并采取相应的措施以解决问题。

（八）团队协作能力

针对大型活动或团队活动，需要具备良好的团队协作能力。例如，在组织户外拓展活动时，需要团队成员之间的密切配合和协作以完成任务。

（九）人际交往能力

针对不同的活动对象，需要具备良好的人际交往能力。无论对于商务出差者群体、家庭客户群体，还是背包客群体，都根据需要提供适合的、个性化的服务。

案例分享2-3-3　山原色非遗研学活动策划

非遗是一种文化遗产，走近非遗则是一种生活方式和精神追求。非遗保留着传统文化的原生状态，延续着民族的生命记忆，蕴藏着民族文化根源。与研学旅行结合起来，既可促进非遗的保护与传承，又可发挥非遗与研学旅行的育人价值。山原色民宿以"见人见物，见生活"的理念走进非遗，让参与者感受其中的文化底蕴，了解、体验传统文化的魅力（如图2-3-4所示）。

图2-3-4　山原色民宿非遗主题活动

石塘月姐歌：月姐歌，流传于仁化县石塘村，为该村女性群体中秋演唱的仪式歌谣。月姐歌口传心授，在婆媳、母女、妯娌、姐妹间流传，内容涵盖社会生活、农事活动、爱情婚姻等多个层面；月姐歌以石塘方言无伴奏演唱，有独唱、对唱、齐唱等形式，多以齐唱为主；歌调一般套用"绣香包调""石榴打花调""睇龙船调""送月姐调"。"月姐歌"是石塘村妇女的传统文化，具有独特的历史价值。目前已收集月姐歌100多首，是广东省非物质文化遗产。

带游客参与学习一首用当地方言演唱的月姐歌，通过歌唱去了解当地的文化历史，是深受游客喜爱的一项活动。

红豆手工编织：丹霞山盛产红豆，红豆是最具丹霞山特色的旅游产品之一，红豆手工编织技艺也是韶关市非物质文化遗产。从学习红豆的知识、了解红豆的品种和生长环境，到学习与红豆相关的诗词，再到亲手编织一条红豆工艺品，是极受欢迎的手工体验活动。

石塘堆花米酒：仁化县石塘镇，历史悠久，文化底蕴深厚，是一个蕴含着"酒香"的古村。堆花米酒是石塘村的一大特色产品，至今有300多年的酿造历史。李氏家族是传统酿酒世家，其堆花米酒的酿制工序中有许多技艺秘不外传，包括制作酒曲都是祖传秘方。2012年，石塘堆花米酒酿造技艺被列入广东省非物质文化遗产。山原色民宿依托石塘特色资源开展了堆花米酒活动（如图2-3-5、图2-3-6所示）。

图2-3-5　山原色民宿石塘堆花米酒活动（一）

图2-3-6　山原色民宿石塘堆花米酒活动（二）

藤编：藤编是一种传统实用工艺，用山藤编织的各种器皿和家具具有很强的实用性和艺术性，既低碳又环保。过去，聪慧质朴的匠人利用得天独厚的资源优势，编织出藤椅、藤桌、背篓等生活用品，便利了人们的生活。山原色民宿也开展了体验藤编技艺、品味民俗文化的特色活动（如图2-3-7所示）。

图 2-3-7 山原色民宿藤编活动

扎染：由专业老师带领大家探究中国传统扎染的前世今生，感受古老植物染的神奇魔法。一条布，一扎皮筋，亲手创造出独一无二的纹路，体验造物的神奇魅力。扎染的乐趣，在于随心所欲，在于拆开绳子和线之前，我们都不知道是什么色彩与图案，每一个作品都是独一无二的。

扎染活动自然也成为山原色民宿的一个特色活动（如图2-3-8所示）。

图2-3-8 山原色民宿扎染活动

曲江柴烧：曲江柴烧陶艺制作技艺入选韶关市非物质文化遗产名录。该陶艺具有的特征与"石峡上文化层"出土的原始瓷相似，作品色彩斑斓、富有特色，每件陶艺都具有不可复制的特点，对当今传统工艺的传承、创新具有深远的意义。山原色民宿将曲江柴烧陶艺制作作为一项主题特色活动（如图2-3-9所示）引入，无论是形式还是内涵都别具一格。

图2-3-9　山原色民宿曲江柴烧陶艺制作活动

　　长江玉扣纸：每年的10月，正是造纸之时，走近千年土法造纸，感受"玉扣纸"的馨香。仁化土法造纸沿用东汉蔡伦造纸术，以纯天然嫩竹为原料，生产全程采用传统手工操作。产品柔韧、吸水性强，印写易干，不易硬化、变色，能保存数百年，是一种品质上乘的文化用纸。它因纸质细嫩柔软，色泽洁白如玉而得名"玉扣纸"。这个"高难度"项目也没有难倒山原色民宿，他们成功举办了长江玉扣纸制作活动（如图2-3-10所示）。

图2-3-10　山原色民宿长江玉扣纸制作活动

　　长江米饼：长江米饼是由"茶饼"逐渐演变而来，当时以杨家制作的最为盛名，随后便创办了"泰和"饼店，经过几代人继承创新，其品质更加醇美、口感更加香甜润滑。如此容易引起"吃货"兴趣的活动自然也被山原色民宿"拿下"（如图2-3-11所示）。

图2-3-11 山原色民宿长江米饼制作活动

地质科普研学：丹霞山是世界丹霞地貌命名地，是国家地质公园。探秘神奇的丹霞地貌，是来丹霞山必不可少的研学内容。丹霞地貌是如何形成的？有什么样的特征？全国丹霞地貌的景点有哪些呢？带着这些问题，山原色民宿组织了地质科普研学活动（如图2-3-12所示），吸引学生一起走进丹霞山的地质世界中去探索、去发现。

图2-3-12 山原色民宿地质科普研学活动

生物多样性科普研学：丹霞山地处南岭山脉中段，具有中亚热带向南亚热带过渡的季风性湿润气候特点。凭借得天独厚的自然环境优势，丹霞山成为众多动植物生存的"王国"。韶关市丹霞山管理委员会网站相关资料显示，截至2023年，丹霞山国家级自然保护区共记录野生动物2 000多种，包括兽类49种，鸟类273种，爬行动物72种，两栖动物29种，昆虫1 518种，蜘蛛77种，鱼类等水生动物57种，其中国家重点保护动物59种，包括国家一级保护动物2种，国家二级保护动物57种，彰显丹霞山国家级自然保护区在全球生物多样性保护方面的重要地位和卓越的科学价值，是一个天然的具有生物多样性的科普研学乐园。这里自然少不了山原色民宿组织生物多样性科普研学活动的身影（如图2-3-13所示）。

图2-3-13　山原色民宿生物多样性科普研学活动

资料来源：广东韶关丹霞山山原色民宿提供.

案例点评：

在文旅融合政策的推动下，"以文促旅，以旅彰文"已经成为重要的指导思想和发展路径。非遗与民宿是共生共存的关系。一方面，非遗所代表的传统文化是民宿发展的灵魂与根基，其创造一种具有传统文化气息、有别于城市的生活方式；另一方面，非遗作为重要的文化形态，赋予民宿差异化、特色化的文化内涵。

做一做 2-3-2

民宿活动客群分析报告

为更好地理解民宿活动对象的匹配，我们可以采取以下几个步骤和方法去掌握更多的策划技巧。

步骤一：阅读相关文献

通过阅读书籍、文章、新闻报道，查阅期刊网，深入了解客群分析报告的体例、重点和撰写要求，并收集相关客群市场分析报告。

步骤二：调查问卷设计

利用纸质问卷，问卷星、问卷网等在线问卷平台，针对民宿主题活动的主要受众客群设计问卷，掌握客人对基本群体特征及对民宿主题活动的偏好。

步骤三：实施问卷调查

实施问卷调查，在民宿内部或者通过以往入住客人留下的电子邮件信息以邮件形式进行调研。样本数据的获取考验学生对调研对象的信息获取能力。

视频分享
2-3-2

广东韶关山原色民宿女性顾客主题活动

步骤四：访谈民宿客人

与民宿客人交流，了解他们的游玩喜好，了解民宿客人的兴奋点，调研民宿活动策划如何突出亮点、实现竞争差异化，最终实现活动目标。

步骤五：撰写分析报告

根据文献查阅、问卷设计、实际调研、访谈等，总结任务数据，形成报告，进行班级内部研讨。

评一评 2-3-2

根据学生在任务实施中的表现完成本任务评价表（见表2-3-2），可以此作为该任务学习的成绩参考基础。

表 2-3-2   **民宿活动客群分析报告任务评价参考表**

评价项目	评价标准	分值	得分
步骤一：阅读相关文献	• 资源质量：所阅读文献是否来自可信赖的机构 • 文献综合：考察是否针对所需要了解的调查内容进行广泛的文献阅读，以获得较全面的信息	10	
步骤二：调查问卷设计	• 问题设计：所需要调研的问题是否充分、合理；设计的问题数量是否满足要求并且篇幅不会太长影响调研的可取度	20	
步骤三：实施问卷调查	• 平台选择：是否选择了合适的在线平台，以获取更好的问卷调研的效果 • 数据采集：是否有效地使用在线平台获取数据和资源 • 信息整理：是否能够整理、分析和应用线上信息资料	20	
步骤四：访谈民宿客人	• 访谈技巧：包括提问方式、倾听和回应等 • 访谈效果：是否作了充分准备，现场访谈是否顺畅、融洽，是否作了详细记录	20	
步骤五：撰写分析报告	• 报告深度：是否将前期的资料查阅、问卷调查及访谈感受进行深刻的总结，并结合所学理论知识，进行理论与实际的对比总结，形成问卷调查报告，洞悉民宿活动对象的用户画像	30	

任务三　创意民宿活动主题名称

民宿活动主题名称策划是一项重要的工作，和创意文章标题一样重要，一个好的活动名称可以引起客人的兴趣和注意，提升活动的知名度和参与度，产生事半功倍的效果。在进行民宿活动主题名称创意时，需要考虑民宿活动的主题方向、对象特征、希望传达的信息、当下社会热点以及其他相关因素。

【知识目标】

1. 了解民宿活动主题名称创意的意义。
2. 理解民宿活动主题名称创意的特点。
3. 掌握民宿活动主题名称创意的方法和技巧。

【能力目标】

1. 通过对民宿活动主题名称创意意义的了解，提升学生对活动创意的认知能力。
2. 通过对民宿活动主题名称创意特点的分析，增强学生对活动特征的洞悉能力。
3. 通过对民宿活动主题名称创意方法和技巧的学习，提高学生对活动策划的掌控能力。

【素养目标】

1. 了解民宿活动主题名称创意的意义和特点，增强职业认同感。
2. 掌握民宿活动主题名称创意的方法和技巧，增强社会责任感。

学一学 2-3-3

一、创意民宿活动主题的作用

（一）增加吸引力

独特的主题名称能够吸引人们的注意力，使其更容易被宣传和推广。一个有创意的主题名称能够让人产生兴趣，并愿意进一步了解该活动的内容和细节。

（二）传达信息

主题名称应该能够反映活动的核心信息和目标。例如，如果活动是为了推广当地的旅游景点，那么主题名称可以融入当地的特色元素或与景点相关的事物，以吸引客人的关注。

（三）建立品牌形象

一个独特的主题名称可以帮助建立活动的品牌形象。它可以让人们更容易记住该活动，并有助于提高活动的知名度和影响力。

（四）引导参与者

一个有创意的主题名称可以引导参与者对活动的期望和兴趣。它可以让人们更容易理解活动的主题和氛围，从而更好地参与其中。

（五）增加收入机会

独特的主题名称可以为活动创造附加值，从而为组织者带来更多的收入机会。例如，可以将主题名称授权给相关企业使用，或者开发与主题相关的周边产品。

　　总之，民宿活动主题名称创意的意义在于吸引人们的关注、传达活动信息、建立品牌形象、引导参与者以及增加收入机会等。因此，在命名时需要充分考虑活动的特点、目标受众和市场需求等因素，以创造出具有吸引力和独特性的主题名称。

二、创意民宿活动主题的要素

（一）地域性

　　地域性是塑造民宿活动主题的关键要素。主题应紧密结合当地地理、历史和文化背景，凸显独特地域特色。通过融入当地传统元素、风土人情，创造具有本土特色的体验。地域性特征不仅使活动更贴近当地环境，还为客户提供深度的地方文化感受，增加活动的吸引力和参与度，同时强化民宿的地域品牌形象。

（二）文化性

　　文化性是塑造民宿活动主题的重要要素。主题创意应紧密融合当地文化元素，反映地域特色和传统价值观。通过传递本土文化、历史传承和民俗风情，创造深厚的文化体验，增加活动的情感共鸣。文化性特征可以使活动更具深度，使客户更好地了解和体验当地独特的文化，从而提升活动的吸引力和参与度。

（三）创意性

　　创意性是塑造民宿活动主题的核心要素。主题创意需要独具创新，凸显独特性和新颖性，以引起客户兴趣。通过新颖的概念、独特的体验和非传统元素，创造让人印象深刻的活动主题。创意性特征可以在设计、互动和体验中得以表现，为客户提供独特的、令人难忘的民宿活动，同时增强品牌形象和市场竞争力。

（四）针对性

　　针对性是塑造民宿活动主题的重要要素。主题创意须精准满足目标客群的需求和兴趣，确保活动对特定受众有吸引力。通过深入了解目标客户的特征、兴趣爱好和文化背景，精心设计主题，提供个性化体验。针对性特征使活动更具定制性和个性化，为客户提供符合其期望的独特体验，提升活动的参与度和满意度。

（五）吸引力

　　吸引力是塑造民宿活动主题的关键要素。创意设计须独具吸引力，引起客户浓厚兴趣，通过独特的概念、精彩的互动和丰富的体验，打动客户心弦。主题吸引力体现在活动的新颖性、创意性和与客户需求的契合度上。成功的活动主题能够吸引客户参与，提高品牌知名度，建立积极的口碑，为民宿创造持久的吸引力。

　　综上所述，民宿活动主题名称创意需要结合地域性、文化性、创意性、针对性和吸引力等多个方面进行考虑，以创造独特的活动体验，吸引更多的客人参与。

三、创意民宿活动主题的方法

（一）旁征博引法

旁征博引法是活动主题创意的精妙手法，通过汲取不同领域的灵感，运用引文、典故或历史背景，创造出富有深度和文化内涵的主题。旁征博引法能够为活动赋予更为丰富的意义，引发参与者对于主题的好奇心和共鸣，使活动主题更显独特而深刻。

（二）逆向思维法

逆向思维法是活动主题创意的大胆突破，通过颠覆传统观念，反向思考问题。该方法引导团队超越传统框架，探索非常规主题，从逆向的角度挖掘创新点。逆向思维法鼓励打破思维定式，以出人意料的方式设计主题，创造独特的活动体验，为参与者带来意想不到的新鲜感和刺激。

（三）时尚热点引用法

时尚热点引用法是活动主题创意的时尚灵感源泉，灵活吸纳时尚趋势。通过引用时尚界的热点元素，如热点话题、流行语句等，创造出与时俱进的主题。时尚热点引用法能够使活动与当下社会和文化保持紧密联系，吸引受众，为活动赋予新潮、时尚的氛围，提升民宿活动主题吸引力和前沿感。

（四）特色彰显法

特色彰显法是活动主题创意的独特之道，通过活动主题突出活动独有的特色元素，强化品牌形象。该方法注重凸显活动与众不同之处，无论是独特的场地设计、个性化的互动环节，还是独有的文化元素，都可用以民宿主题的创作和融合，使活动在人们心中留下独特而难忘的印记，增强活动的独特性和辨识度。

（五）新词汇创造法

新词汇创造法是活动主题创意中的创新手段，通过构造新颖术语，为活动注入独特韵味。通过挖掘富有创意的词汇，结合活动目的和氛围，创造出引人入胜的新词汇，使主题更具个性和独创性。新词汇的引入能够吸引参与者的好奇心，为活动注入新鲜感，打破常规表达方式，营造独特的语境，提升活动的创意水平。

（六）头脑风暴法

头脑风暴法是一种激发创意的集体思维过程。通过自由发散、无批评的方式，团队成员提出各种创意，迅速产生丰富而多元的活动主题。这种方法鼓励开放性讨论，汇聚不同视角，促进团队合作。在集思广益的基础上，通过互相启发、整理和筛选，最终锻造出新颖独特的活动主题，使活动更具吸引力和创意性。

四、民宿活动主题创意的建议

掌握民宿活动主题创意的方法和技巧需要培养敏锐的洞察力、广博的知识储备，并运用恰当的创意思维方法。要想为民宿打造独具特色的主题活动和吸引力强的活动名称，以下是一些具体建议：

（一）深入了解目标客户群体

先明确民宿的定位和目标客户群体，了解他们的兴趣爱好、需求和心理预期。这样有助于把握主题名称的方向和吸引力。

（二）灵活运用地域、文化和历史元素

将民宿所在地的地域特色、文化传统和历史元素融入主题名称，增加名称的独特性和吸引力。

（三）与民宿风格相契合

主题名称应与民宿的整体风格相符，如自然、简约、文艺、复古等。这样可以让客户第一时间感受到民宿的主题氛围。

（四）运用创新思维

尝试运用不同的创意思维方法，如头脑风暴、逆向思维、类比等，打开思路，寻求独特的主题名称。

（五）名称简洁明了

尽量避免冗长、复杂的主题名称。一个好的主题名称应该简洁、易记，能够在客户心中留下深刻印象。

（六）借助专业工具

运用创意设计软件、思维导图工具等，可以帮助整理思路，生成具有吸引力的主题名称。

（七）进行测试与反馈

在确定主题名称前，可以小范围测试或邀请朋友、客户给出反馈，了解名称的吸引力和市场接受度。

（八）持续学习和观察

创意并非一蹴而就，需要不断学习、观察和积累。关注行业动态、时尚潮流和新兴事物，可以为创意提供源源不断的灵感。

（九）建立主题库

将平时收集到的创意和主题名称记录下来，建立一个专门的库或清单，方便随时调用和查阅。

（十）与专业团队合作

如有需要，可以与专门从事创意设计的团队合作，他们具备丰富的经验和专业技能，可以为民宿活动主题名称提供独特的建议和创意。

案例分享2-3-4　　山原色民宿主题活动创意环节命名

"四月山野，拾取青绿"

第七届艾糍节，以"只此青绿"为主题（如图2-3-14所示），借由这令人遐想的春光，传递青绿健康的生活意味，无论生活如何，山野里总会有你们向往的美好和自由。

图2-3-14　山原色民宿艾糍节的艾糍

拾|艾糍◇艾糍节，正是缘于这一颗颗青绿的艾糍。春天里，家人围坐，一片片艾草，染成了手指间青绿的春味。客家艾糍手工技艺非遗传承人——刘建宇先生，也和我们重拾这抹青绿，让儿时的春味，重回齿间。

拾|草染◇用各色青草、花朵敲染而就的图案，带着些许春天的青草气息。参加敲染的小朋友、大朋友们，都很雀跃，敲击的声响，仿佛也是一首春之奏鸣曲。在敲击声中，一朵朵、一片片春色，盛开在布匹上，令人欢喜。

拾|冥想◇青绿的山野，纱幔翻飞的熹亭，一群向往自由的年轻人，开启了他们的"冥想"之旅，他们读着诗句里的春天，又在呼吸的起落之间，嗅着从鼻翼间流过的春日气息。

拾|春宴◇以"青绿"为名的春宴，融入了春的青涩与甘甜，艾草、春笋、水蕨、桑叶，这些看似普通的食材，造就了一场春日盛宴。

资料来源：广东韶关丹霞山山原色民宿提供.

案例点评：

山原色民宿此次活动以"只此青绿"为主题，既可以加深住客对传统文化的认知，也会让住客主动参与到地域文化的保护与传承中，增强其对传统文化的认同感与荣誉感，并最终成为文化自信的培育者与实践者。

做一做 2-3-3

民宿活动主题名称的创意策划

为更好地理解民宿活动主题名称的创意设计，可以采取以下几个步骤尝试一次活动名称的创意策划。

步骤一：完成活动背景分析

通过查阅地方资料、旅游宣传册、新闻报道、民宿自身的宣传介绍材料，以及对近期社会热点等内容进行整合分析，完成活动背景分析。

步骤二：演绎民宿主题文化

充分挖掘本地文化和民宿自身的主题定位，进行文化分析和演绎，寻找文化结合点。文化的挖掘包括但不限于地方历史文化、名人文化、传说故事、非物质文化遗产等。

步骤三：组织头脑风暴会议

组织研究小分队进行头脑风暴，各抒己见，深入探讨活动主题与文化结合的深度、主题方向的科学性、活动对象的匹配度。

步骤四：做好主题名称策划

分析活动背景和文化特色，对头脑风暴后确定的名称方案（主标题和副标题）进行整合，形成完整的民宿活动主题名称策划报告。要突出亮点、有创意、符合实际。

视频分享
2-3-3

南京市江宁
区良竺民宿
乡村创意
课堂

评一评 2-3-3

根据学生在任务实施中的表现完成本评价表（见表2-3-3），可以此作为该任务学习的成绩参考基础。

表2-3-3　　民宿活动主题名称的创意策划任务评价参考表

评价项目	评价标准	分值	得分
步骤一：完成活动背景分析	• 材料质量：所阅读背景资料的来源，包括是否来自可信赖的政府官网文件、学术出版物、权威研究报告、知名公众号等，以获得较全面的信息 • 分析方法：考察是否采用多元的、科学的分析方法进行背景分析	25	
步骤二：演绎民宿主题文化	• 文化挖掘：是否充分挖掘丰富的本地文化，文化的挖掘包括但不限于地方历史文化、名人文化、传说故事、非物质文化遗产等 • 演绎分析：对文化的演绎是否科学有据，演绎过程是否合理	25	

续表

评价项目	评价标准	分值	得分
步骤三：组织头脑风暴会议	• 是否组织研究小分队进行头脑风暴，对命名备选方案优缺点的研究是否全面，与文化结合的深度、主题方向的科学性、与活动对象的匹配度如何	25	
步骤四：做好主题名称策划	• 是否将活动背景和文化特色进行分析、是否形成完整的主题名称策划报告；报告是否突出亮点，有创意，符合实际	25	

【参考文献】

1.徐灵枝，吴静，李超.旅游民宿运营实操手册［M］.广州：广东旅游出版社，2021.

2.沈军.劳动周主题活动的策划与实施［J］.教育研究与评论（小学教育教学），2023（8）：62-66.

项目四
百花齐放——策划民宿活动内容

民宿活动主题确定后，细化活动策划方案，制订详细的活动计划和内容，是民宿活动策划的核心环节。丰富多彩的活动内容，对更大程度地吸引客人、提升客人的体验都会起到至关重要的作用。策划民宿活动内容主要包含三个方面：筛选民宿活动内容、安排民宿活动时间和选择民宿活动场地。

【项目导图】

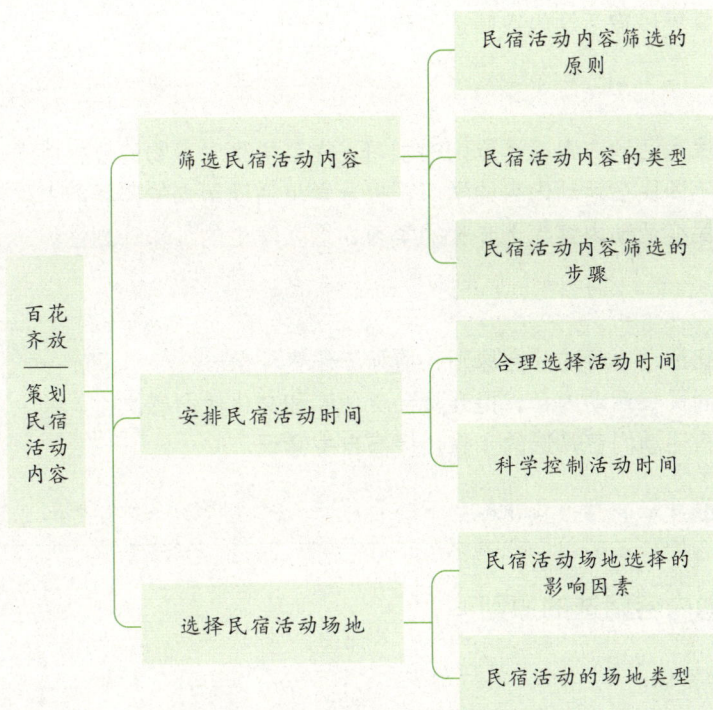

任务一　筛选民宿活动内容

如何能够在众多的民宿活动中脱颖而出，吸引更多的客人参与和关注，活动内容的设置尤为重要。为了能更好地达到活动目标，突出活动主题，活动策划者在筛选活动内容的过程中，需要进行全面的思考和评估。

【知识目标】

1.掌握民宿活动内容筛选的原则。
2.了解不同类型的民宿活动包含的活动内容。
3.熟悉并掌握民宿活动内容筛选的步骤。

【能力目标】

1.通过对民宿活动内容筛选原则的学习，提高学生对事物的分析能力。
2.通过对不同民宿活动内容的学习，提升学生活动策划的实践能力。
3.通过对民宿活动内容筛选步骤的学习，增强学生的工作计划性。

【素养目标】

1.掌握民宿活动内容的筛选原则，增强工作责任感。
2.了解不同民宿活动内容，提升社会责任感和文化使命感。
3.熟悉民宿活动内容筛选的步骤，提高自主意识。

学一学 2-4-1

一、民宿活动内容筛选的原则

（一）遵照活动目标

活动目标是活动内容筛选的指南针，民宿活动方案的内容需要依据活动目标进行筛选。例如，如果民宿举办活动的目的是展示当地的特色文化来吸引客人，那么活动的内容应该尽量选择与当地文化特色相关的展示活动或手工活动。

（二）满足客人需求

满足客人需求，是民宿举办活动的初衷。因此，满足客人的需要，是民宿活动策划的前提和根本目的。不同年龄、性别、职业的客人，对活动的偏好各有不同，对活动内容和主题的需求也不尽相同。在活动策划前的市场调研中，活动策划者已经与目标客人进行了充分的沟通，了解了客人的需求，因此，在民宿活动内容的安排上，就要最大程度地根据目标客人的特点、结合目标客人的需求，贴合目标客人最真实的想法和诉求，以此达到吸引客人前往参加活动的目的，也让参与到活动中的客人能够最大程度地获得精神层面的满足。

（三）符合实际条件

民宿活动的策划，需要考虑活动的可行性和活动举办的实际条件，如需要考虑是否有合适的场地、活动的预算是否充足、活动的时间是否充分等因素。如果民宿活动的预算较低，应尽量选取互动性高但成本低的活动，如户外徒步、手工制作等。

（四）确保活动安全

任何活动的举办都要以安全为第一前提，民宿活动的举办也不例外。活动策划者在进行活动内容筛选时，需要考虑活动内容的安全性、活动环境的安全性等因素，确保客人在安全的前提下，参与到各项活动中来。

（五）注重活动创意

活动创意是民宿活动是否能成功吸引客人参加的重要因素。策划方案中的活动内容应该具备创意、特色，以此让客人体验到新鲜感和惊喜感。活动的创意，既可以体现在活动的场地布置、活动的主题方面，也可以体现在活动的人员装扮、活动的形式、活动使用的道具等方面。

（六）考虑活动延续

民宿活动的开展，是一个持续的过程，可以让客人的体验感更为饱满，也能让民宿与客人保持互动，提高客户的黏性。民宿活动策划者在进行活动内容的筛选时，应充分考虑活动的延续性和可持续性，可策划和开展同主题但不同内容的系列活动，让客人在不同的时间和不同的场合都能参与活动，进行体验。

案例分享 2-4-1 **莫干山国际民宿生活节启幕，12项系列活动火爆来袭**

在山顶来一场露营派对、与萌宠一起入住民宿、沉浸式感受100多年前的风情小镇……10月21日，莫干山国际民宿生活节（如图2-4-1所示）在德清莫干山拉开序幕，整个民宿生活节持续至11月底，包括论坛峰会、推介会、派对、嘉年华、艺术沙龙、特色市集等12项系列活动。

图2-4-1 2021莫干山国际民宿生活节

10月28日，将在德清莫干山镇庙前村莫干山魔方乐园举办一场露营派对，让你零距离感受山野慢运动。

自10月30日开始，莫干山各家民宿、户外基地联合推出"住莫干山民宿，99元玩转莫干山，赢华为Mate手机"活动，为期一个月。客人花99元，就可以去Discovery探索基地公园体验地面障碍项目，去善加陶艺体验陶艺拉坯，也可以去义远有机农场体验秋日水稻丰收……一票玩转莫干山所有火爆景点。

11月，在德清莫干山镇庙前村的莫干山居图、三秋等民宿中举办书画艺术沙龙，民宿将成为流动的"美术馆"。驻地艺术家成果展、莫干山居图藏品书画展、"书香庙前，孝贤传承"书法作品展系列展会，在不同的民宿空间进行，不同的作品，不同的民宿风格环境，呈现不一样的效果，组合成莫干山书画艺术沙龙盛宴。

10月30日—11月中旬的每个周末，在莫干山镇兰树坑云起琚水森林举办音乐文化艺术沙龙。这是一场人与艺术的秋日私语，可以在陶艺师的指导下亲手制作陶器，看平凡的泥土在掌中变幻，体验造物之乐；有银饰、编织等各种手艺的DIY；还有即兴的音乐表演，在山林中聆听天籁与丝竹的交流。

在茶席摊位进行茶艺交流，玩茶、品茶、茶叶售卖；在陶瓷摊位欣赏瓷品展示，制作体验、瓷品售卖；品尝莫干山民宿业主带来的特色咖啡、酒水；围观传统手艺人、非遗传承人、艺术家文创展示绝活……莫干山"莫名其妙"文化市集（如图2-4-2所示）于11月底开市。同时，"诗画浙江·百县千碗·湖州味道"德清特色美食欣赏文艺演出在莫干山庾村举行，以记忆中"妈妈的味道"为主题，充分展示地道德清美食文化。"莫名其妙"市集的客人可以投票参与评选"妈妈的味道"特色菜，并有机会获得德清特色美食奖品。

图2-4-2　莫干山国际民宿生活节创意集市

与此同时，莫干山沉浸式互动游戏也将在庾村广场上演。莫干山市集剧游馆在民宿生活节期间每周推出剧游节目《囚》和《新世界》，演绎及还原莫干山风情小镇100多年前的故事，以沉浸式体验实景互动剧的文化旅游形式丰富莫干山民宿客人的目的地旅游体验。

"向往的美好生活节"、民宿萌宠露营派对、山顶露营……民宿生活节期间，丰富多样的莫干山民宿活动将给客人带来前所未有的旅行体验。

除了多元化的游玩体验，莫干山民宿峰会还将上演一场"莫干论剑"，以"共同富裕"和"后疫情时代民宿可持续发展和民宿集群发展"为主题，集结全国各地的民宿"大咖"，展望后疫情时代民宿可持续发展和民宿集群化趋势，畅谈"共同富裕时代大背景下民宿的未来发展"。

目前，德清莫干山已经拥有各类民宿800余家，成为乡村精品民宿发展的策源地、创新地和集聚地。德清大力推动"文旅、体旅、农旅、数旅"深度融合，经过10多年的发展，形成了以"宿·乡野""享·自然""乐·乡俗""品·文化"为主题的高品质度假产业链，呈现多产业融合、新业态兴起的良好局面。

资料来源：黄小婷. 莫干山国际民宿生活节启幕，长达1个多月12项系列活动火爆来袭［EB/OL］.［2021-10-21］. http://qiye.chinadaily.com.cn/a/202110/21/WS61712d93a3107be4979f3fa4.html.

案例点评：

德清莫干山，经过10多年的发展，已经成为精品民宿的集合地。国际民宿生活节已经成为其年度系列活动，丰富多彩的活动主题、精彩纷呈的活动内容、独具特色的活动方式，都成为莫干山民宿旅游的特别吸引点。

二、民宿活动内容的类型

民宿活动根据主题的不同，可以划分为文化体验类民宿活动、美食体验类民宿活动、体育运动类民宿活动、教育研学类民宿活动、企业团建类民宿活动、娱乐表演类民宿活动和会议展览类民宿活动。不同类型的民宿活动，其包含的活动内容又不尽相同。

（一）文化体验类民宿活动

1.文化节庆体验活动

文化节庆是不同国家、不同地区传统文化的重要组成部分，通过参与文化节庆体验活动，客人可以感受和体验不同的文化特征、文化传统、文化习俗，从而加深对于不同文化的理解和认知。

例如，中国传统文化中的春节庆典、端午庆典、中秋庆典等，在不同地方，活动的形式都有一定的差异。

2.文化艺术体验活动

这指的是音乐和舞蹈类的文化艺术活动。音乐和舞蹈是全球性的艺术形式，不同国家和地区的音乐风格和舞蹈形式，体现了截然不同的文化特点。

■ 知识链接2-4-1

不同国家和地区有着风情各异的音乐和舞蹈类型（见表2-4-1），代表着当地的文化特色。

表2-4-1　　　　　　　　不同国家、地区的音乐、舞蹈类型

国家/地区	音乐/舞蹈类型
巴西	桑巴舞
印度	塔克舞蹈
西班牙	弗拉明戈舞
中国	京剧
非洲	传统鼓乐
俄罗斯	芭蕾舞

中国有56个民族，在漫长的历史长河中逐渐形成了具有鲜明特色的民族舞蹈类型，同时，由于地域广阔，不同地区也有一些有代表性的舞蹈，见表2-4-2。这些都是宝贵的文化财富。

表2-4-2　　　　　　　　中国不同地区/民族的舞蹈类型

地区/民族	舞蹈类型
傣族	孔雀舞
朝鲜族	农乐舞
蒙古族	筷子舞、狩猎舞、安代舞等
安徽省	花鼓灯
东北地区	秧歌、二人转
潮汕地区	英歌舞

3.传统手工艺体验活动

传统手工艺是一种珍贵的文化遗产，其背后蕴藏着的往往是不同地区不同的自然环境、生活习俗和生活方式。客人通过参与传统手工艺活动，可以亲身体验传统手工艺的制作过程，进而感受其特定的地区文化背后的思想和艺术价值。

■ 知识链接2-4-2

中国传统手工艺（见表2-4-3）门类繁多，精巧美观，历史悠久而灿烂，蕴含着丰富的民族文化价值、思想智慧和实践经验，在整个中国文化艺术的发展过程中占有重要的历史地位，是中华民族宝贵的财富。

表2-4-3   中国传统手工艺

名称	介绍
瓷器	陶瓷，是陶器与瓷器的统称，是我国的传统工艺美术品，以陶土和瓷土为原料，经配料、成型等流程制成
刺绣	刺绣，古代称之为针绣，是用绣针引彩线，将设计的花纹在纺织品上刺绣运针，以绣迹构成花纹图案的一种工艺。刺绣是中国民间传统手工艺之一，在中国有两三千年的历史
中国结	中国结是中国特有的手工编织工艺品，其所显示的精致与智慧是中华古老文明的一个侧面。它由旧石器时代的缝衣打结，后推展至汉朝的仪礼记事，再演变成今日的装饰手艺
玉雕	玉雕是中国最古老的雕刻品种之一。玉石经加工雕琢成为精美的工艺品，称为玉雕。玉雕工艺是一门相对复杂的手工技艺，工艺师在制作过程中，根据不同玉料的天然颜色和自然形状，经过精心设计、反复琢磨，才能把玉石雕制成精美的工艺品。中国的玉雕作品在世界上享有很高的声誉
木雕	木雕是雕塑的一种，在我国常常被称为"民间工艺"。中国的木雕艺术起源于新石器时期，距今七千多年的浙江余姚河姆渡文化，已出现木雕鱼，到了唐代，木雕工艺更是达到了发展的巅峰
琉璃	琉璃，其色彩流云漓彩，品质晶莹剔透、光彩夺目。中国古代最初制作琉璃的材料，是从青铜器铸造时产生的副产品中获得的，经过提炼加工后制成琉璃。琉璃在古代属于皇室专用，民间流传的琉璃制造技法非常少，所以当时人们把琉璃看得甚至比玉器还要珍贵
景泰蓝	景泰蓝又称"铜胎掐丝珐琅"，是我国最为著名的传统工艺之一。因其在明朝景泰年间盛行，制作技艺比较成熟，使用的珐琅釉多以蓝色为主，故而得名"景泰蓝"。它的制作工艺精细复杂，需要经过设计、制胎、掐丝、点蓝、烧蓝、磨活、镀金等10余道工序才能完成。其也是我国最传统的出口工艺品之一
剪纸	中国剪纸是一种用剪刀或刻刀在纸上剪刻花纹，用于装点生活的民间艺术。中国最早的剪纸作品是北朝时期的五幅团花剪纸，到了唐代剪纸大发展，南宋时期更是出现了以剪纸为职业的行业艺人。它是中国民间历史文化内涵最为丰富的艺术形态之一
髹漆	漆，谓以漆涂物。现知最早的漆器是河姆渡遗址中发现的木胎朱漆碗。漆工艺是中国人的发明，是漆器制作的主要工序，具有多元性，从涂漆到彩绘，从粘贴到镶嵌，从针刻文字到款彩，从堆漆到雕漆，皆为器物髹漆技法。我国漆工艺经过几千年的发展，其成就对全世界的漆器工艺都产生了影响
竹编	传统竹编工艺有着悠久的历史，是中华民族劳动人民辛勤劳作的结晶。其最早出现在新石器时代，那时人们为了将剩余的食物存放起来，就将植物的枝条编成篮、筐等器皿。到了明清时期，竹编工艺得到了全面发展。如今，竹编不仅具有实用价值，还富有很强的观赏性

资料来源：佚名.国粹匠心丨中国十大传统手工艺，惊艳世人［EB/OL］.［2020-10-16］. https://baijiahao.baidu.com/s?id=1680689081304792135&wfr=spider&for=pc.

（二）美食体验类民宿活动

"食"作为旅游的基本要素之一，是贯穿旅游者旅游活动的重要环节。美食体验类的活动，是在满足旅游者基本出行需求的基础上，加强和放大客人对民宿所在地文化感知的重要方式。

美食体验类活动主要包含制作美食、品鉴美食等活动内容。不同的美食体验类活动，在增添了"味蕾"体验的同时，也增加了对当地饮食文化的了解。

（三）体育运动类民宿活动

体育运动类民宿活动主要是为了满足客人运动、户外活动的体验需求，强调体育和冒险。体育类民宿体验活动主要包含以下活动内容：徒步、滑雪、登山、自行车骑行、潜水、钓鱼、高尔夫等。活动策划者可以根据民宿所在地的自然环境以及相应的基础配套设施，进行相关体育运动类活动的策划。

（四）教育研学类民宿活动

教育研学是针对学生群体举办的活动，其主要目的是学生的行为习惯养成、学习方法交流、地方文化了解、独立能力培养、文明礼仪修养等。教育研学类的民宿活动主要包含以下内容：

1.社会实践活动

社会实践活动是指学生按照学校培养目标的要求，利用节假日等课余时间参与社会政治、经济、文化生活的教育活动。通过社会实践活动，可以丰富学生对社会的了解，培养他们的社会责任感。

2.体能拓展训练活动

体能拓展训练活动是指学生通过参加户外运动来增强身体素质、锻炼意志品质的一种素质拓展运动。其主要目的是鼓励学生在日常学习之余，多参加体能锻炼。

3.基地研学体验活动

基地研学体验活动是指带领学生到特定主题的研学基地进行参观、学习的体验活动。其旨在开阔学生的眼界、丰富学生的知识储备。

4.职业体验活动

职业体验活动是让学生参与到不同的职业角色中，体验不同的职业所面临的环境、工作职责，旨在让学生更加深刻认识和理解不同的职业，选择自己将来的职业目标，在将来的职业生涯中懂得尊重和珍惜。

5.学校参访类活动

学校参访类活动主要是带领学生到知名的学校进行参观，体验不同学校的学习氛围、学习环境，激励学生更加努力学习，明确自己的学习目标。

（五）企业团建类民宿活动

企业团建类民宿活动内容多种多样，包括户外挑战、冒险活动、团队游戏、烹饪比赛、团队演出、工作坊和讨论会等。这些活动旨在培养沟通、协作、领导力和问题解决等技能，同时也提供了放松和娱乐的机会。

（六）娱乐表演类民宿活动

娱乐表演类民宿活动内容包括音乐会、舞蹈表演、戏剧演出、传统庆典、文化节庆等。其旨在为客人提供精彩的娱乐活动，同时也让他们深入了解当地的文化和艺术传统。该类型的活动常常与文化体验类活动相结合，从而达到文化、艺术、体验的相互融合。

（七）会议展览类民宿活动

会议展览类民宿活动内容包括研讨会、培训课程、展览、座谈会和团队活动等。这些活动提供了交流和学习的机会，同时也为参与者提供了休闲和娱乐的体验。

三、民宿活动内容筛选的步骤

民宿活动的内容，需要在活动目标的指引下，根据目标客人的特征进行制定和选择，主要筛选步骤如下：

（一）明确活动目的和宗旨

活动目的是民宿活动内容筛选的根本前提，活动策划者需要明确本次活动举办的目的，再进行相关活动内容的筛选。

（二）梳理目标客人需求

活动策划者需要在前期市场调研的过程中，将目标客人的活动需求进行梳理和总结，将客人感兴趣的活动内容进行汇总分析，为民宿活动内容的筛选提供素材。

（三）选定活动时间

在明确了活动目标以及客人需求的基础上，策划者就可以结合民宿实际经营情况，选定举办活动的时间。

（四）确定活动主题

活动策划者需要结合活动时间、客人需求以及活动目标，锁定活动的主题类型，确定活动的主题。

（五）筛选活动内容

活动主题确定后，策划者需要根据活动的主题，将活动方案进行细化，包括确定活动时长、活动规模、筛选活动内容等。

做一做2-4-1

创意类民宿活动内容筛选

请通过以下步骤和方式进行民宿活动内容的筛选，寻找更多民宿活动内容的创意点，切实提升民宿活动的策划能力。

步骤一：收集民宿活动资料

通过书籍、新闻报道、微信公众号及各大社交平台，广泛收集全国范围内民宿活动开展信息，深入了解不同类型的民宿活动及其包含的内容。

步骤二：探索在线平台

浏览民宿预订平台，如 Airbnb、Booking.com 等，查找各种民宿活动的案例。通过这些平台了解不同类型的民宿活动，同时观察不同类型活动的客人关注度、客人参与度及客人满意度等。

步骤三：参与民宿活动

如果有机会的话，请选择两三个感兴趣的民宿活动，深入了解民宿活动的流程及实施过程，总结每个民宿活动的亮点及特点。

步骤四：民宿活动对比分析

对收集的民宿活动的材料以及参加的民宿活动的总结，进行复盘分析，探索如何进行活动内容的创新。

步骤五：结果探讨与分享

将民宿活动内容创新的研究结果形成报告，进行班级内部探讨及分享。带着研究结果观察后续的民宿活动，进行研究结果的进一步论证和修正。

步骤六：实操实践

根据研究成果，选取一家民宿作为目标，为该民宿的活动策划提供活动主题和内容设计，并参与活动策划过程，通过实践掌握活动策划过程中内容筛选的重要性及过程。

实务参考 2-4-1

来看一场飘着茶香，吟着宋词的茶文化艺术之旅！

1. 亲入私人茶园

伸手触碰每一片迎风招展的嫩叶

感知春天到来的气息，享受这一方清新天地

在你手指的一提一拉下

鲜嫩的青叶从母体脱落

带着丝丝母体的水分

鲜叶中裹富的是多种茶的有机成分

整个过程，茶讲师会带你走回历史

走进现代茶文化渊源

讲述茶的前世今生

"你们知道吗？一斤明前西湖龙井茶需要4万～6万颗芽头才能炒制，可知多么珍稀难得！""两叶一心和一叶一心是采摘标准哦！"

"那我手里这个，采摘得标准吗？"一位小朋友举起一片茶叶，好奇地提问。"这只是一片叶子，要一片叶子加上一颗芽头或者是两片。"君君老师回答道。

"老师，我这个采得对吗？""我这个呢？"

"这个对的""这个再加片叶子""这个特别标准"，君君老师一个个地回答。

2. 樱花茶饼制作

课程开始前金老师带领着孩子们折茶饼盒，高老师和徐老师在厨房准备原料，徐老师认真地教大家制作步骤，成果出炉，大家都在惊叹，可太好看了！

还有小朋友问妈妈："如果我做得不好看怎么办呀？你会不会不喜欢？"老师和妈妈都鼓励他，告诉他，只要他认真做，就是好看的，大家都会喜欢。

因为真诚的心意才是最重要的。

这个季节是最美的，在这次研学课程中每个学员都独立完成了属于他们的礼包，用这份心意，和家人们一起拥抱浪漫的春天吧！

资料来源：杭州白描艺术民宿提供素材，有删减．

视频分享
2-4-1

杭州白描
艺术酒店
"七一"迎
亚运活动

评一评 2-4-1

根据学生在任务实施中的表现完成本任务评价表（见表2-4-4），可以此作为该任务学习的成绩参考基础。

表2-4-4　　　　　创意类民宿活动内容筛选任务评价参考表

评价项目	评价标准	分值	得分
步骤一：收集民宿活动资料	·资源质量：所阅读的新闻资讯是否为最新资讯，所浏览的社交平台等是否为大众使用频率较高、信用度较高的平台 ·信息综合：考察收集的民宿活动信息是否符合最新行业发展趋势、是否具备创意特色	10	
步骤二：探索在线平台	·平台选择：是否选择了合适的在线平台，以获取与民宿体验活动相关的信息 ·数据采集：是否有效地使用在线平台获取数据和资源，是否能够整理在线平台上获得的信息，以进行后续分析和应用	20	
步骤三：参与民宿活动	·参与程度：参与民宿活动的程度，包括积极性、参与活跃度和投入度 ·反馈和反思：是否能够总结不同活动的特点和亮点	25	
步骤四：民宿活动对比分析	·对比分析：是否能通过活动的参与和理论信息的收集，进行分析对比，总结出有价值的信息点	20	
步骤五：结果探讨与分享	·探讨与分享：是否能形成丰富的报告成果，并在成果中呈现明确的研究结论	10	
步骤六：实操实践	·结果检验：学生提供的民宿活动主题及内容，是否符合民宿的需求，是否具备可实现性	15	

任务二　安排民宿活动时间

　　活动时间安排是活动策划过程中不可忽视的重要环节。活动时间安排包含活动时间节点的选择以及活动时长的安排。合适的活动时间节点的选择，有助于活动的顺利推进，也能为活动宣传推广提供助力。合理的活动时长以及活动流程的安排，可以确保活动各项任务能够按时完成，使活动流程紧密相连，提高活动的专业性和流畅性。

【知识目标】

　　1.了解如何选择民宿活动开展的时间。
　　2.了解如何科学地控制民宿活动的时间。

【能力目标】

　　1.通过对民宿活动开展时间的选择，提高学生的节点意识。
　　2.通过对民宿活动开展时间的控制，提升学生的时间管控能力。

【素养目标】

　　1.通过对文化节庆类民宿活动的了解，培养学生的文化认同感。
　　2.通过了解民宿活动策划过程中时间管理的重要性，培养职业责任感。

学一学 2-4-2

一、合理选择活动时间

　　民宿活动时间的选择，可以参考以下方法进行。

（一）节假日追随法

　　节假日追随法，就是民宿企业选择追随节假日的节点进行活动安排。选择节假日时间举办活动时，活动策划者必须明确近期是否有节假日可以作为活动的噱头，如果没有，那么可以选择一些国际或者国内的民宿文化节时间节点，从而争取更高的曝光度和更大的流量。

（二）节点制造法

　　节点制造法，就是民宿企业根据自身民宿活动的特点进行活动节点营造，从而形成自己特定的节点。比如，11月11日原本是一种流行于年轻人中的娱乐性节日，以庆祝自已仍是单身一族，但淘宝将该日期成功塑造成了企业线上促销活动的重要节点。

二、科学控制活动时间

时间管理在活动进行的过程中至关重要，合理地控制时间，才能保证民宿活动顺利进行，助力活动达到预期效果。

（一）合理安排活动时长

民宿活动是客人旅游过程中的一个环节，民宿活动的时长应根据常规旅游线路的安排进行合理的设置。活动时间需要根据活动的类型、目标客人的特征等灵活安排。有些活动可能只需要几个小时，而有些活动可能需要持续一整天甚至数天。

例如徒步类的户外活动，如果目标客人是 20～30 岁的青年人，那么徒步的时间可设置为一整天；如果目标客人是 10～14 岁的学生，那么应综合考量学生的身体承受能力，可将徒步活动时间缩短至半天甚至更短。

（二）严格控制活动环节

在活动的进行过程中，对活动时间影响最大的因素就是各个环节之间的衔接紧密度。因此，在民宿活动的开展过程中，策划执行者需要严格控制好活动每个环节的时间，确保各个环节的顺利过渡，提高各环节之间衔接的紧密度。同时，策划者应在活动前后预留一定的机动时间，用于调节潜在的时间延误或突发状况。

（三）灵活应对突发状况

突发状况是活动执行过程中不可避免的问题，任何活动的举办，因场地、参加人员等因素，往往会存在一定的变数或者突发状况。因此活动策划者应该在活动方案制作时，提前制订好应对计划，以便发生突发状况时，进行灵活应对，确保活动不会因为突发状况无法继续或者拖延时间。

（四）科学使用效率工具

在活动策划过程中，策划者应积极使用效率工具来协助进行时间控制。比如，使用倒计时或者计时器，进行各个环节的时间管控；或者使用项目管理软件，来进行活动策划的过程管控。

做一做 2-4-2

民宿活动时间安排实践

步骤一：选取目标民宿

选择自己感兴趣的一家民宿，对民宿进行深入了解。

步骤二：目标民宿日常经营参与

争取在目标民宿的实践机会，参与民宿的日常经营过程，深入了解民宿的经营现状特别是营销现状，为后续民宿活动的策划奠定基础。

步骤三：制订民宿活动计划及时间安排

结合民宿的经营现状，参与民宿活动的计划制订并制作详细的民宿活动时间安排表，为民宿进行一系列活动的时间安排。

步骤四：实施民宿活动

将制订的民宿活动计划付诸实施，严格执行。

步骤五：民宿活动效果反馈

整理每一场民宿活动的效果数据、时间数据（是否按时举办、活动进行得是否顺利、活动时长是否精准等），并进行分析。

步骤六：民宿活动时间安排经验总结

根据收集的活动反馈信息，进行民宿活动时间安排的经验总结。

实务参考 2-4-2

办音乐会、做月饼、开泳池趴……中秋本土民宿有安排！

1. 溪山外——独立溪谷酒店

溪山·YUE丨中秋音乐会　　　　　　　　2022.09.10 19：30

溪山外·第二季溪谷中秋音乐会

有颗鹿西 UKULELE 乐队表演

溪山外表演

神秘嘉宾表演

互动环节

赏月食饼

2. 安葵·山根

ANQUI·中秋纪　　　　　　　　　2022.09.10 10：30—21：00

领取好运签/活动卡片丨1F入口处

灯笼手作丨1F手作区

猜灯谜丨3F QUI BAR 露台

乐队演唱丨3F QUI BAR

月亮邮局——邮寄明信片丨3F QUIBAR吧台

3. 瑞安 湖岭·泉玥度假民宿

音乐会/烤全羊　　　　　　　　　2022.09.10—09.11 20：00—21：30

山野本味特色羊肉

晚宴乐队

户外赏月

4.楠溪江

锦里湖西乡野民宿　　　　　　　　2022.09.10—09.12　15：30

DIY手工冰皮月饼

猜灯谜

趣味亲子小游戏

萌宠互动

泳池派对

田园西餐

资料来源：文艺青年爱旅游.【舒·秋丨爆款】办音乐会、做月饼、搞泳池趴、祈福赏月……中秋本土9家民宿有安排！［EB/OL］.［2022-09-07］. https：//travel.sohu.com/a/583196311_121124420.

视频分享
2-4-2

云南迪庆：
慢来悦民宿
夜间篝火
晚会

评一评 2-4-2

根据学生在任务实施中的表现完成本评价表（见表2-4-5），可以此作为该任务学习的成绩参考基础。

表2-4-5　　　　　　　　　民宿活动时间安排实践任务评价参考表

评价项目	评价标准	分值	得分
步骤一：选取目标民宿	·目标明确性：是否明确要解决的问题 ·可行性：目标民宿是否愿意参与本次学生实践调研活动，并能够产生良好的结果	10	
步骤二：目标民宿日常经营参与	·参与度：是否全面参与民宿的日常经营过程，了解民宿日常经营的全部流程和事项	20	
步骤三：制订民宿活动计划及时间安排	·计划安排：民宿活动计划制订是否合理，是否符合民宿的经营现状，是否符合民宿自身的特征，该计划及时间安排是否合理	20	
步骤四：实施民宿活动	·执行情况：活动是否按照计划实施，活动执行过程中是否遇到问题	20	
步骤五：民宿活动效果反馈	·分析方法：所使用的分析方法是否适用 ·结果的解释：活动效果的反馈信息是否可用于相关研究的分析	20	
步骤六：民宿活动时间安排经验总结	·经验总结：对调研结果进行经验总结	10	

任务三　选择民宿活动场地

民宿活动的场地选取，需要根据活动的内容、活动的预算以及活动规模的大小来进行。活动场地的选择以及活动场地的布置，都是影响活动效果的重要因素。

【知识目标】

1.了解民宿活动场地选择的影响因素。

2.熟悉民宿活动开展的场地类型。

【能力目标】

1.通过学习民宿活动场地选择的影响因素，增强学生对活动实施的认知。

2.通过学习民宿活动场地的类型，增加学生对经营性商业场所的了解。

【素养目标】

1.通过民宿活动场地选择的学习，使学生具备对事物相互关联性的分析能力，增强学生辩证思考的能力。

2.通过民宿场地布置技能的学习，培养学生的团队协作意识。

学一学2-4-3

一、民宿活动场地选择的影响因素

场地选择影响活动效果。民宿活动在策划过程中，需要根据活动的内容、活动的规模以及活动的预算选择场地，同时，策划者还需要充分考虑场地的位置、交通、配套和服务等因素，最终选择与活动相匹配的场地，从而使活动达到更好的效果。

（一）活动类型

活动策划者在进行活动场地选择时，首先要考虑的就是活动类型。滑雪、登山、徒步类的运动活动，选择室外的场地进行；音乐会、研讨会之类的活动，最好选择室内的场地进行。不同的体验活动，对于场地都有不同的要求，因为策划者需要根据活动的类型来进行场地选择评估。

（二）活动规模

活动规模的大小，决定了活动场地大小的选择。活动策划者需要明确举办活动的规模，从而进行活动场地容量的筛选。要确保场地有足够的空间，能够舒适地容纳所有参与者；还要避免过于拥挤或过于空旷的情况出现。

（三）活动预算

活动策划者在进行场地选择时，还需要考量整体的项目预算。不同的活动场地价格各异，所以在活动预算方面要提前考虑，并与场地的管理方确定费用情况及支付方式，确保能够充分合理地利用有限的活动预算，达到最佳的活动效果。

（四）场地的位置和交通

在民宿活动场地的选择过程中，策划者还应充分考虑场地的可达性，即场地所处的地理位置及交通便利程度。一般来说，大型民宿活动的场地应该位于交通便利、交通网络完善的地方，这样才能便于更多的客人参与到活动中来。

（五）场地的设施和服务

除了以上因素，活动场地周边配套设施的完善程度和场地本身的服务体系也是活动策划者需要考量的重要因素。活动场地停车场的停车位是否充足，场地的舞台、投影仪、音响等专业设施是否齐备，都会对活动的举办产生重要的影响，策划者需要根据活动的类型来评估场地的配套设施是否匹配。

（六）场地安全

安全是选择民宿活动场地时至关重要的因素。活动场地必须满足一定的安全标准，包括紧急疏散通道、火警设备、医疗急救设施等。此外，场地应具备适当的保险覆盖，以应对潜在的风险和意外事件。安全因素还包括场地的位置，是否容易到达，以及周围环境的安全性。在选择场地时，必须全面考虑安全问题，确保参与者和工作人员的安全，以及符合法律和法规的要求。

（七）声音控制

声音控制是选择民宿活动场地的关键因素之一。场地的声学性质和噪声控制能力对于各种类型的活动至关重要。适当的声音控制可以确保活动中的音频内容清晰可闻，减少外部噪声的干扰，提高参与者的体验度。此外，遵循当地的噪声法规和规定也是重要的，以确保不会干扰周围社区或其他场地使用者。因此，在选择场地时，要考虑其声音控制措施，以满足活动的声音需求并遵守相关法规。

（八）环境舒适度

环境舒适度在选择民宿活动场地时至关重要。场地的温度、通风、照明等因素，会直接影响参与者的体验度和活动的成功。一个舒适的环境可以让参与者感到更加愉快和专注，会增加他们的参与度，有助于活动的顺利进行。另外，环境舒适度还与季节和气象条件有关，因此要根据活动的日期和地点来考虑温度和通风的情况。

二、民宿活动的场地类型

民宿活动的类型多种多样，各种活动对场地的需求也不同。综合民宿活动举办的经验，场地的选择主要有以下几种：

（一）民宿场所

民宿活动策划的目的，从根本上是为了增强客人的体验、提高民宿的盈利能力。因此，对于民宿而言，最大化地展示民宿本身非常重要。民宿活动的举办，在民宿条件能满足活动需求的情况下，一般民宿场所本身就是最好的场地选择。

首先，选择民宿场所本身作为活动场地，能充分展示民宿各方面的条件，利于客人全方位了解民宿，增强其对民宿的印象。

其次，选择民宿场所本身作为活动场地，能将客人的消费留住，从而为民宿创造更高的客单价。

最后，选择民宿场所作为活动场地，能大幅度节约活动成本，用最小的成本，达到效果最大化。

（二）星级酒店

星级酒店因其装修豪华、服务设施完善等，成为举办各类活动的重要场所。当民宿活动的定位较为高端，或者活动本身是为了进行品牌宣传、品牌发布时，场地的选择则更加倾向于选择星级酒店，这样有助于提升活动的调性，确保活动的效果。

此外，会议类的民宿活动，因会议环境、会议设施等多方面的需要，也倾向于选择星级酒店类的场地，以确保活动的顺利进行。

（三）旅游景区

在民宿活动中，户外运动类的客人往往希望在大自然的环境中进行相应的活动。徒步类的活动，适宜在拥有自然步道的风景秀丽的自然景区中举办；滑雪类的体验活动，适宜在拥有滑雪场地的旅游景区中举办；高尔夫体验活动则适合在配备高尔夫球场的场地内进行。因此，民宿所在地的旅游景区，也是民宿活动举办的重要场所之一。

（四）拓展基地

拓展基地是专用于进行各类拓展活动的场地。民宿活动中针对学生的拓展研学活动、企业员工的团建拓展等活动，都可以选择拓展基地作为活动场地。

（五）运动场馆

运动场馆，如羽毛球馆、游泳馆、篮球馆等，作为专业运动场地，适宜举办体育运动类的民宿活动。

（六）艺术场馆

民宿活动较为常见的音乐舞蹈类体验活动、娱乐表演类体验活动，因需要专业的舞台、音响等设备，多选择较为专业的艺术场馆，如剧院、艺术中心等。

做一做 2-4-3

民宿活动场地调研

不同的民宿活动，需要在不同的活动场地进行。本调研活动旨在让学生更加全面、真实地了解各种活动场地的实际情况，并了解不同场地的优劣势及适用的活动类型。

步骤一：提出实地调研目标和问题

明确调研的目的，了解哪些活动场地可以用来举办民宿活动。

步骤二：浏览网络平台，收集民宿活动的举办场地信息

浏览民宿活动相关新闻资讯，了解民宿活动的举办场地信息。

步骤三：制订调研计划

确定拟调研的所有活动场所，并制订详细的调研计划，包含时间计划、调研内容、调研对象等。

步骤四：数据收集

实地调研民宿活动场地，与现场工作人员交流，做好记录和观察。同时，收集相关数据，如场地使用频率、价格、优势、劣势、存在的问题。

步骤五：数据分析

整理和分析收集到的数据，提取有关民宿场地选择的关键指标。

步骤六：结果解释

解释数据和分析结果，讨论民宿活动场地选择的关键因素。

实务参考 2-4-3

三栖文旅：民宿营地新玩法

民宿营地作为旅游行业的一种新模式，已经成为人们旅游休闲的重要选择。但是，如何结合环境优势、用户人群和消费场景，打造出不一样的民宿营地新玩法呢？

一、结合环境优势

民宿营地的环境是旅游体验的关键因素之一。结合环境优势，可以开展各种创意性的活动，让游客在旅游中得到更多的乐趣和收获。

1.山水优势：在山水优美的环境中，可以开展户外拓展、野外生存、山地徒步等活动，增强体魄，也可以开展钓鱼、骑马等休闲娱乐项目，让游客享受自然美景的同时还能参与有趣的活动。

2.地形优势：可以根据特殊的地形环境，开展攀岩、漂流、滑雪等极限运动，让游客感受到刺激和挑战。同时，也可以开展露营、篝火晚会等亲近自然的活动，让游客体验到与自然的亲密接触。

二、结合用户人群

民宿营地的用户人群是多样的，不同的人有不同的需求和喜好。结合用户人群，可以设置更多房型，开展各种特色活动，为游客提供更多的选择和体验。

1.青年群体：针对青年人群，可以开展音乐节、野外拓展、户外运动等活动，满足年轻人的个性化需求。此外，可以设置音乐酒吧、游戏室、瑜伽室等设施，为青年人提供更多的娱乐和休闲选择。

2.家庭群体：针对家庭游客，可以开展亲子活动、儿童游戏、家庭野炊等活动，让家庭成员之间更加亲密和谐。此外，可以设置儿童乐园、家庭式住宿区等设施，为家庭提供更加舒适和便利的住宿和娱乐环境。

3.团建群体：针对企业团队，可以有针对性地做包场活动，开展团队建设、企业培训等活动。一起玩耍，一起吃饭，住得也很近，短暂地回归集体生活，可以增强团队意识和团队凝聚力。

三、结合消费场景

不同的消费场景需要提供不同的服务和体验。结合消费场景，可以为游客提供更加个性化和符合需求的服务。

1.单独出行：针对单独出行的游客，可以提供个性化的服务，比如私人管家、定制旅游路线等；可以设置个性化单人住宿区、个人娱乐区等设施，为单独出行的游客提供更加贴心和便利的服务。

2.情侣：针对情侣，可以提供二人世界的浪漫环境和服务，如烛光晚餐、SPA、情人节特别礼遇等。

视频分享
2-4-3

3.家庭：针对家庭游客，要更多考虑到安全因素和健康因素。可以提供贴心的儿童服务、家庭式的住宿环境等。

云南迪庆：
慢来悦民宿
室外活动
"在希望的
田野上"

4.团队建设：针对企业团队，可能需要多场景的活动场地，如小型团建游戏场地、小型座谈会场地等，让企业团队建设在旅游中得到提升。

资料来源：佚名.三栖文旅：民宿营地新玩法［EB/OL］.［2023-05-10］. https：//baijiahao.baidu.com/s?id=1765475108555696561&wfr=spider&for=pc.

评一评2-4-3

根据学生在任务实施中的表现完成本任务评价表（见表2-4-6），可以此作为该任务学习的成绩参考基础。

表2-4-6　　　　民宿活动场地调研任务评价参考表

评价项目	评价标准	分值	得分
步骤一：提出实地调研目标和问题	·目标明确：是否明确调研的目标和所要解决的问题	20	

续表

评价项目	评价标准	分值	得分
步骤二：浏览网络平台，收集民宿活动的举办场地信息	• 信息广度：是否广泛阅读了相关领域的资讯	15	
步骤三：制订调研计划	• 调研设计：调查计划的合理性，包括选择的样本、数据收集方法和时间安排	15	
步骤四：数据收集	• 数据质量：数据的准确性、完整性和可靠性，确保数据收集过程没有偏见或错误 • 数据采集工具：问卷或采访提纲的质量和科学性，准确完成数据收集	20	
步骤五：数据分析	• 分析方法：所使用的分析方法的适用性，确保分析结果与研究问题相关并有助于回答这些问题	20	
步骤六：结果解释	• 结果解释：对调研结果的解释合理	10	

【参考文献】

1.佚名.第九届中国大学生公共关系策划创业大赛校园巡讲活动在多校举行［J］.国际公关，2023（3）.

2.张宁.艺术疗愈工作坊的策划与实践研究［D］.太原：中北大学，2023.

3.彭芳.互联网时代下群众摄影活动的策划和组织［J］.旅游与摄影，2023（10）：120-121.

项目五
有的放矢——保障民宿活动安全

　　保障民宿活动安全需要做到"有的放矢"，即根据民宿的实际情况和潜在风险，制定民宿活动服务流程，排查民宿活动安全隐患，拟订民宿活动安全预案，确保每一位客人在民宿中都能享受到安全、舒适的环境。

【项目导图】

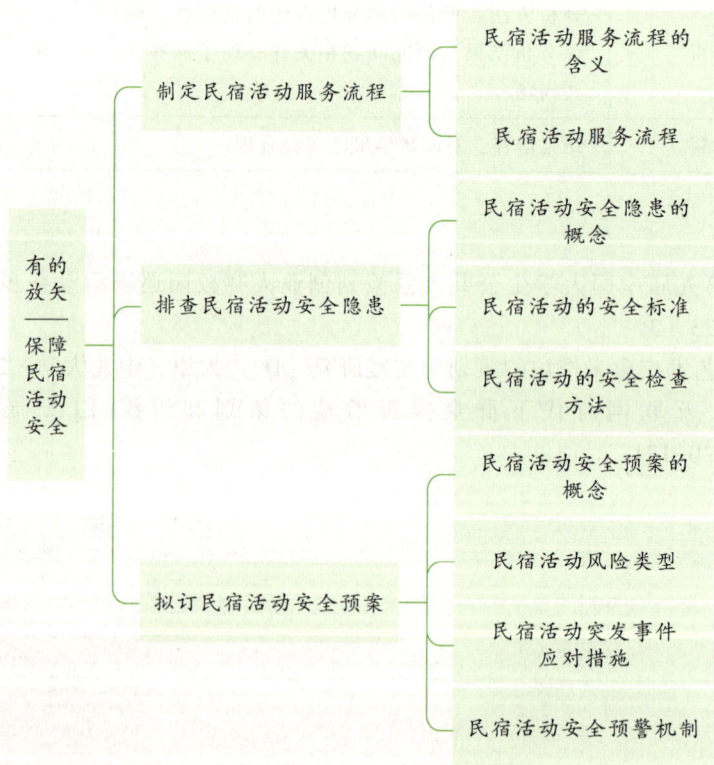

任务一　制定民宿活动服务流程

为了保障民宿活动的安全、提供良好的服务体验，民宿主人需要制定一套完善的活动服务流程。制定民宿活动服务流程是指在明确活动目的的基础上，考虑客人的需求和偏好，形成一套民宿活动的服务流程方案，需要兼顾活动的可行性和可操作性，确保活动的保障性和安全性，并不断进行评估和改进。制定活动服务流程，可以确保活动顺利进行，即使遇到意外情况也能够有效地处理和解决问题。在本节的学习中，我们将明晰民宿活动服务流程的含义，了解民宿活动服务的具体内容，学习撰写民宿活动的规划和准备提供系统化的流程方案。

【知识目标】

1. 明确民宿活动服务流程的含义。
2. 了解民宿活动服务流程的内容。

【能力目标】

1. 通过学习民宿活动服务流程的含义，塑造学生对于民宿服务的整体思维。
2. 通过了解民宿活动服务流程的内容，培养学生的创新思维和创造力。

【素养目标】

1. 明确民宿活动服务流程的含义，培养学生的专业素养和行业背景认知。
2. 了解民宿活动服务内容，培养学生的机会意识和商业思维。

学一学 2-5-1

一、民宿活动服务流程的含义

民宿活动服务流程是指在民宿活动中，从活动准备到接待客人到服务结束的全过程。在民宿活动现场，服务流程始于热情的迎宾服务，工作人员通过微笑和引导营造友好氛围。随后，详细的活动介绍服务确保客人了解整个活动安排。房间布置服务将房间打造成与主题契合的独特场景。活动指导服务提供详细信息，使客人能够顺利参与。餐饮服务呈现美味佳肴，提高整体体验。互动体验组织服务提供多样化的活动选择。文化展示服务展现当地魅力。工作人员陪同服务保障客人的需求得到满足。最后，纪念品和奖励服务给客人留下美好回忆。客户关系服务和安全服务则贯穿整个流程，为客人创造难忘、安心的活动体验。

民宿服务活动流程的制定对于确保客人体验的品质、提高客人满意度和增加复购率都有很大的作用。

二、民宿活动服务的阶段

（一）民宿活动准备阶段

民宿活动现场的服务准备阶段是确保一切井然有序的关键环节。工作人员通过周密的计划和沟通，提前了解客人的需求和特殊要求，为个性化服务做好准备。场地布置服务提前展开，工作人员精心设计每个房间的布局，保障与活动主题相契合。活动流程的仔细检查与完善，以确保信息传达的准确性和清晰度。餐饮服务提前准备美味佳肴，包括食材采购和厨房准备工作，以保证用餐环节的流畅和菜品的美味。互动体验组织服务提前安排好各项活动所需的道具和场地，确保互动环节的顺利进行。文化展示服务在准备阶段收集和安排展示物品，保障文化元素的鲜明呈现。工作人员陪同服务的准备包括检查所有必备物品，确保随时能够为客人提供协助。通过精心的准备服务，民宿确保在活动现场一切井然有序，为客人提供顺畅、愉悦的体验，为整个活动的成功奠定坚实基础。

（二）民宿活动执行阶段

在民宿活动现场的服务实施阶段，工作人员通过专业、细致入微的服务，为客人创造出无与伦比的体验。餐饮服务以精心准备的美味佳肴和舒适的用餐环境，为客人呈现一场美食盛宴。互动体验组织服务在整个活动中提供各种形式的互动活动，拉近客人之间的关系，增加参与感。文化展示服务通过音乐、手工艺品等形式，生动展示当地独特的文化魅力。工作人员陪同服务随时关注客人的需求，提供专业的协助和指导。纪念品和奖励服务通过特别设计的礼品和奖励，给客人留下珍贵的回忆。客户关系服务通过细致入微的关怀，建立深厚的信任和情感联系。安全服务在整个过程中保障客人的人身安全，应对可能的紧急状况。通过这一阶段的服务实施，民宿为客人创造了一个充满惊喜、安全有序、丰富多彩的活动现场，使每位客人都能在这里体验到一段非凡的旅程，留下美好而难忘的回忆。

（三）民宿活动结束阶段

在民宿活动结束阶段，跟踪服务成为提供全程服务的重要一环。工作人员通过关怀式沟通，收集客人的反馈和意见，了解他们在活动中的感受和需求。这一跟踪服务不仅包括对整体活动的评估，还关注个别客人的体验，以确保每位客人都能得到充分的满足。同时，纪念品和奖励服务的补充也在这一阶段进行，为客人提供额外的惊喜和回忆。客户关系服务使客人在活动结束后继续与民宿保持联系，建立长期的信任和合作关系。安全服务则继续关注可能存在的潜在风险，保障客人在民宿活动结束阶段的安全。通过这一跟踪服务，民宿不仅弥补可能存在的遗漏，更为客人提供了一种持续关怀的体验，让整个活动在客人心中留下更深刻的印象。这种全程的跟踪服务不仅巩固了客人对民宿的印象，也为未来的合作奠定了更为牢固的基础。

■ 知识链接 2-5-1

图 2-5-1 为某乡村民宿旅游服务蓝图。

互动接触线	一些客户行为	计划去乡村旅游，预订民宿	去乡村旅游	入住宾馆，进入房间	熟悉房间设施	休息	吃饭	离开
	其他客户行为	在网上写评论	停车，和家人同行	办入住手续	拍照	洗漱	体验烧菜	续订
	前台接触员工行为	预订服务	停车场，民宿入口	前台接待	打扫清洁服务，答疑服务	提供优质服务	点餐，上菜，结账服务	离店服务
服务场景	视觉元素	民宿网络界面	停车场指示牌，民宿大门	特色服饰，乡村特色风格大厅	特色装修，温馨安静的氛围	桌椅，床铺，卫生间	特色风格餐厅，餐具，菜色	特色纪念品，相关衍生品
	听觉元素	网页的音乐设置与音效	与民宿主题有关的背景音乐	有礼貌的对话	合适的音乐，良好的隔音	舒缓适眠的音乐	避免嘈杂吵闹	离店音乐
	嗅觉、味觉和触觉元素	—	与民宿主题有关的气味	人性化的家具	整洁无异味	舒适的床铺及床上用品	乡村家庭真实就餐环境	家人氛围
可见度 内部活动	后台接触员工行为	网站信息管理	家庭式服务	入住信息核对	操作和维护民宿设施，安全监督	操作和维护民宿设施，安全监督	准备菜肴	离店信息核对
	技术支持系统	网页资讯及预订系统	灯光控制系统	智能服务系统	安全设施系统	睡眠系统，安全设施系统	厨房	智能服务系统
	设计内容	网页设计	空间设计导视设计景观设计	建筑设计空间设计家具设计	空间设计室内设计	空间设计家具设计	食物设计空间设计	产品设计包装设计
		开始	发展		高潮	保持		结束

图 2-5-1　乡村民宿旅游服务蓝图

做一做 2-5-1

制定民宿活动服务流程

步骤一：明确民宿活动的目标和需求

了解民宿活动的目标和要求，例如提供优质的客户体验、高效的管理和运营等。明确需要制定服务流程的大纲内容。

步骤二：调研与收集信息

研究与民宿活动有关的行业案例，收集其他民宿活动服务流程的案例和经验，以作为制定流程的参考。

步骤三：制定流程步骤

从客户预订到退房，逐个环节详细规划需要的步骤和相关职责。可以借鉴其他成功的民宿活动服务流程，但需要根据组织的特点进行定制化。在制定过程中，进行验证和测试。在实施过程中，及时发现问题并做出调整和修改。

步骤四：培训和执行

制定服务流程的具体步骤和时间节点，并进行内部培训和沟通，确保所有成员理解和遵守。

步骤五：监测和改进

建立监测指标和评估方法，对制定的民宿活动服务流程进行跟踪和评估。根据反馈和数据，及时进行调整和改进。

实务参考 2-5-1

舌尖上的民宿

一个民宿，如果餐饮做得有特色，那绝对是一大亮点，携程评分没准就刷刷地上去了。毕竟在"吃喝玩乐"中，"吃"是排在第一位的。

1. 留住客人的"胃"，也就留住了客人的心

都说"民以食为天"，愿意到民宿来消费的客人，肯定对食材和做法也非常留意，所以小满的院子下足了功夫，目的只有一个——留住客人的"胃"。我们民宿的早餐基本上不重样儿，每隔一段时间就要换换品种，各种营养搭配都会考虑到，比如有最常见的蛋、水果、粥，还为客人准备了奶黄包等小点心，让客人每天早上都会有好心情。

中餐和晚餐则会提供安徽本地的特色菜，笋干烧肉最受欢迎，几乎成了住宿客人的必点菜品。当然了，食材新鲜是最关键的因素，笋干选用泾县本地竹林生长的新笋制作而成，肉类也选用当地农户家里的，确保原汁原味，吃过的客人都会赞不绝口。

要说我们自己特色的话，因为我是东北人，略带北方口味的红烧鱼块也是小满的院子的主打菜，本地食材搭配北方的做法，客人们也非常喜欢。

现在是春季，我们会带着客人去采茶、挖竹笋，体验不一样的乡野生活。我们的院子里还有个泳池供客人游泳。夏天的晚上，我们会组织一些适合小朋友玩耍的亲子活动，也可以大家一起烧烤、做游戏。我们还有个非常棒的屋顶露台，夏夜可以看星星、打牌。总之，院子里的所有设施全部对客人免费开放。

要说民宿餐饮的难点，我想最大的困难便是菜品的样式不多，因为要选用当地的新鲜食材，受到地域限制，没办法做出城市里的山珍海味。面对这个问题，我们的解决方案是同款食材尽量在制作上多样化，让客人每次入住都会有不同的美味体验。

2.美食、美景共同构成美好的度假体验

美食是尚坡的一大特色。周边民宿绝大多数由当地阿姨掌勺，尚坡有7间客房，却配备了2位具有星级酒店水准的厨师，引进标准酒店的厨房管理，可谓不惜工本。考虑到大部分客人白天有外出游玩的需求，尚坡餐饮的重点放在晚餐，中餐、西餐交替供应，在莫干山地区赢得首屈一指的好口碑。

尚坡主打轻奢浪漫，西餐自然是最佳搭配。我们严选精良的进口食材，还配备了大量高端洋酒。水晶杯是主人亲自从捷克带回，撒在牛排上的调味盐，也是主人从喜马拉雅山脚下背回。

中餐也全部选用当地原生态健康食材，冬春夏的鲜笋、水灵的当季蔬菜、竹林鸡、红烧肉、酱鸭、羊肉煲……无一不是令人大快朵颐的佳肴。即使是午市简餐，也是黄金招牌坐镇，有多少人就是为了我们的"手工油泼扯面"，一来再来。

尚坡所在山区有时会因电力负荷超载临时停电，皓月当空，葡萄美酒夜光杯，不经意的烛光晚餐，常常成为客人难忘的美好回忆。尚坡还会提供定制的能量便当，让客人在徒步登山或进行其他户外运动时带上。此外，烤全羊烤乳猪也都应有尽有。当然这些需要另外收费，但并非创收项目，仅仅是为客人提供更丰富的选择。

尚坡一直认为，有品位的餐饮服务是有别于其他民宿的重要砝码。为了增强吸引力，尚坡将餐费包含在房费内，这样的高性价比在当地开了先河，至今未被超越。

3."吃"是客人体验当地文化的第一切入口

"吃"对于民宿的意义重大。对于民宿而言，其最早出现的英文称呼"B&B"，含义就是"Bed and Breakfast"，吃占到其中一半。中国人尤其喜欢吃，入住民宿体验当地文化，最直接的一个切入口就是吃！

宿里对餐饮主要做了五个方面的设置。其一是选择顶级厨师，从上海找来了五星大厨坐镇。但大厨到了山里，也要求他的手法与当地特色菜系相结合，做法上强调土法制作。在制作工艺上给客人带来土味、地方特色的同时，摆盘、造型则保持五星大厨的高水准。

其二是选择"配餐制"，以保证客人吃到最新鲜的食材，但同时又比较环保，不会造成太多浪费。一般店内会提前一天与预订的客人沟通，问客人大概什么时间到，需要用什么餐，有哪些忌口，并提供一些菜品供客人选择。

其三是食材来源有保障。采购食材时店内会优先选择村里能够提供的，村里提供不了的才会到市场上采购。鱼一定要采购野生的，同时宿里在德清当地也有长期合作的供应商，提供散养的鸡和鸡蛋。

视频分享
2-5-1

广东韶关山原色民宿咖啡饮料制作大赛

其四是餐厅会根据季节推出不同的菜品。冬天强调进补，会提供煨汤，做吊锅烧鸡、肚包鸡，春夏则会多配时令蔬菜等。

其五是提供定制化餐厅服务。根据客人的需求帮助安排个性化的餐厅服务，比如举办生日宴会、烛光晚餐、婚礼用餐，以及户外用餐等。

资料来源：佚名. 舌尖上的民宿：下好"餐饮"这步棋，对于民宿而言实在是太重要了［EB/OL］.［2023-10-28］. https://www.163.com/dy/article/H91I8B1205198DT6.html.

评一评 2-5-1

根据学生在任务实施中的表现完成本评价表（见表2-5-1），可以此作为该任务学习的成绩参考基础。

表2-5-1　　　　　　　　　制定民宿活动服务流程任务评价参考表

评价项目	评价标准	分值	得分
步骤一：明确民宿活动的目标和需求	• 目标清晰：民宿活动流程是否目标明确 • 需求详细：不同民宿活动流程中所需的资料和人员的职责是否明确	10	
步骤二：调研与收集信息	• 资源完备：确保收集到的有关民宿活动的法规、政策、行业标准是否详尽 • 分析全面：是否对采集到的信息进行全面的分析、归类和比较	20	
步骤三：制定流程步骤	• 职责明确：是否为每一个流程步骤分配清晰的职责 • 立足实践：制定的民宿活动服务步骤与实际操作是否吻合	30	
步骤四：培训和执行	• 培训全面：培训内容是否全面清晰，明确了解如何操作 • 落实到位：培训的内容是否能够落实到位，使流程得到有效执行	20	
步骤五：监测和改进	• 监测及时：监测体系能否对业务环节进行持续监测和评估 • 改进有效：改进方案是否能有效实施并取得显著效果	20	

任务二　排查民宿活动安全隐患

民宿活动安全隐患是指在民宿活动开展中存在的危及客户生命安全和财产安全的潜在风险。排查民宿活动安全隐患是保护客户生命财产安全的必要措施，并且有助于提高旅游体验的质量。安全的旅游环境是吸引客户的重要因素之一。在本节的学习中，我们将理解民宿活动安全隐患的概念，了解民宿活动的安全标准，掌握民宿活动的安全检查方法，为客户提供安全可靠的住宿环境。

【知识目标】

1. 理解民宿活动安全隐患的概念。
2. 了解民宿活动的安全标准。
3. 掌握民宿活动的安全检查方法。

【能力目标】

1. 理解民宿活动安全隐患的类型，丰富学生对民宿风险的认知。
2. 了解民宿活动的安全标准，提高学生实际操作的规范化能力。
3. 掌握民宿活动的安全检查方法，提高学生解决问题的能力。

【素养目标】

1. 理解民宿活动安全隐患的类型，提高学生的风险意识和防范意识。
2. 了解民宿活动的安全标准，让学生更具有标准化思维。
3. 掌握民宿活动的安全检查方法，增强学生的独立思考能力和判断能力。

学一学 2-5-2

一、民宿活动安全隐患的概念

民宿活动安全隐患是指在民宿运营过程中可能存在的、可能导致人员伤害、财产损失或其他不良后果的风险因素或潜在问题。这些安全隐患可能涉及设施设备、消防安全、食品卫生、环境卫生、人员管理、紧急情况应对等方面。

了解民宿活动安全隐患的概念有助于识别和预防这些风险因素，并采取相应的措施和预防措施，以确保民宿运营的安全，并保护员工和客人的健康和财产安全。

二、民宿活动的安全标准

（一）食品安全

1.厨房环境卫生标准

（1）厨房设计与装修。

厨房的设计应符合卫生标准，遵循流程操作的原则。不同功能的区域应合理划分，确保食品的流线操作，减少交叉污染的可能性。厨房的墙壁、地面和天花板应使用易于清洁的材料，以便经常进行清洁和消毒。厨房应有足够的自然光线和通风系统，以保持空气流通，减少细菌滋生的可能。

（2）厨房设备与器具。

民宿的厨房设备和器具应选择符合卫生标准的产品，如食品级不锈钢制品。所有设备和器具应经常进行清洁和消毒，避免食品污染。刀具和餐具应储存在干燥、通风良好的地方，以免滋生细菌。

（3）食品储存与处理。

食品储存区域应干燥、清洁、通风良好，远离垃圾，并与卫生间保持适当距离，以避免交叉污染。食材应按照不同种类进行分别储存，并注明有效期。过期食材应及时清理。食品加工区域应与原材料储存区域分开，以防止细菌交叉污染。

（4）厨房清洁与消毒。

厨房应定期进行全面清洁和消毒，包括墙壁、地面、天花板、设备和器具等。清洁过程中应使用符合卫生标准的洗涤剂和消毒剂，并按照正确的操作步骤进行操作。厨房人员应经过相应的培训，掌握正确的清洁和消毒方法。

（5）厨房人员卫生与健康。

厨房人员应穿戴干净整洁的工作服，戴上发饰和手套。厨房人员应保持个人卫生，经常洗手，并避免在工作中触摸头发、鼻子和脸颊等。厨房人员在生病时应请假，以免传播细菌。

2.食品安全标准

（1）食品采购与存储。

民宿食品的采购应选择合格的供应商，确保食材的质量和安全性。在采购食材时，民宿经营者必须仔细检查食材的有效期，避免使用过期的食材。食品储存区域应保持干燥、通风，并定期清理和消毒，以防止食品变质和细菌滋生。

（2）食品加工与制作。

民宿经营者及其员工在食品加工和制作过程中应遵守严格的卫生操作规程，如佩戴洁净的工作衣、戴口罩和手套，保持工作环境的清洁。民宿经营者应保持厨房的干净整洁，并定期进行彻底的清洁和消毒，以避免食品污染。食品加工工具如刀具、砧板等应经常清洗和消毒，避免交叉污染。

（3）食品贮存与供应。

民宿经营者应注意食品的储存温度，尤其是易腐烂的食材。冷冻食品应在适宜的温度下储存，避免细菌滋生。不同种类的食品应分开储存，以避免交叉污染。例如，肉类和蔬菜应分开存放。民宿经营者应及时提供食品，避免食材长时间在室温下存放，导致食品变质。

（二）场地安全

1.建筑设施的安全标准

作为承载旅行者居住和活动的场所，民宿的建筑设施安全至关重要。首先，民宿的整体结构应符合建筑安全标准，包括强度和稳定性。其次，建筑物的通道和楼梯应保持畅通，并且设置坚固的扶手，以确保旅行者的行走安全。另外，建筑物的门窗应具备防盗、防虫、防火等功能，从而保障旅行者的人身和财产安全。

2.防火安全的要求

防火安全是保障民宿活动安全的重要方面。民宿应具备防火墙、防火门、防火窗等设施，以备发生火情时阻挡火势蔓延。建筑材料应符合阻燃标准，避免火情发生时加剧火势。此外，民宿的电器设施和用电设备应按照标准进行安装和维护，避免因电器故障引发火灾。对于火警报警器的安装和维护，也需要严格按照相关规定进行。

3.消防器材的配置

民宿应配备适量、合格的消防器材，并进行定期检查和维护。常见的消防器材包括灭火器、消防栓、自动喷水灭火系统等。民宿经营者应确保这些器材的位置明显、易于寻找，并定期进行检查和测试。此外，民宿员工应接受相关消防知识培训，能够熟练操作消防器材，提高火灾应对能力。

4.安全监控的设备

为了提高民宿活动的安全性，设置安全监控设备也是必要的。民宿应配备可靠的监控系统，覆盖各个区域，特别是重要区域如大厅、通道等。监控设备的摆放和设置应合理，以保障旅行者的人身和财产安全。

三、民宿活动的安全检查方法

（一）食品安全

1.厨房卫生安全检查

（1）检查冰箱和冷冻设备。使用温度计测量冰箱和冷冻设备的温度，确保其符合食品储存的安全要求。检查冷冻设备的密封情况，确保冷冻食品不会受到细菌污染。

（2）检查炉灶和烤箱。检查炉灶和烤箱的燃气管道和电器线路，确保无泄漏和破损现象。清洁炉灶和烤箱的表面和内部，防止过多油脂积累引发火灾。

（3）检查厨房用具。检查刀具的锋利度，确保切割食材时不会滑动或导致伤害。检查炊具的表面是否有划痕或损坏，防止异物进入食品中。

（4）检查卫生设施。检查洗手间和厨房的卫生设施，包括洗手池、消毒液和纸巾等。保持干净卫生的环境，防止细菌和病毒传播。检查垃圾桶的盖子是否紧闭，防止异味扩散和蟑螂等害虫滋生。

（5）使用专业工具。使用温度计检测食材的温度，确保符合安全要求。使用细菌检测工具检测厨房设备的清洁情况，防止细菌滋生。

2.食品安全检查方法

聘请专业人员进行食品安全检查。民宿经营者应该聘请具有相关知识和经验的专业人员进行食品安全检查。他们可以对环境、设备和食材进行全面的检查，并提出相应的改进意见和建议。这些专业人员可以是食品安全监督员、卫生人员或者资深的厨师等。

食品原材料的采购抽检。民宿经营者应该选择正规的供应商，并与其建立稳定的供货关系。在采购过程中要严格按照食品安全标准进行验收，对肉类、乳制品、蔬菜等易腐食品要求供应商提供检验证明。此外，还要注意食品的储存条件和有效期限，确保食品新鲜安全。

使用适当的食品安全检测工具。例如，食品温度计可以用来检测食品的温度是否符合安全标准，快速检测仪可以用来检测食品中的有害物质等。这些工具可以帮助民宿经营者及时发现问题，并采取相应的措施加以解决。

（二）场地安全

1.建筑设施安全的检查方法和工具

对建筑结构进行检查。检查建筑物的结构是否稳固，是否有明显的裂缝或破损等缺陷。可以使用专业的建筑结构检测设备，如超声波测厚仪和砂浆表面测厚仪，来评估建筑物的结构安全性。

检查电器设备和线路安全。检查民宿内的电器设备和线路是否正常工作，并排除火灾隐患。可以使用电器测试仪来检测线路是否过载、接地是否良好等问题。

检查水暖设备安全。检查民宿内的水暖设备是否正常运行，并确保没有漏水或其他安全隐患。可以使用漏水检测仪和热水器安全检测仪等设备来进行检查。

2.防火安全的检查方法和工具

检查火灾报警器和灭火设备。检查民宿内的火灾报警器是否正常工作，并确保灭火器在有效期内。可以使用烟雾和火灾报警器测试仪器，如烟雾检测器测试仪和火焰测试仪，来进行检查。

检查疏散通道和标志。确保民宿内的疏散通道畅通无阻，并且疏散通道标志清晰可见。可以使用烟雾机来模拟火灾现场，评估疏散通道的通行性。

进行火灾风险评估。对民宿进行火灾风险评估，分析潜在的火灾隐患和应对措施。可以使用火灾风险评估软件来进行综合评估。

3.监控设备安全的检查方法和工具

检查监控摄像头的安装位置和覆盖范围。确保监控摄像头能够全面覆盖民宿的重要区域，避免出现死角。可以使用摄像头安装角度模拟器来评估摄像头的安装效果。

检查监控录像设备的存储和管理。确保监控录像设备能够正常工作，并定期备份和管理录像数据。可以使用录像设备测试仪器来评估设备的性能。

进行网络安全检查。确保监控设备所连接的网络安全可靠，并加强网络安全保护措施。可以使用网络安全扫描工具来检测潜在的网络安全隐患。

做一做 2-5-2

排查民宿活动安全隐患

步骤一：检查设施设备

在进行民宿活动时，各类设施设备扮演着重要角色。因此，检查设施设备的安全性是保障民宿活动安全的关键。检查设施设备时，应重点关注以下三个方面：

（1）设备是否完好无损，如有破损应及时维修或更换；

（2）设备是否符合安全标准，如防滑措施是否到位，电源插座是否合规等；

（3）设备是否具备清晰的使用说明书和标识，以便用户正确使用。

步骤二：检查场地通道

场地通道是民宿活动的重要组成部分，其安全性直接影响着活动的进行和紧急疏散。在检查场地通道时，应注意以下三个要点：

（1）通道是否宽度足够，以满足客人数量的需求；

（2）通道是否设有紧急疏散标识和指示灯，以便在紧急情况下迅速疏散；

（3）通道是否清洁整齐，无堆积物和其他障碍物。

步骤三：使用安全检查工具

在进行民宿场地安全检查时，使用安全检查工具能够提高效率和准确性。例如，可以使用照明检查工具检查场地照明是否充足；使用防滑测试仪检查地面防滑性能；使用电器测试仪检查电器设备是否安全可靠等。这些工具能够更全面地评估场地的安全状况，发现潜在的安全隐患。

步骤四：建立安全培训机制

建立安全培训机制是提高民宿活动安全的有效途径。为民宿员工提供相关的安全培训，使其具备基本的安全常识和应急处理能力。培训内容可以包括消防知识、急救技能等。此外，员工还应定期进行安全演练，以加强他们在紧急情况下的应对能力。

实务参考2-5-2

《乡村民宿建筑消防安全规范》正式发布！

2020年9月17日，由中国建研院防火所主编的《乡村民宿建筑消防安全规范》（DB11/T 1753—2020）由北京市市场监督管理局正式发布。

该规范是国内第一部面向乡村民宿消防安全的专门性地方标准，填补了国内乡村民宿消防安全技术规范标准方面的空白，为全面提升乡村民宿的消防安全水平提供了技术支撑。

该规范针对由农房改造后的乡村民宿建筑难以采用封闭楼梯疏散的难点问题，首次明确了客房门使用自闭门的乡村民宿可采用敞开楼梯间或敞开楼梯疏散；针对乡村民宿用火用电风险高、消防基础设施薄弱的普遍问题，对合理平面布局、适当防火分隔、规范用火用电、加强日常管理提出明确要求，并对火灾危险性较大的乡村民宿提倡使用轻便消防水龙、简易自动喷水灭火设施等兼顾经济性和实用性的消防措施。

标准的实施，将引导乡村民宿经营户减少火灾隐患，为全面提升乡村民宿的消防安全水平提供了技术支撑。

资料来源：佚名.《乡村民宿建筑消防安全规范》正式发布！[EB/OL].[2020-09-19]. https://www.sohu.com/a/419503800_680374.

视频分享
2-5-2

南京江宁良竺团建活动

评一评 2-5-2

根据学生在任务实施中的表现完成本评价表（见表2-5-2），可以此作为该任务学习的成绩参考基础。

表2-5-2　　　　　　　　　排查民宿活动安全隐患任务评价参考表

评价项目	评价标准	分值	得分
步骤一：检查设施设备	• 完备性：排查时是否对所有的设施设备进行逐一检查，确保不会遗漏任何可能的安全隐患 • 专业性：是否由专业人员或有经验的人员进行检查，对可能存在的隐患给出专业的指导意见 • 及时性：设施设备使用期限逐步接近期满时，是否及时进行检查	20	
步骤二：检查场地通道	• 通畅性：是否对所有通道进行检查，确保所有通道通畅无障碍 • 安全性：是否对所有通道内的可能影响行人行动的因素进行检查，保证行人行动的安全	20	
步骤三：使用安全检查工具	• 标准化：是否采用标准化程序和标准化工具执行安全检查，确保方法的可比性和准确性 • 全面性：使用的工具和设备是否全面覆盖受检查设施和场地的每一处，确保不会遗漏可能存在的安全隐患	30	
步骤四：建立安全培训机制	• 安全培训标准：安全培训制度是否全面，是否明确培训标准和要求，确保培训内容全面、详细、实用 • 文化植入：是否将安全培训渗透到日常工作中，使员工逐渐形成安全自觉意识，建设企业安全文化，保证民宿活动的安全可持续发展 • 持续性：是否能定期组织培训，全方位提升员工安全意识和安全素养	30	

任务三　拟订民宿活动安全预案

为了确保民宿活动的安全，拟订民宿活动安全预案至关重要。民宿活动安全预案是指在民宿经营过程中，制订相应的应急措施和预备性行动计划，对潜在的安全风险进行预防和管理。拥有完善的安全预案的民宿能够带给客户值得信赖的感觉和体验，提升民宿主人或经营者的信誉和竞争力。在本任务的学习中，我们不仅明确了民宿活动安全预案的含义，而且通过了解民宿活动的风险类型、突发事件应对措施以及预警机制，为拟订民宿活动预案提供了重要的理论参考。

【知识目标】

1. 明确民宿活动安全预案的含义。
2. 了解民宿活动风险类型。
3. 掌握民宿活动突发事件应对措施。
4. 熟悉民宿活动的预警机制。

【能力目标】

1. 通过学习民宿活动安全预案的含义，提高学生的应急事件响应能力。
2. 通过了解民宿活动风险类型，提高学生的风险识别和评估能力。
3. 掌握民宿活动突发事件应对措施，可以提高学生的应急事件处置能力。
4. 熟悉民宿活动的预警机制，提高学生的警觉性和应急事件应对能力。

【素养目标】

1. 明确民宿活动安全预案的含义，增强学生安全观念和风险意识。
2. 了解民宿活动风险类型，增强学生的责任感和使命感。
3. 掌握民宿活动突发事件应对措施，培养学生的服务精神和责任感。
4. 熟悉民宿活动的预警机制，提升学生的安全保卫意识和防线思维。

学一学 2-5-3

一、民宿活动安全预案的概念

民宿活动安全预案是指为了确保住客的安全而制定的一系列预防和应对措施。这些措施包括对民宿设施的安全检查、对员工的培训以及对安全事件的应急处理等方面。通过建立有效的预案，能够提高住客的满意度和忠诚度，保护民宿经营者的财产和声誉，进而改善经营状况。

二、民宿活动风险类型

（一）自然风险

1.地理位置风险

民宿的地理位置是影响其安全性的一个重要因素。地理位置风险是指，如果民宿位于地势较低或容易受到水灾、地震等自然灾害影响的区域，那么民宿经营者需要采取相应的措施来应对这些风险。例如，可以选择在建筑物加固方面进行投资，以提高建筑物的抗震性能；或者建立与当地政府和应急机构的紧密联系，及时获取相关的灾害信息，并采取相应的避难措施。

2.森林火灾风险

在森林地区经营民宿可能会面临森林火灾风险。这种风险对民宿经营者来说不可忽视，因为森林火灾具有迅猛和毁灭性的特点。为了减轻森林火灾风险，民宿经营者应该了解当地森林火灾的季节性和频率，学习如何正确使用和存放易燃物品，并配备灭火设备和火灾报警系统。

3.自然灾害救援风险

在自然灾害发生时，民宿经营者可能面临救援不及时和资源短缺等风险。为了应对这些风险，民宿经营者应该与当地政府和专业救援组织建立紧密联系，了解相关的救援计划和流程。此外，民宿经营者还应制订自己的应急计划，包括疏散路线和联系方式，以确保在自然灾害发生时能够及时采取行动。

（二）安全风险

1.火灾风险

火灾风险是民宿运营中最严重的安全风险之一。由于民宿通常容纳的客人较多，且在建筑物中使用诸多电器设备和燃气设施，火灾风险难以忽视。为了有效减少火灾风险，民宿经营者应采取一系列的预防措施。首先，对建筑物进行良好的维护，及时检查电线电器的安全性，并建立灭火系统和布局逃生通道。其次，设立火灾应急计划，培训员工以应对突发情况，并在房间中配备灭火器等灭火设备。此外，民宿经营者还应定期组织员工和客人进行火灾演练，提高应急处理的能力。

2.食品安全风险

食品安全风险是民宿运营中常见的安全风险之一。民宿通常提供早餐，有些甚至提供午餐和晚餐。然而，食品安全问题一旦出现，不仅会影响客人的健康，还可能引发法律纠纷。为此，民宿经营者应建立健全的食品安全管理制度。首先，选择正规的食品供应商，确保食材的安全与健康。其次，切勿使用过期食品，合理控制食品的存放和加工温度，定期检查食品贮存设施的卫生情况。在食品加工过程中，民宿经营者应培训员工关于食品安全的知识，确保操作规范，减少食品污染的风险。

3.突发疾病风险

突发疾病风险是民宿运营中令人担忧的安全风险之一。在民宿中，大量的客人聚集在相对狭小的空间内，容易引发传染性疾病的传播。为了减少突发疾病的风险，民宿经营者应制订卫生管理方案。首先，定期对民宿进行卫生检查，确保房间和公共区域的清洁。其次，加强卫生宣传，提醒客人勤洗手。此外，民宿经营者还可以配备必要的急救设备和常用药品，以便在紧急情况下提供及时的救助。

（三）政策外部风险

1.政府监管风险

政府监管风险是民宿活动风险管理中的一个重要方面。民宿活动涉及住宿、接待、餐饮等多个方面，因此需要政府制定相关法规来规范民宿的运营行为。政府监管的缺失可能导致一系列问题，如民宿经营者不合法经营或违规操作，给客人带来安全隐患。为了降低这一风险，政府应当采取有效措施加强对民宿的监管，加强对民宿经营者的培训和监督，确保民宿经营符合相关法律法规。

2.恶性竞争风险

恶性竞争风险是民宿活动风险管理的另一个重要方面。随着民宿的兴起，市场上涌现出大量的民宿经营者，竞争激烈。在这种情况下，一些经营者可能采取不正当手段来获取竞争优势，如虚假宣传、价格倾销等。这种恶性竞争不仅给其他经营者带来损失，也给客人带来不便和困扰。为了降低这一风险，政府应加强对民宿市场的监管，规范宣传行为和价格行为，维护市场秩序。

3.社会问题风险

社会问题风险是民宿活动风险管理的另一个重要方面。民宿经常是由个人或小团体经营，缺乏对社会问题的敏感性。比如，一些民宿可能存在歧视等问题，给客人带来不良体验。为了避免这种风险，民宿经营者应加强自身的社会责任感，重视客人的需求和权益，营造一个包容、友好的环境。

（四）内部风险

1.人为运营风险

人为因素是内部运营风险的主要来源之一。民宿人员的行为和做法可能会带来一系列的风险。例如，员工不当的工作态度或工作能力不足可能导致服务质量下降，客户投诉增加，客户满意度下降等问题。此外，员工可能存在违规行为，如盗窃或泄露客户信息，这将严重损害民宿的声誉和信誉。

2.合规风险

合规风险也是内部运营风险的一个重要方面。民宿经营者需要遵守相关法律法规和政策规定，如消防、环保、卫生等方面的规定。一旦违反了这些规定，不仅可能面临罚款和行政处罚，还会给民宿的经营造成重大的声誉损害。因此，民宿经营者需要定期了解相关法律法规的变化，并制定相应的操作规范来确保合规。

3.信息管理风险

信息管理风险也是内部运营风险的一个重要方面。随着科技的发展，民宿业务的信息化程度越来越高，这使得民宿经营者面临着信息安全的挑战。客户的个人信息、财务信息和预订信息等都需要得到妥善管理和保护，以防止信息泄露或被不法分子滥用。此外，民宿经营者还需要确保信息系统的正常运行和数据的及时备份，以防止系统故障或数据丢失。

三、民宿活动突发事件应对措施

（一）火灾事故应对流程

1.发现火情及时报警

客房发生火灾时，客房服务人员、管家等在店成员应充分表现出良好的专业服务能力和紧急应变能力，沉着冷静地按平时防火训练的规定要求迅速行动，确保人身财产安全，努力使损失减少到最低程度。

客房服务人员、管家等在店成员应利用手机或最近的电话机拨打119报警。报警的内容包括起火具体地点、燃烧物、火势程度等。

2.及时扑救

如果火势较小并且可控，可以利用水以及灭火器、消防栓等器材控制火势，并尽力将其扑灭。

3.疏散宾客

如无法控制火情，应迅速有步骤地组织疏散，以免遭受重大伤亡。听到疏散信号时，在店工作人员应立即到楼道上协助宾客从最近的消防通道撤离。在疏散时要通知客人走最近的通道，千万不能使用电梯。一般应将事先准备好的"请勿乘电梯"的牌子放在电梯前，并将电梯锁住。每层楼梯口、通道口都要有人把守指挥，以便为客人引路，避免大量客人涌向一个出口，造成踩踏事故。帮助老弱病残、行动不便的客人离房。管家要逐间查房，确认房内无人，并在房门上做好记号。人员撤离至指定地点后，管家组织人员查点客人。如有下落不明或还未撤离人员，应立即通知消防队员。

4.善后处理

扑灭火灾后，应注意保护火灾现场。查明或协助查明火灾原因，核实或清查火灾损失情况。安排清洁人员清理地面水渍、走廊地毯等。

（二）失盗处理应对流程

1.立即报案

如果发生失盗事件，民宿经营者或员工应立即报警，并提供详细的案发情况，包括时间、地点、失窃物品等信息。同时，应确保住客的人身安全，避免进一步的损失。

2.保留现场证据

在等待警察到达之前，民宿经营者或员工应保护好现场，不要擅自清理或移动物品。如果可能，可以通过监控录像或照片等方式记录现场情况，以便警方调查和取证。

3.协助警方调查

警方到达后，民宿经营者或员工应积极配合警方的工作，提供必要的协助。在警方调查期间，应尽量减少住客的出入，以确保现场的安全和完整性。

4.与保险公司联系

民宿经营者或员工应立即联系保险公司，报告失窃事件，并按照保险公司的要求提供相应的证明和文件。保险公司将根据合同约定进行理赔处理，减少经济损失。

5.安抚住客情绪

失窃事件对住客的心理冲击不可忽视，民宿经营者或员工应及时安抚住客的情绪，提供必要的帮助和支持。可以通过提供补偿、更换住宿等方式，恢复住客的信心和满意度。

（三）食品安全突发事件应对流程

1.停止食用食品

立即停止相关食品的使用或销售以防止食品安全问题进一步扩散。同时，必须保留相关食品的样本作为证据，以便进一步调查和处理。

2.确认原因

确认发生食品安全事件的原因，并采取相应的措施进行解决。例如，如果发现食品受到污染，需要立即清理并消毒受到污染的区域。

3.及时上报

通知相关部门，如卫生监督部门、食品安全监管部门等，并根据相关规定进行上报，配合相关部门的调查和处理。同时，及时向民宿的相关人员和客人提供相关信息，保障信息传递的畅通性和及时性。

4.安抚与补偿

对受到食品安全事件影响的客人进行安抚，并避免其他不良后果的发生；同时，要对受影响的客人进行合理的补偿，以保障他们的权益和民宿的声誉。对造成食品安全事件的责任人进行处理。

5.评估与防范

汇总整理食品安全事件的处理经验，进行总结和反思，以便提高民宿的食品安全管理水平，并进行相关的风险评估和采取防范措施，以减少类似事件的发生。

四、民宿活动安全预警机制

（一）火灾预警机制

1.安装火灾报警系统

一个完善的民宿活动火灾预警机制需要一个可靠的火灾报警系统。民宿中的每个房间和公共区域都应装有火灾报警器，并定期进行维护和测试，确保其正常运作。一旦有火灾发生，火灾报警器会及时地发出声音和光线警报，提醒住客及时撤离。

2.组织消防培训和演习

民宿经营者应定期组织消防培训和演习，提高员工和住客的火灾防范意识和逃生技能。培训内容应包括火灾的危害性、火灾的原因和分类、火灾发生时的应急处理方法等。此外，演习可以模拟火灾情况，让员工和住客有亲身经历，以增强应对火灾的能力和冷静应对的能力。

3.建立报警系统

民宿应建立完善的火灾报警系统，确保火灾一旦发生能及时获得报警信息并启动应急预案。报警系统可以包括烟感报警器、火灾自动报警系统等，这些设备应进行定期检查和维护，确保其功能正常。此外，民宿还可以与当地消防部门建立联系，使消防部门能够及时接收到火灾报警信息，并进行快速处置。

4.制订详细的火灾逃生计划

民宿经营者需要制订详细的火灾逃生计划，并将其张贴在易于看见的位置，如每个房间和公共区域的墙壁上。火灾逃生计划应包括各个区域的灭火器和灭火器的使用方法，逃生通道和集合点的位置，以及应急联系电话。住客在入住时应被告知这些信息，并且定期进行紧急疏散演练。

（二）防盗预警机制

1.安装监控摄像头

为了提高民宿活动的安全性，民宿经营者应考虑安装监控摄像头。监控摄像头能够在客人入住期间将活动情况实时录像，为异常情况或不法分子入侵时提供重要线索。此外，监控摄像头还可以作为预防措施，吓阻潜在的盗窃者。对于一些隐蔽的区域，暗藏玄机的监控摄像头更能发挥作用，如民宿内部的隐蔽角落或入口处的盲区。

2.配备电子锁和报警器

除了监控摄像头，民宿活动的防盗预警机制还包括配备电子锁和报警器。电子锁能够提供更高的安全级别，防止盗窃者进入民宿内部。而报警器则是在发生入侵行为时立即发出警报，通知民宿业主和当地警察。这样，不仅能够迅速采取应对措施，还能够起到震慑不法分子的作用，提高民宿的整体安全水平。

3.建立紧急联系机制

除了技术手段的防护，建立紧急联系机制也是非常重要的。民宿经营者应建立与当地警察、医院和紧急救援组织的紧密合作关系，以确保在紧急情况下能够及时获得帮助。常见的方式包括电话、短信和即时通信工具等。此外，在入住前，还可以向客人提供民宿安全指南，让客人了解如何应对突发状况，并告知他们紧急联系机制的相关信息，以便及时报警和求助。

（三）食品应急事件预案

1.建立完善的食品安全管理制度

民宿经营者应当建立完善的食品安全管理制度，包括确定食品安全责任人，明确食品安全管理的职责，并制定相应的管理规程和标准。同时，民宿应当组织培训，确保所有从业人员具备食品安全知识和应急处理能力。

2.加强对食品供应商的选择和管理

民宿经营者应当注重对食品供应商的选择，确保所采购的食品符合相关的食品安全标准。同时，民宿应当定期对厨房设施和设备进行检查和维护，确保其正常运行。

3.建立食品安全事故报告制度

民宿经营者发现食品安全问题时应立即上报，并根据情况采取相应的措施，包括停止使用有问题的食品、采取隔离措施等，以减少食品安全事件的扩散和影响。

4.建立食品安全管理体系

民宿经营者应制定和实施食品安全管理体系，包括建立检测和监测措施，确保食品符合安全要求。可以委托专业机构对食品进行检测和抽检，并建立相应的记录和档案。

做一做 2-5-3

制订民宿活动安全预案

步骤一：风险评估

明确素材库的目标，并确定所需的内容类型和范围，如活动策划案、宣传材料、图片、视频等。在制作安全预案之前，需要进行风险评估，明确潜在的风险及其可能带来的影响。评估对象包括环境因素、人员因素、设备因素等。通过进行全面的风险评估，可以更好地掌握民宿活动的安全情况，从而有针对性地制订预案。

步骤二：制定安全策略

基于风险评估的结果，制定相应的安全策略是非常关键的一步。应针对各种可能的风险，参考有关的行业规定，制定相应的防范措施和应急处理方法。例如，针对火灾等危险，必须设置灭火器、疏散通道等设施，并进行定期维护和检查；针对突发事件，制订相应的应急预案，明确相关人员的职责分工。

步骤三：制订安全预案

制订好的安全预案需要被民宿的工作人员熟知和掌握。因此，培训和演练是必不可少的环节。可以组织相关培训课程，包括安全知识的普及、预案的详细介绍和操作技巧的培训等。定期组织演练，模拟各种紧急情况，检验预案的可行性和完整性。

实务参考 2-5-3

灭火器使用的注意事项

1.牢记四字口诀："提拔压握"。提：提起灭火器摇一摇；拔：拔出灭火器的保险销；压：保持适当距离，按压手柄；握：握住喷管对准火焰根部（如图 2-5-2 所示）。

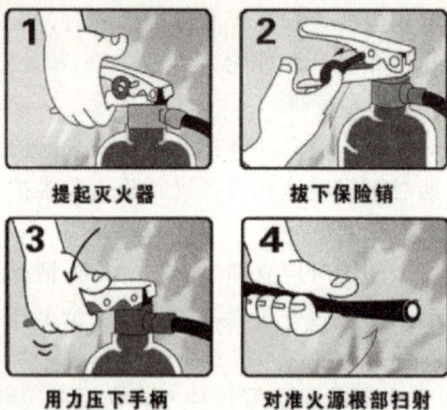

图2-5-2　灭火器的使用方法

2.扑救火灾时要站在着火部位的上风或侧风方向，以避免火灾对身体造成威胁。

3.使用手提式灭火器灭火时，多数需要保持罐体直立，切不可将灭火器平放或颠倒使用，以防驱动气体泄漏，中断喷射。

4.使用泡沫灭火器扑救可燃液体火灾时，如果液体呈流淌状，喷射的泡沫应从着火区边缘由远而近地覆盖在液体表面。如果是容器中的液体着火，应将泡沫喷射在容器的内壁上，使泡沫沿容器内壁流入液体表面加以覆盖。要避免将泡沫直接喷射在液体表面，以防射流的冲击力将液体冲出容器而扩大燃烧范围，增加扑救难度。

5.使用二氧化碳灭火器时应佩戴防护手套，未佩戴时不要直接用手握灭火器喷筒或金属管，以防冻伤。

视频分享
2-5-3

儿童消防
演习

资料来源：佚名.灭火器的正确使用方法，关键时刻用得上！[EB/OL].[2021-08-09]. https://www.119.gov.cn/kp/hzyf/jt/2022/19951.shtml；过聚荣.旅游民宿经营实务[M].北京：社会科学文献出版社，2018.

评一评2-5-3

根据学生在任务实施中的表现完成本任务评价表（见表2-5-3），可以此作为该任务学习的成绩参考基础。

表2-5-3　　　　　制订民宿活动安全预案任务评价参考表

评价项目	评价标准	分值	得分
步骤一：风险评估	•全面性：风险评估是否覆盖民宿活动的各个方面，包括设施、设备、人员、环境等，确保不会遗漏潜在风险 •专业性：风险评估是否由专业人员或有经验的人员进行，以确保评估的准确性和可靠性 •标准化：风险评估是否根据相关标准和规范进行，以确保评估结果的可比性和统一性	20	

续表

评价项目	评价标准	分值	得分
步骤二：制定安全策略	• 目标明确：安全策略是否符合民宿活动的安全目标，并确保与实际情况相符合 • 可操作性：所制定的安全策略是否具备可操作性，包括明确的行动指南、责任分工和资源配备等	20	
步骤三：制订安全预案	• 完备性：是否全面覆盖各类可能的安全风险和突发事件，确保对各种情况都有相应的应对措施 • 清晰明确：安全预案是否具备清晰明确的指导意义，以便在紧急情况下能够迅速行动 • 可操作性：安全预案是否具备可操作性，即在实施过程中可行且有效	60	

【参考文献】

1.刘霖. 扶贫视域下设计参与乡村民宿旅游的策略研究［D］. 长沙：湖南大学，2020.

2.佚名. 文化和旅游部 教育部 自然资源部 农业农村部 国家乡村振兴局 国家开发银行关于推动文化产业赋能乡村振兴的意见［EB/OL］.［2023-10-27］. https://www.gov.cn/zhengce/zhengceku/2022-04/07/content_5683910.htm.

3.中国现代农业暨农业产业化高峰论坛.国内首个成功田园综合体案例剖析——无锡田园东方［EB/OL］.［2023-10-28］. https://www.sohu.com/a/403283353_776128.

4.临夏市融媒体中心. 乡村振兴之乡村产业振兴十种模式［EB/OL］.［2023-10-28］. https://www.thepaper.cn/newsDetail_forward_11519265.

5.浙江省发展改革委.莫干山"民宿发展模式"［EB/OL］.［2022-09-16］. https://www.ndrc.gov.cn/fggz/nyncjj/xczx/202209/t20220916_1335606.html.

6.佚名. 舌尖上的民宿：下好"餐饮"这步棋，对于民宿而言实在是太重要了［EB/OL］.［2023-10-28］. https://www.163.com/dy/article/H91I8B1205198DT6.html.

7.周华斌，徐智燕. 浅谈民宿（农家乐）消防安全管理现状及对策［J］. 四川建材，2022，48（10）：231-232.

8.张海霞，艾旭春. 喀什民宿消防安全管理现状及对策研究［J］. 消防界（电子版），2020，6（21）：67-68.

项目六
精打细算——核算民宿活动成本

　　民宿活动成本核算涉及多个方面，包括场地租赁、工作人员薪酬、食材采购、活动道具、文化展示物品、纪念品制作等费用。在核算过程中，需要详细记录每一项支出，并考虑潜在的额外费用。同时，要合理评估每个环节的成本效益，确保活动质量与成本相匹配。成本核算的精准性对于活动的可持续经营和盈利能力至关重要，能够为民宿经营者做出更明智的经营决策提供切实帮助。

【项目导图】

任务一 明确民宿活动成本类别

民宿活动成本涉及范围广，明确划分各项成本对于有效管理民宿运营、制定预算及实现盈利至关重要。

【知识目标】

1.理解民宿活动成本的基本概念和原则。

2.掌握不同类型活动成本的分类和计算方法。

3.理解民宿活动成本结构和关键成本要素。

【能力目标】

1.能够识别和分析民宿活动的各项成本，包括直接成本和间接成本。

2.能够使用适当的工具和方法计算成本，如成本核算表和成本分析方法。

3.能够制定成本控制策略，以提高民宿活动的盈利能力。

4.能够为决策提供关于成本的信息和建议。

【素养目标】

1.培养学生对财务管理和成本控制的责任感和敬业精神。

2.提高学生的问题解决和分析能力，以应对复杂的成本管理挑战。

3.增强学生的团队协作和沟通能力，以有效管理和协调不同合作主体之间的成本。

学一学 2-6-1

一、民宿活动成本的概念

民宿活动成本是指在民宿开展活动过程中产生的各种费用，以提供特定的活动体验和服务。常见的活动成本包括员工工资、材料采购费用、设备租赁费用、场地费用、宣传和推广开支等。了解和管理这些成本对于确保活动产品的质量和盈利能力至关重要。通过有效的成本控制，民宿可以提供高质量的活动产品，同时保持竞争力和客户满意度。

二、民宿活动成本的类别

一般来说，民宿活动的成本包括人力成本、租赁费、物料采购费、搬运费、水电费、交通费、执行费用、宣传推广费及税费等（如图2-6-1所示），成本必须在合理的收费中得到合理的体现，以保证民宿的盈利能力。但并不是说民宿每一场的活动成本一定都包含以上全部内容，比如活动是在自家民宿场地举行，且活动是由民宿管家来执行完成，那这场活动就没有场地租赁费、交通费以及额外的人力成本了。

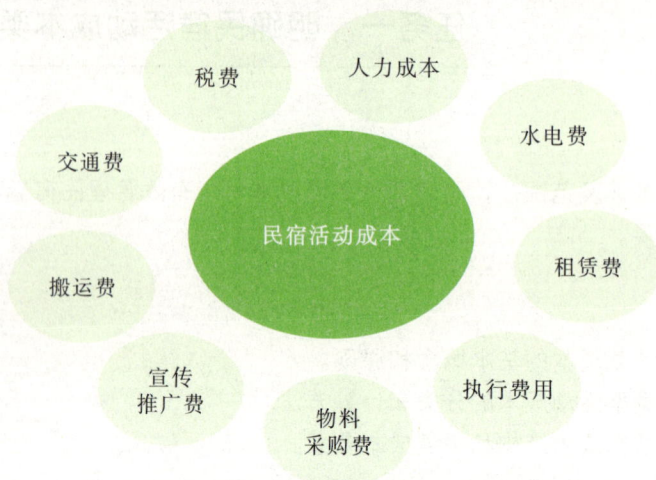

图 2-6-1　民宿活动成本类型图

（一）人力成本

这是指民宿活动执行人员的费用，一般不包含民宿内部员工成本，是指需要聘请的临时工作人员或者活动执行老师等民宿外的人员费用。因为不管民宿是否开展活动，民宿的人员工资都是固定开支。人工费用包括活动策划师、执行人员、导游、厨师等员工的工资、加班费、社会保险、培训成本等。这些成本与活动的顺利执行和客户满意度密切相关，因为员工的表现直接影响到活动的品质和效果。因此，管理和优化民宿活动人工成本是确保民宿活动产品营利性的重要一环，同时也要确保员工获得合理的报酬和福利待遇，以提高他们的工作满意度和忠诚度。

（二）场地与设备租赁成本

租赁包括场地租赁及设备租赁。有些活动民宿场地无法支撑，那就需要租赁合适的场地；有些设备不是民宿长期使用的，仅仅是某一两个活动需要的，民宿就不用购买，可以尽量在外面租赁，比如专业的演唱会级别的音响。民宿活动产品的场地与设备直接影响活动的顺利进行和客户体验，既需要考虑场地和设备的适用性，又需要满足活动的具体需求。通过谨慎选择租赁供应商、合理协商价格和保证设备的正常运作，可以有效控制这些成本，确保活动在预算内完成。

（三）物资成本

物资成本是指为了支持活动所需的各种物理资源和材料所产生的费用，包括食材、装饰、道具、纪念品等的采购成本，以及活动执行过程中使用的水、电、燃气的成本。任何活动都需要各类活动物资，比如手工类活动的材料、烘焙活动的食材等，都需要在外采购。民宿活动物资成本的管理和控制对于维持活动的高质量和成本效益至关重要。

（四）宣传推广成本

民宿活动的宣传推广成本包括用于推广、市场营销、广告、公关、社交媒体宣传等的各种费用。该项成本是为了吸引目标受众，提高活动知名度和吸引参与者。通过巧妙的广告策略、社交媒体推广和定向宣传，可以最大程度地提高活动的曝光度和吸引力。同时，需要在这些活动上保持预算控制，确保获得最佳的投资回报，提高活动的参与率和盈利潜力。

（五）交通与运输成本

民宿活动的交通与运输成本是指与参与者的出行和活动物资的运输相关的费用。包括租用交通工具如大巴、小巴或出租车，以及购买或租赁装备的运输费用。为确保参与者的安全和方便，需要科学安排交通方式，为活动提供良好的出行体验，同时优化运输路线，这有助于降低成本、提高效率。

（六）管理与执行费用

民宿活动的管理与执行费用是指用于组织、协调、管理和行政支持活动的各种开支，包括活动培训费用，办公设备和用品的采购成本，以及与活动策划和执行相关的费用，如会议室租赁、文件处理和通信成本等。有效管理和控制这些费用对于确保活动的高效运作和预算的合理性至关重要。通过细化和合理分配这些开支，可以提高活动的质量，确保资源的充分利用，并满足参与者的期望。

做一做 2-6-1

民宿活动成本调研

进行民宿活动产品成本调研是确保活动的经济可行性和预算有效管理的关键步骤。

步骤一：人力成本调研

1.调查员工工资结构，包括工资水平、奖金和津贴。

2.分析员工的工时和工作职责，以进行人力资源的合理利用。

3.调查员工培训和发展成本，包括课程费用和培训材料成本。

4.比较各种员工职位的市场薪酬水平，确保员工的薪酬合理，具有竞争力。

步骤二：场地与设备租赁成本调研

1.确定所需场地和设备，包括租赁期限和租金。

2.调查不同供应商的租金费用，以获取最有竞争力的报价。

3.考虑额外费用，如清洁、维护和保险。

4.检查租赁合同的条款，以确保没有隐藏成本或费用。

步骤三：物资成本调研

1.制定清单，详细列出所需的物资和资源。

2.调查各个供应商的物资价格和质量。

3.考虑采购数量和时间安排，以获得最佳价格。

4.确定物资的质量标准，以确保符合活动需求。

步骤四：宣传推广成本调研

1.制订宣传计划，包括广告、社交媒体宣传、印刷品制作等。

2.评估广告和宣传渠道的费用，以确定最具成本效益的选择。

3.调查广告代理商和宣传公司的报价。

4.考虑宣传材料的制作成本，如海报、手册、名片等。

步骤五：交通与运输成本调研

1.评估参与者的交通和运输需求，包括交通工具和路线。

2.比较不同交通方式的费用，如汽车、飞机、火车或公共交通。

3.考虑与住宿和餐饮相关的运输费用，以确保全面了解交通成本。

4.确保预算中包含燃料费、停车费及其他相关费用。

步骤六：管理与执行费用调研

1.制定详细的费用预算，包括所有管理和执行费用。

视频分享
2-6-1

2.确定会议或活动策划人员的薪酬和福利成本。

3.考虑会场租金、设备租赁、技术支持和其他执行费用。

4.比较不同供应商的报价，以确保成本在可接受范围内。

省钱团建
活动推荐

步骤七：撰写民宿活动成本调研报告

撰写成本调研报告，包括调研目的、成本费用分析、调研方法、改进建议等。

评一评2-6-1

根据学生在任务实施中的表现完成本任务评价表（见表2-6-1），可以此作为该任务学习的成绩参考基础。

表2-6-1　　　　　　　民宿活动成本调研任务评价参考表

评价项目	评价标准	分值	得分
步骤一：人力成本调研	• 数据完整性：员工工资、培训费用、奖金等数据是否详尽 • 数据准确性：薪酬和工时数据是否准确无误 • 市场竞争力：员工薪酬与市场水平相比是否具有竞争力 • 分析和建议：提供员工成本分析，进行合理的薪酬建议	15	
步骤二：场地与设备租赁成本调研	• 租赁合同分析：租赁合同是否清晰，是否包含隐藏费用 • 供应商比较：不同供应商租金费用和条款的比较 • 额外费用考虑：是否考虑了清洁、维护和保险等额外费用 • 成本合理性：租赁成本是否在合理范围内	15	

续表

评价项目	评价标准	分值	得分
步骤三：物资成本调研	• 物资清单完整性：是否详细列出了所需的物资和资源 • 供应商调查：物资价格和质量是否向供应商进行了详细调查 • 采购策略：是否考虑了采购数量和时间安排的最佳策略	15	
步骤四：宣传推广成本调研	• 宣传计划分析：宣传计划是否明确，包括广告、社交媒体、印刷品和宣传活动 • 渠道费用评估：进行各宣传渠道费用的评估，以确定成本效益最高的选择 • 报价比较：对于广告代理商和宣传公司的报价是否进行了比较 • 制作成本考虑：是否考虑了宣传材料制作成本，如海报、手册、名片等	15	
步骤五：交通与运输成本调研	• 交通需求分析：对于参与者的交通和运输需求是否进行了详细分析 • 各种交通方式费用比较：汽车、飞机、火车或公共交通等不同交通方式的费用比较 • 运输费用全面性：与住宿和餐饮相关的运输费用是否全面考虑 • 预算合理性：预算是否包括了燃料、停车费和其他相关费用	15	
步骤六：管理与执行费用调研	• 预算合理性：详细预算计划是否清晰，是否包括所有管理和执行费用 • 管理人员薪酬分析：会议或活动策划人员的薪酬和福利成本是否详细分析 • 合同和供应商评估：会场租金、设备租赁、技术支持等合同和供应商评估 • 成本合理性：管理与执行费用是否在预算范围内	15	
步骤七：撰写民宿活动成本调研报告	• 报告完整性：报告是否包含对以上六项成本及费用的详尽分析 • 数据可信度：数据来源和分析方法的可信度 • 建议可行性：报告是否提供具体的建议和改进建议 • 报告逻辑性：报告结构和逻辑是否清晰，易于理解	10	

<h1 style="text-align:center">任务二　估算民宿活动成本</h1>

在民宿活动策划阶段，民宿管理者需要对开发、组织、实施民宿活动的成本项目做好预算，提高财务决策的准确性。

【知识目标】

1. 了解民宿活动成本估算的含义。
2. 理解民宿活动成本估算的原则。
3. 掌握民宿活动成本核算方法。

【能力目标】

1. 培养学生辨别和区分民宿活动成本的技能。
2. 培养学员掌握成本计算和预算编制的方法。

【素养目标】

1. 提升学生的财务素养，能够理解和运用财务术语，熟练处理与民宿活动成本估算相关的财务数据，提高财务决策的能力。
2. 培养创新思维，能够灵活运用不同的成本估算方法，提出创新性的成本控制策略，为提升活动效益提供新思路。
3. 培养学生综合能力，通过将成本估算与活动质量、盈利能力等综合起来考虑，能够做出全局性的经营决策，为民宿活动的整体开展贡献智慧。

学一学2-6-2

一、民宿活动成本估算的含义

民宿活动成本估算是指对开发、组织、实施民宿活动的成本进行预测和核算，包括人工成本、场地设备租赁、材料采购、营销推广等成本项目。通过活动成本估算，有助于民宿经营者在活动策划阶段对投入产出进行合理预判，避免盲目支出，提高民宿活动盈利能力。

二、民宿活动成本估算的原则

（一）市场需求

民宿活动的成本估算需要考虑到市场需求。了解市场对活动的需求情况，以及竞争对手的活动产品成本和价格水平，可以帮助民宿经营者确定合理的成本水平，以确保民宿活动具有竞争力。

（二）利润目标

民宿活动的成本估算需要考虑到利润目标。民宿经营者需要确定活动应该赚取的利润水平，并根据此目标来估算活动的成本，确保活动的成本不超过市场价格，同时能够实现利润目标。

（三）实际情况

民宿活动产品的成本估算需要考虑实际情况，包括所需的材料、人工、设备和其他资源。同时，还需要考虑到生产过程中的损耗和不良品率，以确保成本估算的准确性。

（四）合理投入

民宿活动产品的成本估算需要考虑合理投入。需要根据产品的实际情况，确定合理的投入水平。包括材料采购、设备使用、人工投入和其他资源的使用。确保投入能够满足产品的质量和数量需求，同时不浪费资源。

（五）季节性因素

民宿活动产品的成本估算需要考虑季节性因素。季节性因素可能影响产品的生产和销售情况，因此需要在成本估算中考虑到这些因素。例如，某些季节可能需要更多的材料或人工投入，或者需要额外的物流费用来应对销售量的变化。在成本估算中考虑到这些因素，可以更好地应对市场变化和销售波动。

三、民宿活动成本估算的方法

（一）历史成本法

历史成本法是一种基于历史数据的成本估算方法，通过分析过去类似民宿活动的成本数据，可以估算出民宿活动的成本。历史成本法通常需要考虑通货膨胀、季节性因素和市场需求等因素。

（二）市场调查法

市场调查法是一种通过市场调研和数据分析来估算民宿活动成本的方法。通过了解市场上类似民宿活动的成本构成和支出情况，可以估算出本次民宿活动的成本。市场调查法通常需要考虑市场供求关系、竞争对手的情况和目标客户的需求等因素。

（三）专家咨询法

专家咨询法是一种通过请教专业人士或咨询机构来估算民宿活动成本的方法。通过向相关领域的专家或机构咨询，可以获得更加准确和专业的成本估算。专家咨询法通常需要考虑专家的资质、经验和行业背景等因素。

（四）参数法

参数法是一种基于参数模型的估算方法，通过建立数学模型，将影响成本的因素作为参数，可以估算出民宿活动的成本。参数法通常需要考虑影响成本的各种因素，如场地租赁费用、装修及设施费用、食品与饮料等物资费用等。

（五）经验法

经验法是一种基于个人经验和实践的估算方法，通过总结和积累经验，可以估算出民宿活动的成本。经验法通常需要考虑活动类型、规模和实施方式等因素。

做一做 2-6-2

民宿活动成本估算

步骤一：确定活动类型

首先需要确定民宿活动的类型，例如是会议、婚礼、展览还是其他类型的活动。不同类型的活动会有不同的成本构成和预算要求。

步骤二：评估活动规模与需求

了解民宿活动的规模和参与人数，以便评估所需的场地规模、物资的数量。规模的大小直接影响到活动的成本和预算。

步骤三：调研民宿活动成本的类型与价格

首先，需要了解不同类型的民宿活动及其相应的成本构成，包括场地租赁、装修及设施、食品与饮料、活动策划与组织、劳动力成本、保险与安保、营销与宣传以及其他费用。其次，针对每一种成本类型，需要展开调研，了解市场行情和价格水平，进行对比分析，评估合理性。

步骤四：制订民宿活动成本预算方案

基于调研结果，进行对比分析，确定各项成本的合理价格，制订预算方案，确保预算能够满足活动需求且具有竞争力。

实务参考 2-6-1

20人团建预算方案怎么做？

团队建设是提高员工凝聚力、团队协作能力和工作效率的重要手段之一。在进行团队建设活动之前，编制合理的预算方案是必不可少的。以下将从团建活动项目、费用分类、预算编制步骤等方面介绍20人团建预算方案的制订。

一、团建活动项目

团队建设活动可以选择多种形式和内容，根据团队自身的需求和预算限制，合理确定团建项目。以下是一些常见的团建活动项目参考：

1.户外拓展活动，如登山、骑行、露营、求生体验等；

2.团队竞技活动，如足球、篮球、接力赛、定向越野等；

3.创意合作活动，如DIY手工制作、艺术创作、团队益智游戏等；

4.文化体验活动，如博物馆参观、文化展示、文化交流等；

5.团队旅行，如度假村、景区旅游、海岛游等。

二、费用分类

在编制团建预算方案时，需要对费用进行明确的分类，以确保预算的准确性和合理性。常见的费用分类如下：

1.场地费用，包括租金、活动场地的使用费用等；

2.餐饮费用，包括用餐费用、饮品费用等；

3.交通费用，包括往返交通费用、活动期间的交通费用等；

4.活动设备费用，如拓展设备租赁费用、项目道具费用等；

5.保险费用，包括参与活动的成员的保险费用；

6.其他费用，如礼品购买费用、颁奖品费用等。

三、预算编制步骤

根据团建活动项目和费用分类，制订预算方案的具体步骤如下：

1.确定活动项目，根据团队需求和预算限制，确定适合的团建活动项目；

2.估计人员数量，确定参与活动的人数，以此为基础进行后续费用预算；

3.调研场地选择，了解不同场地的价格和服务质量，选择适合的活动场地；

4.估算场地费用，根据选定的场地，与场地管理方洽谈价格并估算出场地费用；

5.确定餐饮标准，根据预算和活动需要，确定餐饮的具体标准和价格；

6.估算餐饮费用，根据确定的餐饮标准，估算出预计的餐饮费用；

7.考虑交通安排，根据活动地点和参与人员的出发地，确定交通方式和费用；

8.估算交通费用，根据交通安排，估算出预计的交通费用；

9.确定活动设备，根据团建活动项目，确定需要租赁或购买的活动设备；

10.估算设备费用，根据设备的租赁价格或购买费用，估算出预计的设备费用；

11.购买保险，根据活动的风险程度，购买适当的保险以确保参与成员的安全；

12.估算保险费用，根据保险方案和人数，估算出预计的保险费用；

13.计算其他费用，根据团建活动的具体需求，计算出预计的其他费用；

14.汇总各项费用，将上述各项费用进行汇总，得出预算总费用；

15.留出预算余地，根据经验，留出一定的预算余地应对可能的额外开支；

16.编制预算报告，按照固定格式编制预算报告，列出各项预算和总费用明细。

视频分享
2-6-2

团建活动
预算编制

四、总结

制订20人团建预算方案需要充分考虑团队的需求和预算的合理性。通过明确团建活动项目，合理进行费用分类并按照预算编制步骤制订预算方案，能够确保团建活动顺利进行，并对团队建设起到积极的推动作用。

评一评2-6-2

根据学生在任务实施中的表现完成本任务评价表（见表2-6-2），可以此作为该任务学习的成绩参考基础。

表2-6-2 民宿活动成本估算任务评价参考表

评价项目	评价标准	分值	得分
步骤一：确定活动类型	• 准确性：是否准确确定了活动的类型 • 全面性：是否考虑了所有可能的活动类型	25	
步骤二：评估活动规模与需求	• 详细性：是否详细评估了活动的规模和需求 • 客观性：评估是否基于客观的事实和数据 • 可行性：评估是否考虑了实际可行的因素	25	
步骤三：调研民宿活动成本的类型与价格	• 全面性：是否全面调研了民宿活动成本的类型和价格 • 准确性：调研结果是否准确可靠 • 合理性：调研是否考虑了市场行情和实际情况	25	
步骤四：制订民宿活动成本预算方案	• 详细性：预算方案是否详细列出了各项成本 • 合理性：预算方案是否考虑了实际情况和财务可行性 • 可执行性：预算方案是否具有实际可执行性	25	

任务三 制定民宿活动费用预算表和价格

制定民宿活动费用预算表和价格是一个细致且重要的过程，它直接关系到民宿活动的资源分配和盈利能力，甚至可持续发展。

【知识目标】

1.理解制定民宿活动费用预算表的关键因素。

2.学会价格策略的制定和调整。

3.掌握利润分析，提高活动价格制定的精准性。

【能力目标】

1.熟练运用电子表格工具制定民宿活动费用预算表。

2.掌握市场调研技能，制定合理的价格策略。

3.运用成本效益分析调整价格方案。

【素养目标】

1. 提升财务素养，理解活动成本对民宿经济的影响。
2. 提升市场素养，学会灵活调整价格以适应竞争环境。
3. 提高战略思维，能在复杂情境下综合考虑利润和市场需求，做出明智决策。

学一学 2-6-3

一、民宿活动费用预算表的概念

民宿活动预算表是为了规划和筹备一次成功的民宿活动而设计的预算表格，是规划与筹备民宿活动的重要财务工具，通过这张表格，可以预估和分配活动中所需的各种费用。

二、民宿活动费用预算表构成要素

（一）活动基本信息

列出活动的名称，以便于识别和描述；列出活动的日期和时间，包括开始时间和结束时间；列出活动举办的地点，包括场所名称、地址和布局等信息；列出预计参加活动的人数，以便于安排场地、餐饮和交通等方面的预算。

（二）活动费用种类列项信息

民宿活动费用中人工、场地、设施设备、交通、餐饮、保险、宣传推广等各类支出项目的明细需要罗列清晰且需要分级罗列，明确列出单价、数量和总价，包括各项费用的小计和总计。说明费用的来源，如自筹资金、赞助商赞助费、报名费等，如有必要，还需列出未来计划的支付方式，如现金、银行转账、支付宝等。此外，须留出备注区域，用于添加备注或说明信息，如特殊要求、注意事项、相关负责人等。

民宿活动负责人员可根据实际需要，在预算表中添加其他信息，如地点、参与人数等。合理设计预算表样式，可以帮助组织者更好地规划和管理活动的费用支出。

表2-6-3至表2-6-6给出了4个活动经费预算示例。

表2-6-3 **活动经费预算表示例（一）**

项　　目	单位和数量	备　　注	总价/元
剪彩道具	1套	剪刀、彩带和彩球、托盘	300
花篮	6个		600
礼仪人员	3位	托彩2人，递剪刀1人	600
主持人	1位		1 000
红地毯	10米	租赁	1 000
户外音响	1套	租赁	300
合　　计			3 800

表 2-6-4　　　　　　　　　**活动经费预算表示例（二）**

类　别	项　目	单位和数量	备　注	总价/元
我方代为购买	剪彩道具	1套	剪刀、彩带和彩球、托盘	300
	花篮	6个		600
税费	税费	1份	按照6%计算	54
我方提供服务	礼仪人员	3位	托彩2人，递剪刀1人	600
	主持人	1位		1 000
	红地毯	10米	租赁	1 000
	户外音响	1套	租赁	300
合　计				3 854

表 2-6-5　　　　　　　　　**活动经费预算表示例（三）**

团建经费预算（预估）
根据××年春季集训费用预算预估。
一、参会人数暂按××人计
二、会议日期：20××年5月21—22天（共2天），20××年11月15—16日（共2天）
三、会议地点：　　　　　　酒店

20××年××月××日

编号	项目	项目说明		计算依据				预算费用小计（元）	备注
		单位	金额（元）	套/间	天	人	次		
1	住宿费	双床间	150	1	1	1	2	300	含早餐
2	会场租金	茶餐厅	50	1	1	1	2	100	
3	餐费	午餐	80	1	1	1	2	160	
		晚餐	100	1	1	1	2	200	
		茶歇	20	1	1	1	2	40	
		酒水饮料	50	1	1	1	2	100	自带酒水、瓜果
		小计						900	
4	摄影	摄影	10	1	1	1	2	20	
5	办公用品	办公用品	5	1	1	1	2	10	
		饮用水	5	1	1	1	2	10	
		食品	20	1	1	1	2	40	
		小计						80	
6	纪念品	水杯等	50	1	1	1	2	100	
7	其他	其他不可预见费用	10	1	1	1	2	20	
		小计						120	
预算总计								1 100	

表 2-6-6　　　　　　　　　**活动经费预算表示例（四）**

×××年××民宿××活动费用预算表

制表人：

序号	成本类别	成本内容	数量	单价（元）	总金额（元）	备注
1						
2						
3						
4						
5						
6						
7						
8						
9						
10						
11						
12						
13						
14						
15						
16						
合计						

三、影响民宿活动定价的因素

（一）成本与利润

民宿活动定价受成本与利润因素的双重影响。在成本方面应考虑场地租金、人员薪酬、食材采购等直接成本，以及固定成本的分摊。理性定价要确保这些成本得到覆盖，并留有利润空间。同时，需要考虑市场对价格的接受度，以平衡吸引客户和维持盈利。制定合理的成本与利润目标，是确保民宿活动长期可持续发展的关键。

（二）市场价格

民宿活动定价受多方面因素影响，其中市场价格是关键因素之一。市场价格反映了同类服务的普遍水平，包括竞争对手的价格、行业标准以及目标客户的支付能力。了解市场价格有助于制定具有竞争力的价格策略。同时，应密切关注市场价格的波动，随时调整定价策略以适应市场需求的变化，确保在竞争激烈的环境中取得市场份额。

（三）活动类型与质量

民宿活动定价受活动类型与质量因素的影响显著。独特、高品质的活动可支持更高的价格，反映在精心设计、优质服务及独特体验上。活动类型也决定了客户对于价格的期望，需要考虑其愿意支付的范围。因此，理解活动的独特性与质量水平，是确保定价既能吸引客户，又能维持活动价值的关键。

（四）客户群体

客户群体因素对民宿活动定价至关重要。要了解民宿活动目标客户的支付能力、偏好和消费心理，以确定价格的合理性。差异化客户群体可能对活动有不同的期望，因此可根据不同群体制定灵活的价格策略。同时，建立与客户的良好沟通，获取他们的反馈，有助于调整定价以满足客户期望，提升满意度，从而增强客户忠诚度。

（五）法律法规

法律法规因素对民宿活动定价有重要影响。合规定价须遵循当地税收政策、消费者权益类法律法规，防范潜在的法律风险。同时，了解关于价格歧视、虚假宣传等方面的法律法规，确保活动的定价策略符合法定要求，维护企业声誉。深入理解法律法规，有助于制定透明公正的价格政策，建立可靠的法律框架，促进民宿活动的可持续发展。

四、民宿活动定价策略

（一）成本导向定价

成本导向定价是基于活动成本和期望利润的策略。通过细致核算包括场地租金、工作人员薪酬、食材采购等在内的费用，确保这些活动中的成本得到充分覆盖。定价时将期望的利润加到成本上，以确保活动是盈利的。成本导向定价策略注重保障经济的可持续性，但同时需谨慎考虑市场接受度，以免定价过高导致客户流失。

（二）市场导向定价

市场导向定价是基于市场需求和竞争环境的策略。通过研究竞争对手的价格、分析目标客户的支付能力和行为，调整定价以保持竞争力。市场导向定价策略强调灵活性，及时根据市场变化调整价格，以吸引更多客户。定价的关键是在市场中找到平衡点，既能保持竞争性，又能确保盈利。市场导向定价有助于适应市场变化，提高市场占有率。

（三）顾客导向定价

顾客导向定价是基于目标客户的支付能力、偏好和需求的策略。通过深入了解客户群体，定价能够满足其期望，并提供对应的价值。这种策略依赖于对目标客户的精准洞察，以制定吸引并保持客户忠诚度的价格。通过个性化的定价，满足客人不同的需求，提高他们对民宿活动的认可度和满意度。

（四）差异化定价

差异化定价是基于不同类型活动提供不同价格的策略。通过个性化定价，满足不同客户群体的需求，提供多样选择。差异化定价允许民宿根据活动的独特性和质量水平进行定价，创造更具吸引力的销售方案。差异化定价可以提高客户的消费体验，促使客户更积极地选择符合其需求的活动，同时为民宿创造更灵活的盈利模式。

（五）时段定价

时段定价是基于不同时间段的活动需求和市场变化而设定不同价格的策略。通过合理规划淡季和旺季价格，最大程度地提高盈利。时段定价允许民宿在需求低谷期提供更有吸引力的价格，刺激销售，同时在需求高峰期调整价格以获得更多利润。时段定价能够灵活适应市场波动，提高活动在不同时期的竞争力。

（六）促销定价

促销定价是通过采取特殊促销活动、折扣或优惠，以吸引更多客户和提高销售的策略。这种策略可以在特定时间点或特殊场合进行，激发客户的购买欲望，增加活动的吸引力。促销定价有助于刺激短期销售，吸引新客户，提高民宿的知名度。然而，制定这种策划时应谨慎，以确保促销活动对民宿长期经营的积极影响。

（七）套餐定价

套餐定价是将多个服务或活动组合在一起，提供一个整体价格的策略。通过打包不同元素，如住宿、用餐和特定体验活动，套餐定价可以吸引客人并提高销售额。套餐定价策略创造了更多的价值感，使客户更愿意选择全面的套餐服务。套餐定价也为民宿提供了更多的销售机会，增强了客户对民宿的全面体验。

（八）限量定价

限量定价是通过限制某些特殊服务或活动的供应量，并提高价格，以创造独特和高端感的策略。限量定价可以营造独家、珍稀的感觉，吸引有特殊需求或对独特体验感兴趣的客户。限量定价也在一定程度上激发了购买欲望，推动客户迅速行动。然而，限量定价需要谨慎平衡，以确保提高价格的同时仍能吸引到目标客户。

（九）动态定价

动态定价是根据需求、供给、市场趋势等因素实时调整价格的策略。通过监测市场变化，民宿可以灵活调整定价，以最大程度地适应不断变化的市场环境。动态定价策略使民宿能够迅速应对竞争压力、提高收益，并更好地满足客户需求。动态定价需要综合考虑多个因素，以确保在市场上保持竞争力，并获得最大利润。

做一做 2-6-3

制作民宿活动报价单

步骤一：明确活动主题

要清晰地描述民宿活动主题。包括民宿活动的类型、持续时间、地点以及参与者将体验到的具体内容。提供详细的描述可以帮助潜在客户更好地理解产品，并激发他们的兴趣。例如，民宿活动是烹饪课程，可以描述课程的时间、地点、烹饪的主题以及参与者将学习到的技能。

步骤二：说明活动内容

详细说明活动的具体安排，包括餐饮、住宿、交通、娱乐等活动。如果民宿活动中包括住宿，那么需要提供关于房间类型、设施和早餐的信息。如果有任何特殊的饮食要求或住宿需求，也应在此处说明。

步骤三：标清价格及支付方式

价格是报价中最重要的部分之一。根据目标市场和竞争环境，价格可能有所不同。要提供清晰的价格列表，包括单个参与者或团体折扣的详细信息。说明支付方式。如果活动需要提前支付定金，应明确说明。

步骤四：列出活动时间与地点

明确列出活动的日期、开始时间和结束时间。如果可能的话，提供日程安排的详细信息。对于地点，应包括活动的具体位置以及如何到达那里。确保所有的信息都是准确和最新的。

步骤五：注明参与人数与注意事项

注明活动可以容纳的参与人数。如果超过这个人数，可能需要采用抽签或其他方式来限定人数。另外，如果有任何特殊的健康或安全限制，应提供关于安全规定、急救措施以及在紧急情况下的急救联系方式。对于可能存在的风险，如天气变化或身体状况不佳等，应有明确的应对策略。

步骤六：列出其他附加条款

列出任何其他的附加条款或注意事项，如退款政策、取消政策或责任限制等。信息应清晰、简洁并易于理解。

实务参考 2-6-2

民宿加咖啡的盛宴

位于韶关仁化县丹霞山景区的山原色民宿每年都举行"ABrC爱好者杯手冲咖啡大赛"韶关赛区决赛。决赛共持续2天，并邀请专业人士来担任大赛评委。山原色民宿作为韶关赛区的承办方，负责参赛评委的邀请费用及食宿等。参赛选手的食宿自行负担。

活动内容：

咖啡+民宿，暖秋里的一场盛宴

在这初秋的山野里我们迎来了"第八届 ABrC 爱好者杯手冲咖啡大赛"（如图 2-6-2 所示），百城大战——韶关赛区，一场民宿加咖啡的盛宴正式拉开帷幕！

图 2-6-2　"第八届 ABrC 爱好者杯手冲咖啡大赛"

决赛活动流程

DAY1

| 15：00 | 赛前说明会 |

DAY2

8：30—9：00	签到、合照
9：00—9：05	正式开始，主持人开场白
9：05—9：10	主办方山原色代表致辞
9：10—9：20	评委代表宣布比赛注意事项，感官评审到位准备
9：20—9：30	比赛场地准备开始
9：30—12：30	正式比赛
12：30—13：30	午餐
13：30—15：00	比赛
15：00—15：15	颁奖准备
15：15—15：45	颁奖和拍照（依次是优秀选手，第六、第五、第四名，季军，亚军，冠军，每一个环节都需要合照）

咖啡决赛活动费用预算

"第八届 ABrC 爱好者杯手冲咖啡大赛"韶关赛区活动费用预算见表 2-6-7：

表2-6-7　　"第八届ABrC爱好者杯手冲咖啡大赛"韶关赛区活动费用预算表

序号	成本类别	成本内容	数量	单价（元）	总金额（元）	备注
1	宣传推广费	咖啡大赛总举办方收取的分站赛费用	1	500	500	
2		广告物料设计费	1	1 000	1 000	
3		赛区背景板制作费	1	2 000	2 000	
4	人力成本	评审费用	5	1 000	5 000	
5		评委餐费	5	400	2 000	
6		评委住宿费	5	1 500	7 500	2晚的费用
7		临时工作人员酬劳	3	300	900	
8	物品采购费	奖品1	3	0	0	咖啡大赛总举办方提供
9		奖品2	3	1 500	4 500	山原色民宿提供住宿与伴手礼
10		嘉宾证、选手证、评委证	60	5	300	
11		荣誉证书	10	15	150	
12		手持牌	50	6	300	
13		咖啡豆	若干	0	0	咖啡大赛总举办方提供
14		其他如纸巾、咖啡冲泡配件、纸笔等	若干	500	500	
15		茶歇糕点	若干	500	500	
16		其他损耗	若干	500	500	
合计					25 650	

资料来源："山原色民宿"公众号.

案例分享2-6-1　　慕吉·云溪山居端午节活动费用预算

　　位于广东省广州市增城区派潭镇的广州慕吉·云溪山居，在2023年端午节，针对入住客人开展了制作"竹编艾草挂束"的活动，活动持续3天，由民宿管家带客人制作。参加活动的人群除了民宿住店客人外，也包括不住店的游客，但每日仅限10位外来游客参加。在费用方面，住店客人免费，外来游客收费。另外活动的宣传仅在民宿的公众号、抖音号、小红书号、民宿的各粉丝群以及客服号的朋友圈发布。内容如下：

　　云溪端午 | 龙舟起，积米成粽又端阳，云溪端午活动上线，邀您共叙夏日悠长。

五月五，糯米香

汨罗江的波涛依旧昂扬

将爱国情怀千古吟唱

翠绿色的粽叶包罗万象

是谁的爱意悄悄储藏

花草悠然，日光正暖

莫负了这三日假的端阳

端午节期间

我们的手工活动也应景

制作"竹编艾草挂束"

俗言道，清明插柳，端午插艾

悠悠艾草香，绵绵情意长

艾草既有驱赶蚊虫的功效

也有身体健康、好运随身的寓意

2023年广州慕吉·云溪山居端午节活动费用预算见表2-6-8：

表2-6-8　　　　　　2023年广州慕吉·云溪山居端午节活动费用预算表

序号	成本类别	成本内容	数量	单价（元）	总金额（元）	备注
1	物品采购费	新鲜艾草	0.5斤	5	2.5	网上购买，均含运费，有发票
2		竹编灯笼	1个	2	2	
3		吊穗	1个	1	1	
4		铃铛	1个	1	1	
5		卡纸	1张	0.5	0.5	
6		绳子	1米	0.2	0.2	10元/50米1卷
成本合计（元/人）					7.2	

资料来源："慕吉私人酒店"公众号.

案例点评：

1.由于本次端午节活动是在民宿内举行，由民宿管家负责执行，所以活动成本除了物料采购费用外，其他成本均可忽略。

2.由于本次活动住店客人是免费参加，所以针对住店客人的收费为零；

3.活动同时也欢迎外来游客付费参加，每日限10人。所以要计算针对外来游客的活动报价。经过对广州周边手工活动的调研，民宿最终确认对外来游客的收费为48元/人，成本率为15%。

评一评2-6-3

根据学生在任务实施中的表现完成本任务评价表（见表2-6-9），可以此作为该任务学习的成绩参考基础。

表2-6-9　　　　　　　　　**制作民宿活动报价单任务评价参考表**

评价项目	评价标准	分值	得分
步骤一：明确活动主题	• 清晰性：报价单中是否明确描述了活动的主题或名称 • 准确性：主题是否准确地反映了活动的核心信息	15	
步骤二：说明活动内容	• 详细性：活动内容是否被详尽地列出，包括各项活动和流程 • 逻辑性：内容的组织是否清晰，逻辑上是否连贯	20	
步骤三：标清价格及支付方式	• 明确性：价格是否清晰明了，不产生任何歧义 • 一致性：价格与活动内容是否相符，没有不合理或不一致的情况 • 可比性：价格是否在行业内或市场上有一定的可比性	20	
步骤四：列出活动时间与地点	• 准确性：活动时间和地点是否准确无误 • 合理性：活动时间是否符合参与者的日程安排，地点是否便利	15	
步骤五：注明参与人数与注意事项	• 全面性：是否列出了参与活动的人数限制和注意事项 • 醒目性：这些信息是否放在显眼的位置，容易被注意到	15	
步骤六：列出其他附加条款	• 清晰性：附加条款是否清晰易懂，没有歧义 • 公平性：附加条款是否公平合理，没有不公平的条款或条件	15	

【参考文献】

1.霍思竹.微主题活动策划与组织——结对帮扶活动有感［J］.山西教育（幼教），2019（11）：40.

2.许海燕.探究群众文化艺术活动的创意与策划［J］.中国民族博览，2019（11）：46-47.

3.吕明辉.高校大型活动策划与组织路径［J］.办公室业务，2019（19）：65-66.

4.戴霁斌.高校电声乐队专场音乐会策划与组织经验分享［J］.北方音乐，2019，39（17）：246-247.

项目七
一见倾心——设计民宿活动方案

　　设计民宿活动方案是为住宿客人提供各种有趣、有意义的活动和体验，从而提升民宿的经营业绩。完整的民宿活动方案是由专业的民宿活动策划人员提呈民宿经营者的一份文本活动策划报告，主体是编排完善的具体活动内容，同时附有制作精细的表格如预算表、流程表等，配以匠心独具且美观的封面。内容的编排是整个方案的核心，成败关键点在于编排具体民宿活动方案内容时要注意展现活动方案全貌、体现策划优势；预算表、流程表等的制作则是为方案提供翔实的数据与执行支持，便于民宿经营者做决策与筹备；方案封面则会形成关键性的首因效应，因此需要高度关注封面的设计感、美观度，同时注重与方案内容、主题的结合。

【项目导图】

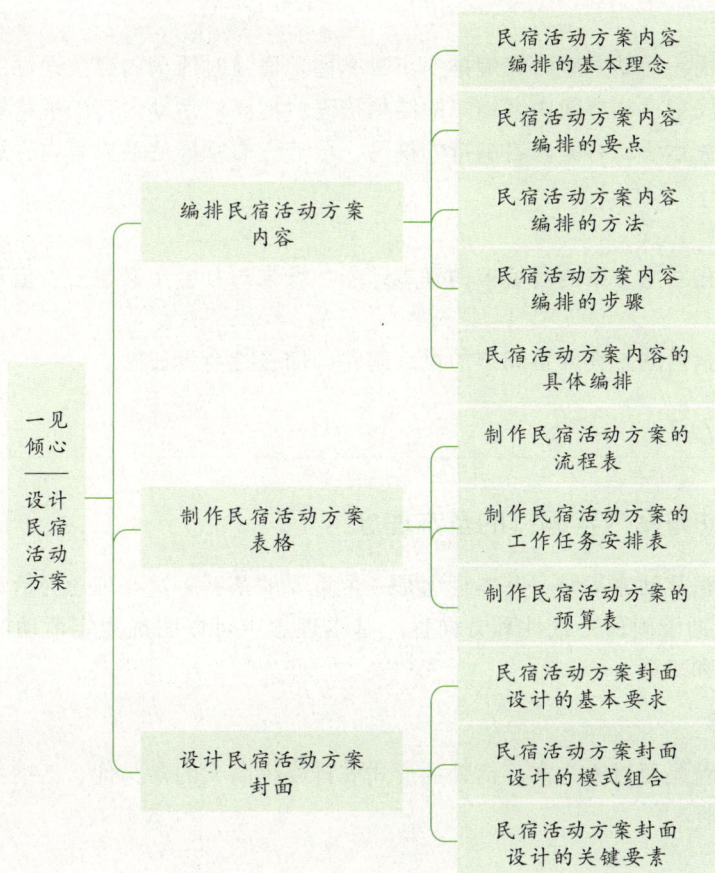

一见倾心——设计民宿活动方案

- 编排民宿活动方案内容
  - 民宿活动方案内容编排的基本理念
  - 民宿活动方案内容编排的要点
  - 民宿活动方案内容编排的方法
  - 民宿活动方案内容编排的步骤
  - 民宿活动方案内容的具体编排
- 制作民宿活动方案表格
  - 制作民宿活动方案的流程表
  - 制作民宿活动方案的工作任务安排表
  - 制作民宿活动方案的预算表
- 设计民宿活动方案封面
  - 民宿活动方案封面设计的基本要求
  - 民宿活动方案封面设计的模式组合
  - 民宿活动方案封面设计的关键要素

任务一　编排民宿活动方案内容

　　编排民宿活动方案内容在设计民宿活动方案的全过程中起到关键作用。它是活动方案的核心，要注意编排的基本理念、要点、方法、步骤等。我国民宿业在发展过程中越来越重视民宿活动的内容，许多民宿业者积极开展各种创新活动，包括文化体验、特色美食、户外探险等，以满足客户需求，提高住客体验。政府也在支持这一发展，鼓励推动农村旅游和乡村民宿发展，以进一步推动乡村振兴。

【知识目标】

　　1.理解民宿活动方案内容编排的基本理念。

　　2.掌握民宿活动方案内容编排的重点问题。

　　3.知晓民宿活动方案内容编排的方法。

【能力目标】

　　1.通过对民宿活动方案内容编排的步骤掌握，增强对活动内容条理性的认知。

　　2.通过对民宿活动方案内容编排的结构梳理，提高对活动内容的解构能力。

　　3.通过对民宿活动方案内容编排的撰写，培养全面掌握活动方案内容编排的技能。

【素养目标】

　　1.理解民宿活动方案内容编排的基本理念，增强对社会主义核心价值观的理解与践行应用。

　　2.掌握民宿活动方案内容编排的重点问题，增强社会责任感。

学一学 2-7-1

一、民宿活动方案内容编排的基本理念

　　在编排民宿活动方案时，基本理念是一个重要的基石。这些理念为活动内容提供了指导原则，有助于确保一致性和方向性。基本理念中可以明确规定活动的目标和价值观，引导策略和决策。

（一）人本理念

　　人本理念就是要以人为本，活动的形式安排要提高人的参与性，活动的目的要体现对人的终极关怀。

　　具体体现为：将参与者即大众置于核心位置，尊重他们的需求和权利。活动内容策划应该以人的需求为出发点，提供有意义和有益的活动内容，满足参与者的需求和期望。同时，活动策划者应该倾听参与者的意见和建议，与他们进行有效的沟通和互动，以确保活动的成功，提高参与者的满意度。活动内容需要贴近大众，以丰富大众的休闲、文化、经济生活为过程目标，以促进和弘扬传统文化为最终目标。

（二）和谐理念

　　和谐理念要求做到"人与自然和谐""人与人和谐""人与社会和谐""社会群体和谐"。

　　具体体现为：活动主题的和谐、参与各方利益的和谐，以及活动过程中的和谐。首先，活动策划者应注重人与人之间的和谐关系，营造融洽的氛围，发扬团结合作的精神。其次，活动内容应尊重不同参与者的文化背景和兴趣，避免引发冲突或不适。此外，活动的组织和安排应考虑各方利益，平衡不同需求，确保公平和公正。最后，积极倡导沟通和协商，促进参与者之间的理解和合作，从而达到和谐的活动目标。

二、民宿活动方案内容编排的要点

（一）内容编排的灵魂：文化与创新

　　文化与创新是内容编排的灵魂。文化象征着活动内容是否有生命力，而创新则赋予其持续增效的力量。只有在传承先前文化的基础上，以创新为动力，活动才会蓬勃发展。以赏梅活动为例，作为我国几千年的文化现象，与赏梅相关的活动多种多样。在赏梅季节中，如何在活动中展现出与众不同，成为内容编排的难点。通过创新的策划和独特的安排，我们可以为赏梅活动注入新的活力，使其更具吸引力和影响力。

（二）内容编排的核心：市场客群

　　活动有了生命，但是否具有市场生存力还要看客群，在市场选择之初，就应对具体人群进行甄别，挑选对活动内容感兴趣的，或是针对某一具体人群编排具有针对性的活动内容，这样，主动权就会掌握在活动设计者的手中了。同时，针对活动后的宣传，也要与这类客群的客户语言进行一一对应。

（三）内容编排的重点：情绪价值

　　在民宿活动方案内容编排上应考虑和引导客人的情感体验，使活动更具吸引力，使客人更难忘。通过情感联结，更有可能给客人留下积极印象并再次光顾。因此，方案内容设计要能够激发愉快体验的情感，以提高客人的情绪体验。这可以通过提供特殊的活动、个性化服务、温馨的氛围、互动体验和定制礼物等方式实现。情感联结有助于给客人留下美好的回忆，积极评价民宿，以及通过口碑宣传吸引更多客人。

（四）内容编排的关键：安全保障

　　在活动内容编排中，我们必须特别关注"安全保障"，因为它是关乎活动成功与否的关键因素，而这一点往往容易被活动编排者忽视。如果一项活动缺乏必要的安全保障措施，导致客人遭受损失或受伤，将给民宿带来严重的负面影响，甚至使整个活动以失败告终。因此，我们在活动内容编排中必须始终将"安全保障"作为首要任务。如果发现活动环节存在较大的安全隐患，我们必须及时消除这些隐患，甚至考虑取消活动，因为安全永远是第一位的。

三、民宿活动方案内容编排的方法

在进行民宿活动方案内容编排时，使用科学的方法可以事半功倍。这些方法提供了结构和纲领，有助于组织、计划和实施活动。它们能够确保活动的一致性和质量，减少混乱和错误，提高效率。此外，使用这些方法还能够借鉴以往的成功经验，减少试错成本。

(一) 比较分析法

横向和纵向比较是两种常见的比较分析方法，它们可以用于不同层面的活动内容编排比较分析。

1.横向比较

横向比较是在同一时间点将不同选项或活动内容进行比较，通常是在一个特定的维度上。可参考以下维度进行横向比较分析：

（1）选项选择比较：列出不同的活动内容选项，这些选项可以是不同的活动主题、形式、方式、时间安排等。

（2）关键性能指标比较：确定一组关键性能指标，这些指标可用于衡量活动是否成功，如参与人数、成本、社交媒体互动、销售额等。

（3）数据解析比较：使用图表、表格或其他可视化工具，将每个选项的数据进行横向比较，以便更好地理解它们在每个指标上的差异。

2.纵向比较

纵向比较涉及在不同时间点或不同阶段对同一个活动内容选项进行比较。可参考以下维度进行纵向比较分析：

（1）时间点或阶段比较：确定进行比较的特定时间点或阶段，可以是活动前、活动中、活动后的时间点。

（2）关键性能指标比较：为每个时间点或阶段选择相应的关键性能指标，以评估活动内容的演变。

（3）数据比较：收集每个时间点或阶段的相关数据，以确保它们在关键性能指标上是可比较的。

无论是横向比较还是纵向比较，比较分析可以更好地了解活动内容选项之间的差异，并做出明智的编排选择，以确保活动符合目标和预期。

(二) 头脑风暴共创法

头脑风暴法是一种创意产生和问题解决的技巧，通常以小组形式进行。参与者自由表达各种想法、建议和概念，鼓励开放性讨论和创意分享。在头脑风暴中，不评价或批判任何想法，鼓励数量多于质量。这种方法有助于激发新思维，推动创新，解决问题，以及制定新策略。头脑风暴可用于各种领域，如业务战略、产品开发、团队协作和教育。

共创法是一种协同创新方法，通过将不同背景和技能的参与者集结在一起，共同合作来解决问题、创造新产品或服务、推动创新。该方法强调集体智慧，同样鼓励开放性讨论和创意分享，以实现共同目标。共创法的形式通常包括工作坊、设计思维会议和开放创新平台，促进参与者之间的互动，从而产生新想法、解决挑战，满足各方的需求，帮助组织更好地适应不断变化的环境。

头脑风暴共创法是结合两种方法来完成活动内容的编排，参与人员除了民宿从业者外，更多需要邀请住店旅客，强化活动参与主体的前期参与和贡献，也使得最终的活动内容更贴近客人需求。两者结合的好处还包括，通过头脑风暴法，团队能快速产生各种创意，而共创法则能将这些创意进一步完善，筛选最佳解决方案。共创法有助于整合不同视角，提高决策质量。头脑风暴法激发创意的力量，而共创法强调团队合作，促进集体创造。综合运用，能够加速问题解决，提高创新水平。

（三）灵感创新法

灵感创新法是一种创意方法，旨在通过寻找和发挥个体内在的创造力和洞察力，来激发新的想法和解决方案。这种方法侧重于个人的观察、体验和思考，以寻找独特的灵感，并将其转化为创新的概念或解决问题的途径。灵感创新法强调观察周围的事物、思考抽象的概念、与不同领域的思想互相融合，以激发创造性思维。它通常需要个体的自发性和开放性，以挖掘深层次的见解，有助于解决复杂问题和创造新颖的解决方案。

民宿活动内容编排使用这种方法的主要场景是在民宿经营尚未形成一定规模时，靠部分骨干人员的个体智慧来进行活动内容的编排。瞬时灵感结合创新方法，碰撞出更加新颖的活动内容。

（四）系统分析法

使用系统分析法就是要把民宿的运营和民宿活动内容的编排看作一个整体系统，这个系统既包括自身组成要素的各个方面，又包括各要素之间的联系以及各相关事物间的关系。在使用系统分析法时，要求从系统的一方面或几个方面或整体出发考量，基于民宿活动内容的编排，要对民宿的经营进行不同角度的整体分析。

四、民宿活动方案内容编排的步骤

民宿活动方案内容编排包括以下七个步骤：选定活动主题、确定活动定位、敲定时间地点、预估人员数量、安排实施流程、制定费用预算、分配人员任务。选定主题和确定活动定位有助于确保活动与民宿的特色和品牌相契合。敲定时间地点和预估人员数量能够确保活动在合适的时机和场所进行，以满足客人需求。安排实施流程和分配人员任务可以确保活动有序进行，确保参与者的满意度。制定费用预算和物料单则有助于控制开支和资源，确保活动经济可行。这七个步骤共同构建了一个完整的民宿活动方案，确保其成功举行和达到预期目标。

（一）选定活动主题

依据民宿所处的区位、所享受到的自然资源，以及目标人群选定合适的主题，例如，拥有海滨资源的民宿可选冲浪、赶海等主题的活动；拥有田园风格资源的民宿可选体验采摘、垂钓等主题性质的活动；坐拥山景资源的民宿则可以主打静心类主题性质的活动，如品茶、瑜伽等。

（二）确定活动定位

在确定活动定位时，首先，要了解目标受众，包括目标受众年龄、性别、地理位置、需求和偏好等信息。通过市场研究、数据分析和用户调研等手段，获取这些关键信息。

定位是指根据目标受众的需求和竞争对手的情况，确定活动在市场中的独特卖点和价值主张。活动定位是一个动态的过程，定期评估市场和竞争环境的变化，并根据需要进行调整。保持与目标受众的互动，并根据他们的反馈和市场趋势做出相应的改进。

（三）敲定时间地点

敲定合适的活动时间和地点是活动方案编排中的重要环节。选择合适的活动时间和地点需要综合考虑目标受众的需求、活动类型、市场环境、预算和资源等因素。灵活性和提前准备是成功的关键，确保你的活动能够在理想的时间和地点顺利进行。

（四）预估人员数量

预估人员数量最直接有效的方法就是先通过市场研究和数据分析来了解目标受众的兴趣和需求，包括通过调查问卷、市场调研报告、竞争对手的活动参与人数等来获取相关数据。根据这些数据，可以初步估计活动的吸引力和参与人数。

同时，宣传和推广活动是吸引参与人员的关键。根据民宿的宣传渠道和策略，如社交媒体、电子邮件、传单、广告等，民宿经营者可以估计到达目标受众的范围和潜在影响力。这将有助于预测民宿活动参与人员数量。

如果过去已经举办过类似的活动，可以参考历史数据和经验教训来进行参与人员数量的预估。回顾以往活动的参与人数和相关因素，如宣传推广策略、活动内容、时间地点等，以便更好地估计未来活动的参与人数。

进行参与人员数量预估时，要具有一定的灵活性，预留一定的余地。考虑到一些不可预见的因素，如天气、竞争活动、特殊事件等可能会对参与人数产生影响。确保民宿活动可以适应一定范围内的参与人数的变化。

需要注意的是，参与人员数量的预估并非完全准确，但通过综合考虑以上因素，民宿经营者可以得出一个合理的估计范围。在活动筹备过程中，及时跟踪和调整计划，根据实际情况进行必要的调整和优化。

（五）安排实施流程

安排实施流程是确保活动顺利进行的关键。首先，根据活动的目标和内容，制订详细的实施计划，包括确定活动的起止时间、活动流程、出席嘉宾和参与者、活动资源需求等方面。其次，将实施计划细分为具体任务，并分配给相应的团队成员或工作人员，确保每个任务都有明确的责任人，并设定截止日期，以保证任务按时完成。最后，确保所需资源，如场地、设备、人力、预算等得到妥善安排和管理。与供应商或合作伙伴建立良好的关系，提前安排好资源的准备和交付工作。

（六）制定费用预算

制定费用预算是确保活动经济可行性和资源合理利用的重要一步。

第一，详细列出与活动相关的所有费用项目，包括场地租赁费、设备租赁费、人员工资、宣传推广费用、餐饮费用、物料采购费用等。应尽可能详尽地列出所有费用项目，避免遗漏。

第二，进行市场研究，了解相关费用项目的市场价格和供应商报价。比较不同供应商的价格和服务质量，以获得最具成本效益的选择。与供应商进行谈判，寻求优惠价格或折扣。

第三，除了明显的费用项目，还要考虑隐藏成本和潜在费用。这包括活动期间可能发生的额外费用，如临时工、交通费用、不可预见的问题解决等。预留一定的额外费用，以应对可能的意外情况。

第四，根据可用资金和资源，设置费用预算的限制和优先级。确定哪些费用项目是必需的，哪些是可选的，以及在有限预算下如何进行取舍和优化。确保将预算分配到最有利于实现活动目标的方面。

（七）分配人员任务

首先，对于活动的每个任务，明确任务的具体目标和要求。确保任务的描述包括任务的范围、要取得的成果和完成期限等，清晰明确。这将帮助人员理解任务的重要性和预期结果。

其次，要评估每个任务所需的资源和工作量，包括时间、人力、技术和预算等。根据可用资源的情况，合理分配任务，确保任务能够在规定的时间内完成，避免过度负荷或浪费资源。

五、民宿活动方案内容的具体编排

（一）方案的基本结构

1.标题

方案的标题应简明扼要地概括活动内容和目的，吸引读者的注意力。

2.序言

在方案的开头，可以写一个序言，介绍方案的目的、编写背景和编写者的角色等。

序言可提供更具人情味的引导，增加兴趣和参与度。

3.目录

在方案中提供一个清晰的目录，列出各个部分的标题和页码，方便快速查找所需信息。

4.正文

在正文部分，逐步展开方案的内容。包括活动概述、目标设定、活动内容、资源需求、参与者管理、宣传推广、预算规划、风险管理以及评估和反馈等方面的内容。每个部分可以使用标题和小标题来组织信息，使得方案结构清晰，并提供详细的说明和解释。

在正文撰写中，以下两点需要注意：

（1）引言或总结。在正文的开头，可以写一个简短的引言或总结，介绍活动的核心信息，包括活动名称、时间、地点以及活动的重要性和目的。

（2）背景。在方案中提供活动的背景信息，包括民宿的特点和竞争环境等。说明为什么选择该活动以及与民宿经营战略的关联，为读者提供更全面的了解。

撰写方案时，要注意使用清晰简洁的语言，结合适当的图表和图像来说明重要信息，确保方案的逻辑性和可行性。

（二）方案的具体内容

1.活动概述

方案应提供对活动的总体介绍和背景说明，包括活动的名称、时间、地点以及举办的目的和意义等。

2.目标设定

方案应明确活动的具体目标和预期结果，如增加民宿知名度、吸引更多客源、提升客户满意度等。确保目标明确、可衡量、与民宿经营战略一致。

3.活动内容

方案应详细描述活动的具体内容和安排，包括各项活动的时间表、议程安排、主题和形式等。确保活动内容与目标相匹配，并考虑参与者的兴趣和需求。

4.资源需求

方案应列出活动所需的各项资源，如场地、设备、人力、预算等。确保资源需求合理、可行，并与预算相符合。如果需要，可以提供相关的供应商或合作伙伴信息。

5.参与者管理

方案应说明如何吸引和管理参与者，包括活动的推广渠道、报名方式、参与条件和人数限制等。同时，方案应考虑如何提供良好的参与体验和服务，以增加客户满意度和口碑传播。

6.宣传推广

方案应阐述活动的宣传推广策略和渠道，包括在线和离线宣传手段，如社交媒体、网站、传单、合作伙伴等。确保宣传推广计划与目标受众相符，并制作相应的宣传材料和内容。

7.预算规划

方案应考虑活动各项费用，如场地租赁、宣传推广、餐饮、礼品等，合理分配预算，就此制订活动的费用预算和资金筹措计划，确保预算能够覆盖活动的各个方面，并保持财务可行性。

8.风险管理

方案应识别和评估可能的风险和挑战，并提供相应的应对措施。考虑活动期间可能出现的问题，如天气状况、安全风险等，并制订预案以应对不可预见的情况。

9.评估和反馈

方案应规划活动结束后的评估和反馈机制。收集参与者的意见和建议，分析活动的效果，并提供改进活动的策略和措施。

案例分享2-7-1 **心动体验官：成为彼此宇宙的终极浪漫——民宿两天一夜青年交友活动**

翠绿色的大自然在热浪中渐现成熟和茂盛。树梢的枝芽从嫩绿变成翠绿，各家阳台上的花草也越来越热烈，开得灿烂不已，一片夏日风光。

但城市里的四季变化始终不如山间来得强烈，除了温度的变化，只能在城市的角落里发现一点四季更迭的迹象。

活动背景：神秘的旅程

为了近距离地感受夏天，我们特地组织了一场两天一夜的民宿活动，报到现场如图2-7-1所示。希望在这里，青年们能抛开城市里沾染来的烦恼和不开心，将禁锢已久的"最真实的自己"释放，跟着山间的清风自由洒脱一把。让青年趁着这次难得的"约会"，好好与身边"陌生的朋友"一起共度美好时光。慢下来，看那青山藏在白云间，晚霞盛开在天边。

图2-7-1 民宿活动报到现场图

此次活动由××委员会牵头，××总工会主办，××婚恋交友平台承办。活动集合了40位青年一起旅行，一起遇见奇妙的缘分……活动场地如图2-7-2所示。

图 2-7-2　活动场地图

主题活动一：和自然同感（如图 2-7-3 所示）

图 2-7-3　主题活动一现场图

具体活动安排之植物拓印：一种以植物为基础的创作形式，将植物的纹理、形态和植物的其他特征印在帆布包上，经过一阵"敲敲敲~"就可以创造出独特的艺术作品。在山谷里取几抹绿意，留下自然的轮廓，也留下专属的初夏记忆。待到返家时，携份青绿傍身旁。

具体活动安排之田园采摘：步入山野间的小路，周围树木环绕，窥视树叶缝隙中的天空，呼吸轻盈的空气。前往农场采摘土豆、豆角、黄瓜等，感受土地的馈赠和自然的神奇，放下彼此心中的拘谨与不安。

主题活动二：和美食对话（如图 2-7-4 所示）

图 2-7-4　主题活动二现场图

傍晚，月亮越过山头爬上树梢，烛光齐备，精致晚宴开启。精心烹饪的西式餐点、甜品、冰淇淋……还有青年们亲手采摘烧制的山野风味齐上桌，劳累了一天的大家就着晚风明月，静享美味。

主题活动三：和快乐拥抱（如图2-7-5所示）

图2-7-5　主题活动三现场图

灯光、草地，还有一群青春洋溢的青年，一起玩桌游，一起载歌载舞，挥舞着荧光棒，为山间的青绿增添五彩的激情。

《残酷月光》《手放开》《新不了情》《想去海边》《海芋恋》《恋爱ing》……多才多艺的青年们用热情的歌曲和舞蹈，点燃了山间清冷的夜晚。最后一个小组合唱《好运来》，还直接在现场派发"喜糖"，把好运和祝福送给所有人。

主题活动四：和身边人同频（如图2-7-6所示）

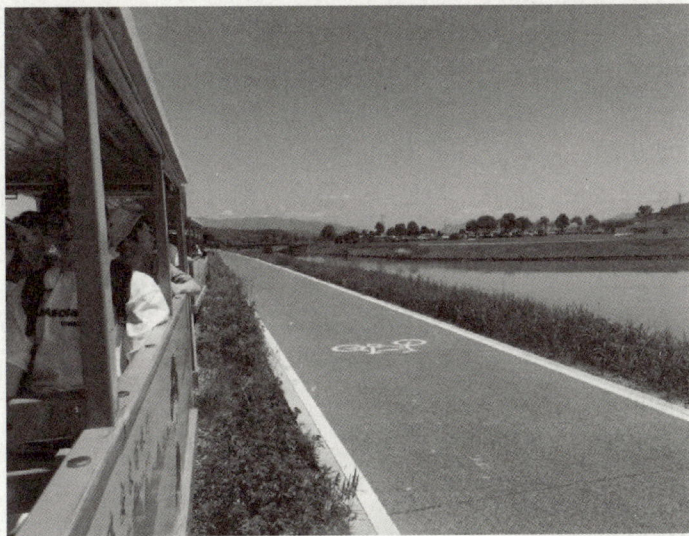

图2-7-6　主题活动四现场图

浪漫星空下，远离城市喧嚣，晚风轻拂，大家秉烛夜谈，美好的第一天旅程落下帷幕。

第二天睡到自然醒，吃完早餐，集体前往曹村天井垟风景区乘坐环湖小火车，感受微风拂面的快乐。最后在曹村进士索面馆品尝当地特色索面，两天一夜的行程就要结束啦，大家收拾好行李和美好的心情启程回家！

美食和风景做伴，时光也变得缓慢。或许你喜欢连绵的山野，放眼便是青绿，抑或溪流潺潺，银露溅洒，于夕阳中折射出斑斓的光。总有些美好，需要你亲自去看，总有些不期而遇的温暖，需要你用心感受。

经过两天一夜的接触，40位单身青年中有20位青年在现场遇到了自己心动的另一半，互选对方为自己的心仪对象，已经通过工作人员牵线在接触啦！

资料来源：佚名. 青年发展实践篇 | 心动体验官：成为彼此宇宙的终极浪漫——民宿两天一夜青年交友活动［EB/OL］.［2023-05-29］. https://mp.weixin.qq.com/s/_w-uJi94rVK3gYPmrOk7w. 有删减.

案例点评：

案例中以"青年交友"为主要目的，以"枕云野山林，听晨钟暮鼓"为主题的民宿系列活动，共由四个主题构成，每个主题下又编排了丰富的各类活动内容。这种和官方联合的系列活动，既符合活动编排的基本理念，又最大化挖掘利用民宿的外部、内部资源（外部：自然采摘＋内部：桌游等），是一次成功且具有较高借鉴意义的民宿活动方案内容编排。

做一做 2-7-1

民宿活动方案内容编排

基于一个实体特色民宿，按照以下步骤逐一操作，完成一个完整的民宿活动方案内容编排，践行民宿活动方案内容编排需遵循的基本理念、要点等，并在过程中试着采用相应的方法。

步骤一：选定活动主题

综合分析民宿的区位、资源、特色等，叠合自然时间、季节以及民宿运营阶段等，为一场民宿活动的方案选定主题。

步骤二：确定活动定位

从民宿的主力客群出发，了解并分析主力客群的年龄、兴趣、需求等，结合民宿的阶段性经营和营销需要，为本次活动确定一个恰当的定位。

步骤三：敲定时间地点

基于活动主题、定位，根据本次活动的大致预算和资源预估，敲定一个合适的活动时间及地点。

步骤四：预估人员数量

根据房间的出租率，针对住客进行的了解和调研，结合宣传推广的经验数据，预估本次活动的规模及参与人员数量。

步骤五：安排实施流程

根据活动的目标和内容，制订详细的实施计划，包括确定活动的起止时间、活动流程、出席嘉宾和参与者、活动资源需求等方面的具体内容。

实务参考 2-7-1

元阳梯田阿者科哈尼风情体验日
暨哈尼梯田民宿活动方案

一、活动背景

元阳梯田，是哈尼族人世世代代耕耘留下的杰作。2013 年 6 月 22 日在第 37 届世界遗产大会上，红河哈尼梯田被成功列入世界遗产名录，成为中国第 45 处世界遗产。

哈尼族，中国少数民族之一，民族风情浓厚，他们的住房、服饰、食品、节日、风俗都非常具有特色。哈尼族过年习俗是：每年要过两次年，一是十月节，二是六月节。"六月年节"期间杀牲祭祖，开展荡秋千、摔跤、唱山歌等文体活动。此次活动，主要是针对哈尼族的"六月年节"进行策划的。

受独特的海拔及地形影响，元阳哈尼梯田当地没有品牌酒店入驻，但作为世界遗产，其旅游资源的吸引力巨大，每年都吸引着众多的游客前来，提供住宿服务就完全依靠当地众多的特色民宿（多为哈尼族人经营）。为进一步提高当地民宿经营的特色，提升民宿住客的综合旅游体验，本次活动集结了众多元阳哈尼梯田的民宿业主，并邀请所有民宿住客参与一次哈尼风情盛会。

二、活动介绍

（一）活动名称

哈尼风情，梯田印象

（二）活动主题

哈尼风情，且歌且行

（三）活动定位

1.乡村振兴：呈现旅游扶贫的重要成果。

2.文化与民族融合：弘扬哈尼族的民族文化，促进民族融合。

3.主客一体化：当地民宿业主与住客的共同联欢。

（四）活动时间

202×年 6 月 23—25 日，共 3 日。

（五）活动地点

1.主场地：阿者科村民活动中心。

2.分场地：各民宿公共空间。

（六）活动对象

1.哈尼族民宿从业人员。

2.民宿住宿游客。

（七）活动组织

××活动策划公司。

三、活动安排

（一）活动准备

1.沟通协调：与当地政府、哈尼族人民充分沟通协调，共同做好前期准备。

2.宣传推广：现场宣传物料准备及前期各民宿宣传推广资料准备。

（二）活动开展

1.开幕活动。

（1）开场舞：哈尼族传统舞蹈——棕扇舞。

（2）主持人讲话并宣布活动开始。

（3）主办方嘉宾代表讲话。

（4）哈尼族民宿业主代表讲话。

（5）哈尼族传统欢庆歌舞表演（邀请游客参加）。

2.分会场活动。

（1）哈尼族山歌对唱（男女两组对唱）。

（2）"打秋千"比赛（按哈尼族风俗分为三个环节：立磨秋、竖转秋、架甩秋）。

（3）摔跤比赛（选手一对一PK，从预选赛、半决赛直至决赛）。

3.颁奖暨闭幕活动。

（1）主持人宣读本次活动及比赛的奖项。

视频分享
2-7-1

（2）主办方嘉宾为获奖人员颁奖。

（3）获奖人员讲话并现场进行技能助兴展示。

（4）哈尼族群舞结束活动（邀请游客参加）。

（详细执行细节略）

纳福德民宿
活动内容
安排

资料来源：作者根据相关资料整理.

评一评2-7-1

根据学生在任务实施中的表现完成本评价表（见表2-7-1），可以此作为该任务学习的成绩参考基础。

表2-7-1　　　　　　　民宿活动方案内容编排任务评价参考表

评价项目	评价标准	分值	得分
步骤一：选定活动主题	• 主题适配性：适配民宿发展需求，适配活动举办目的 • 主题价值感：符合社会主义核心价值观，对主力客群有价值、有意义	25	
步骤二：确定活动定位	• 分析充分性：包括主力客群分析是否到位，以及民宿发展阶段的分析是否充分 • 定位准确性：活动与主题是否匹配，与民宿举办活动的目标是否匹配	15	

续表

评价项目	评价标准	分值	得分
步骤三：敲定时间地点	• 时间合适：包括室内或室外活动的季节是否合适，一天之中的具体时间是否合适 • 地点适宜：包括室内室外选择是否适宜，以及具体位置是否适宜	15	
步骤四：预估人员数量	• 考虑周全性：是否有基本调研、历史经验数据、宣传推广反馈等综合参考依据 • 规模匹配性：与民宿所处的运营阶段、房间数量等规模是否匹配	15	
步骤五：安排实施流程	• 内容组合科学性：各活动内容之间衔接是否顺畅且符合场地和时间等要求 • 内容效果：活动内容实施流程是否符合整体活动定位的目标、需求	30	

任务二　制作民宿活动方案表格

　　民宿活动方案表格是完整的民宿活动方案不可或缺的一个组成部分，在详细的活动内容编排指导下，表格是将活动内容落地执行的一个重要体现。用表格呈现活动方案的执行流程及关键细节是保证整场活动能够顺利流畅进行的中枢环节。制作民宿活动方案表格包括拟定民宿活动方案的流程表、制订民宿活动方案的工作任务安排表，以及制作民宿活动方案的预算表。这三个重要的表格覆盖了民宿活动方案的内容落地、经费落地以及人员分工落地三个最重要的落地环节。通过制作民宿活动方案表格的学习，可培养从业人员的组织规划、团队合作、财务管理、创新思维等方面的能力。

【知识目标】

1.了解民宿活动方案包含三种重要的表格制作。
2.理解民宿活动方案表格制作中的关注要点。

【能力目标】

1.根据不同类型不同情境，学会制作民宿活动方案的流程表。
2.加强对民宿活动内容的认识，学会将活动内容转化为具体可执行的工作任务安排表。

3.学会全面思考民宿活动的全景，并掌握独立制作民宿活动方案的预算表及物料单的技巧。

【素养目标】

1.充分理解民宿活动工作任务安排表的内容，增强公平公正、团结合作意识。

2.通过全面且细致地制作预算表，厚植节俭和高效的理念。

学一学 2-7-2

一、制作民宿活动方案的流程表

制作民宿活动方案的流程表可系统地了解和规划活动方案的制作过程。通过制作流程表，可以明确每个步骤的顺序和所需的时间，提高工作效率和组织能力，确保方案拟订按照有序的流程进行。

（一）根据时间定模块时长

确定活动的时间范围，将整个活动划分为不同的模块，每个模块的时长要根据实际情况进行合理安排，考虑到参与者的注意力和疲劳度。

（二）根据目的定活动内容

明确活动的主要目的和期望结果，然后根据这些目标来确定具体的活动内容，包括讲座、工作坊、户外活动等，确保活动内容与目的相一致。

（三）根据民宿现状定宣传方向

了解民宿的特点、定位和目标客群，根据这些信息确定宣传方向，包括选择合适的宣传渠道、制作宣传材料等，吸引目标受众的关注和参与。

（四）根据民宿资源定活动模式

评估民宿的资源情况，包括场地、设备、人力等，根据资源的可用性确定适合的活动模式，如室内讲座、户外团建等，确保活动能够顺利进行并提供良好的体验。

（五）根据嘉宾、参与人员定环节

确定活动中需要邀请的嘉宾、专家或演讲者，并根据他们的专长和参与人员的需求来安排相应的环节，如专题演讲、互动交流等，以增加活动的吸引力和参与度。

（六）通过模拟进行流程修改完善

在拟定初稿后，进行模拟运行或头脑风暴，考虑各种可能的情况和问题，根据实际情况进行流程的修改和完善，确保活动的顺利进行和预期效果的实现。

（七）注意内容的主次穿插

在编写方案时，要注意将内容安排得主次有序，合理穿插，确保整个方案的逻辑性和连贯性。重要的信息和环节要突出展示，让读者能够清晰地了解活动的重点和关键步骤。

案例分享2-7-2　"端午节"民宿活动内容编排

端午节是小长假，客流基本以周边游、省内游为主体。所以，端午活动的基本思路：在保持传统特点的基础上，可以根据各自民宿的特点，加上创新项目。重点是提高客人的体验感，同时，通过活动以及奖品设置，为复购作铺垫。

5月中旬就要开始准备采购各种物料了，活动的顺序及项目安排如下：

1.入住：沐兰汤（如图2-7-7所示）

图2-7-7　沐兰汤活动示意图

沐兰汤，即端午日洗的草药水，是西汉礼学家戴德所作《大戴礼记》中记载的古俗。

民间习俗认为，端午日午时阳气旺盛，是草木一年中药性最强的一天，端午遍地皆药。端午期间，我国不少地方有采草药煮草药水沐浴的习俗，端午草药的药性在其中发挥了至关重要的作用。

重点环节提示：客人办理入住后，可做沐浴汤做欢迎礼。

2.画额面（如图2-7-8所示）

图2-7-8　画额面活动示意图

画额是端午节以雄黄涂抹小儿额头的习俗，还可驱避毒虫。典型的方法是用雄黄酒在小儿额头画"王"字。一是借雄黄以驱毒，二是借猛虎（"王"似虎的额纹，又虎为兽中之王，因以代虎）以镇邪。

重点环节提示：雄黄酒要保证质量，避免买到假酒损害客人皮肤。盛放雄黄酒的容器可以选用广口酒器。毛笔可以选用兼毫，提前泡软。可备笔架。

3.**射五毒**（如图2-7-9所示）

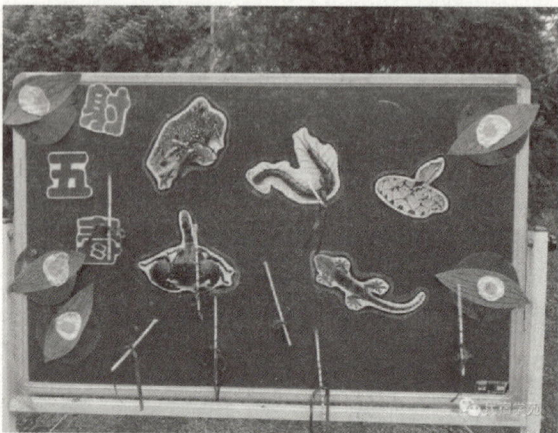

图2-7-9　射五毒活动示意图

民间认为5月是五毒出没之时，端午在古代北方人心目中是毒日、恶日，在民间风俗中这个思想一直传了下来，所以有了种种求平安、避五毒的习俗。五毒是指蜈蚣、毒蛇、蝎子、壁虎和蟾蜍，这5种动物是古时北方盛传的五大毒物。通常在屋中贴五毒图，通过射五毒来提醒人们注意防范毒虫，注意健康。

重点环节提示：在距离吧台不远的地方设置五毒箭靶。可选择吸盘箭头，勿用容易伤人的金属箭头等。

4.**午后活动：套圈有奖**（如图2-7-10所示）

图2-7-10　午后活动示意图

所有的午后活动都要提前通知客人，可在微信群里，也可在办理入住时。为了提高客人的参与度，必须通过奖品进行激励和引导。

午后活动大概包括四五项，我们建议依次举行，这样不但可以节约人力，不至于场面混乱，还能把体验感拉长。活动组织过程中，可以设置节奏感和韵律感比较欢快的背景音乐。

套圈并不属于端午的传统活动，但却有着非常深厚的群众基础，受到大人小孩的一致喜爱。套圈活动的组织非常容易，对场地的要求不高，也没有危险性，属于高性价比的活动。借助端午节这一特殊的营销季节，创造复购、点评等机会，也不会显得突兀。

重点环节提示：套圈的目标可以采用统一的盲盒形式，这会增加客人的惊喜感；重点在于奖品的设置；五星好评送红烧鲤鱼一条（要好评）；下午茶立减20元（促销）。当然，也可直接放入现金或其他实物奖品等以增加娱乐性和惊喜。

5.投壶有奖（如图2-7-11所示）

图2-7-11　投壶有奖活动示意图

春秋战国时期，诸侯宴请宾客时的礼仪之一就是请客人射箭。那时，成年男子不会射箭被视为耻辱，主人请客人射箭，客人是不能推辞的。后来，因有的客人确实不会射箭，于是就用箭投酒壶代替。久而久之，投壶就代替了射箭，成为宴饮时的一种游戏。

重点环节提示：投壶的箭要多准备一些，以防在游戏过程中丢失或损坏。奖品设置可以参照"套圈有奖"，按照投入壶中的箭数来确定，保证人人有奖。

6.做香囊（如图2-7-12所示）

图2-7-12　做香囊活动示意图

佩香囊，是端午节传统习俗之一，不但有辟邪驱瘟之意，而且有襟头点缀之用。香囊内有朱砂、雄黄、香药，外包以丝布，清香四溢，再以五色丝线弦扣成索，做成各种不同形状，结成一串，形形色色，玲珑夺目。

重点环节提示：香囊可以提前定制，加印民宿Logo；香囊的填充物各种香料要分别购置，可以按照驱蚊、安眠、辟邪等不同功能制作配料表。客人根据自己的需求，选择不同的香囊和香料。

7.包粽子（如图2-7-13所示）

图2-7-13　包粽子活动示意图

包粽子是端午节最传统的项目之一，在此不赘述。

重点环节提示：要多预备一些小号盆子，每家包三五个即可。同时，预备一些网兜，煮的时候做好标注。

8.退房：艾草花束（如图2-7-14所示）

图2-7-14　艾草花束活动示意图

扎艾草放在门前，也是端午节的传统项目之一。现代城市的家庭里，依然也有很多人将艾草放在门前，避免夏天蚊虫飞入房内。利用端午节，让客人自己动手扎一束艾草，带回家放在门前，可以回忆一整年，且是个很好的营销入口。

重点环节提示：艾草花束扎带上要打上民宿的名称或者Logo，起到广告效果。为解决悬挂的问题，可以赠送客人无痕挂钉以及包装袋。

资料来源：佚名. 端午节民宿活动策划［EB/OL］.［2023-06-02］. https：//mp.weixin.qq.com/s/1vvcPpDPYW2qunWUdr3tdw.

案例点评：

端午节的传统活动非常丰富，且大多表达浓厚的家庭亲情概念，非常适合用来拉近与民宿住客之间的距离。如文中所设计的活动流程，考虑到了活动之间的时间先后、各模块时间长短，以及理念上的主次穿插，具有较强的实操性和可借鉴意义。在实际应用中，在端午节3天假期时间内，如果参照表2-7-2的模板进行转换，便能支持活动的落地执行。

表2-7-2　　　　　　　　　某民宿端午节活动方案流程表

序号	日期	时间	活动项目	活动重点环节注意事项	地点
1	入住第一天	入住时	入住沐兰汤	客人办理入住后；盆子切不可用塑料盆，要有一定的仪式感	客房内或办理入住的前厅
2		晚餐后	画额面	雄黄酒要保证质量，避免买到假酒损害客人皮肤。盛放雄黄酒的容器可以选用广口酒器。毛笔可以选用兼毫，提前泡软并备笔架	民宿室内公共空间
3	入住第二天	早餐后	射五毒	如有条件应在室外进行；室内可在距离吧台不远的地方设置五毒箭靶；可选择吸盘箭头，勿用容易伤人的金属箭头等	民宿室外/室内公共空间
4		午餐后	套圈有奖	套圈的目标可以采用统一的盲盒形式，这会增加客人的惊喜感；设置奖品；五星好评送红烧鲤鱼一条（要好评）；下午茶立减20元（促销）	民宿室外/室内公共空间
5		晚餐前	投壶有奖	投壶的箭要多准备一些，以防在游戏过程中丢失或损坏；奖品设置可以参照"套圈有奖"，按照投入壶中的箭数来确定；保证人人有奖	民宿室外公共空间
6		晚8点到9点	做香囊	香囊可以提前定制，加印民宿的Logo等；香囊的填充物可以按照驱蚊、安眠、辟邪等不同功能制作配料表；客人根据自己的需求，选择不同的香囊和香料	民宿室外/室内公共空间
7	入住第三天	早餐后	包粽子	要多预备一些小号盆子，每家包三五个即可；同时，预备一些网兜，煮的时候做好标注	民宿室内公共空间
8		退房前	艾草花束	艾草花束扎带上要打上民宿的名称或Logo，起到广告宣传效果；为解决悬挂的问题，可以赠送客人无痕挂钉以及包装袋	入住/退房前厅

二、制作民宿活动方案的工作任务安排表

工作任务安排表是对方案制作过程中各项任务的详细安排和分工。它既是活动现场的执行纲领、准则，也是所有人员的行动号令。通过制作任务安排表，可以清晰地分配工作任务，确保每个成员都知道自己的职责和任务，协调团队合作，提高工作效率和质量。

（一）确定活动方案工作任务的整体目标和范围

制作民宿活动方案工作任务安排表的第一步是确定工作任务的整体目标和范围。只有在对目标的统一认识和清晰的范围界定基础上，才能将工作任务全面整体地进行梳理。

（二）将任务分解为具体的子任务或阶段，确保任务的可管理性

在进行任务分解时，需要确保每个子任务都具备以下要素：明确的目标和交付物、具体的执行步骤和时间要求、责任人和资源需求。同时，要注意任务之间的依赖关系和优先级，以便合理安排工作流程和资源分配。

根据活动的时间顺序划分：将整个活动过程按照时间线划分为不同的阶段或子任务，例如前期准备、活动执行、后期总结等。这样可以确保任务按照合理的顺序进行，并且每个阶段都有明确的目标和任务。任务分解可采用以下几种方式：

1.根据活动的功能模块划分

分解任务时可以将活动方案按照不同的功能模块进行划分，如活动策划、场地布置、材料采购、宣传推广等。每个功能模块可进一步划分为具体的子任务，以便更好地组织和管理工作。

2.根据不同团队或责任人划分

分解任务时可以根据不同的团队或责任人的职责和专长，将任务分配给相应的团队或责任人，并确保每个团队或责任人都清楚自己的任务和目标。这样可以提高工作效率和落实责任。

3.使用任务分解工具

分解任务时可以使用任务管理工具或项目管理软件来提供帮助，如甘特图、工作分解结构（WBS）等。这些工具可以帮助可视化任务和子任务之间的关系，使任务分解更加清晰和可管理。

通过合理的任务分解，可以更好地组织和管理民宿活动方案的落地执行，确保各项任务有条不紊地进行，让每一个子任务成为可管理的任务。

（三）确定任务的优先级，以便进行适当的排序和分配资源

分解完任务后，要在所有任务系统中根据任务的重要性、紧急程度、依赖关系、资源可用性和利益相关者需求等因素来确定任务的优先级和紧急程度。这样可以更好地组织和安排工作，确保民宿活动方案的顺利实施。以下是进行任务优先级排序的维度

参考：

1.重要性评估

评估每个任务对活动方案实施成功的重要性。考虑任务对活动的核心目标、关键结果和参与者的影响程度。将那些对活动成功至关重要的任务标记为高优先级。

2.截止日期和时间要求

考虑每个任务的截止日期和时间要求。如果任务有明确的截止日期或时间限制，将其视为紧急任务。确保根据截止日期和时间要求来安排工作和制定优先级。

3.依赖关系

识别任务之间的依赖关系。某些任务可能需要在其他任务完成之后才能开始或继续进行。优先处理那些有较高依赖性的任务，以确保整个工作流程的顺利进行。

4.资源可用性

考虑可用资源的情况，包括人力、物力和时间等方面。如果某个任务需要特定的资源，而这些资源目前有限或不可用，可能需要将其优先级调整为较低，以便先处理那些资源更容易获取的任务。

5.利益相关者需求

考虑各个利益相关者的需求和关注点。根据不同利益相关者的关注点和重要性，调整任务的优先级，以满足相关方的需求和期望。

（四）分配任务给合适的团队成员或个人，并明确权责

在进行任务的人员分配时，有三方面必须充分考虑。

第一，考虑团队成员的专长和技能。了解每个团队成员或个人的专长和技能，将任务分配给最适合的人。考虑他们的经验、知识和技能背景，确保任务能够在最高水平上完成。

第二，考虑工作负荷和可用性。评估每个团队成员或个人的工作负荷和可用性。避免给已经负荷过重的人分配过多任务，以免影响其工作质量和效率。合理安排任务，确保每个人都有适当的工作量，并留出时间处理紧急情况或其他重要任务。

第三，考虑团队合作和协同。在分配任务时，考虑团队成员之间的合作和协同需求。有些任务可能需要多个人合作完成，需要确保任务之间的协调和沟通顺畅。考虑团队成员之间的互补性，以促进团队的协同工作。同时，提供清晰的任务说明和期望，确保团队成员对任务的目标、要求和交付物有明确的理解。明确任务的截止日期和任何其他重要细节，以便团队成员能够准确地安排工作和时间。

（五）确定任务分配并制成表格下发到个人，确保任务可行性

活动方案的工作任务安排表在编制过程中需要从活动前、中、后三方面注意以下关键点。

活动前，充分进行准备工作：

（1）目标和范围：明确活动的目标和范围，确保任务安排与活动目标保持一致。

（2）时间计划：合理安排活动任务的时间表，确保各项任务能够按时按量完成。

（3）资源分配：确定活动所需的人力、物力和财力资源，并合理分配给各项任务。

（4）责任和权限：明确各项任务的责任人和相关人员的权限，确保任务执行的协调性和有效性。

（5）风险管理：识别和评估活动可能面临的风险，并提前制定相应的应对策略。

活动中，充分留足灵活应对突发状况的空间：

（1）监控和协调：跟踪任务的执行进度，及时发现和解决问题，确保活动按计划进行。

（2）沟通和协作：保持与团队成员之间的良好沟通和协作，确保任务之间的衔接和配合。

（3）质量控制：监督任务的执行质量，确保活动达到预期的质量标准。

（4）变更管理：如果活动中出现了变更需求，及时评估和管理变更的影响，并相应调整任务安排。

活动后，及时复盘并持续跟进客户的反馈：

（1）评估和总结：对活动进行评估和总结，分析活动的效果和问题，为类似活动的改进提供参考。

（2）文件归档：保存和归档与活动相关的文件和记录，便于日后查阅和复盘。

（3）反馈和感谢：向参与活动的人员提供反馈并表示感谢，肯定其贡献，并建立良好的合作关系。

案例分享 2-7-3　民宿活动执行任务分工表

表 2-7-3 是××民宿活动执行任务分工表。

表 2-7-3　　　　　　××民宿活动执行任务分工表

活动日期：

活动地址：

组别	负责事项	具体内容	责任人	执行人	完成时间
文案组	主持	负责整场活动流程、时间和气氛把控			
	宣传文案	现场展示文案、背景音乐收集 前后期文案撰写、把控			
场地布置组	设计	场地布置设计方案			
	准备	场地氛围所需的物品制作/购买/租赁			
	布置	活地当天场地布置			
	摄影	现场摄影、DV摄像			
	技术支持	灯光、音响、投影、电脑等			
	安全检查	开场前的各项安全检查（消防、电源、设备等）			
后勤组	选址	选址、预订、费用预结算等			
	前后期宣传	前期客户邀约，后期互动宣传			
	材料采购及保管	采购、运输、分配、保管活动物资			

案例点评：

　　案例是××民宿进行一场较大型活动的任务分工表，因任务较复杂，故按任务内容将人员和事项分为文案、场地布置和后勤三个小组，每个小组又细分了具体复杂事项，表格中单列了每一项的具体内容，以便每个人都能对所负责的内容事项一目了然。同时又将每类事项分为责任人和具体执行人，责任人统筹整个小组任务，执行人负责跟进单项事务，分工清晰、明了。另外，每个任务都有明确的时间节点来确保按时完成。

三、制作民宿活动方案的预算表

　　预算表是方案制作中必不可少的部分，是对经费和资源使用的通盘考虑，是活动控制好成本的关键工具，也是活动执行的关键性参考指标。制定预算表可以合理安排资源和预算，控制成本，确保方案的可行性和经济性。

（一）预算编制的四大基本原则

　　原则一：目标一致性原则。预算目标与活动目标一致，服从民宿经营目标。

　　原则二：全面性原则。预算需覆盖活动的前、中、后全过程。

　　原则三：适度性原则。遵循实事求是，防止低估或高估预算目标，保证预算在执行中切实可行。

　　原则四：分类和范围合理，颗粒度足够精细。对于细项分类精细度越高，越能精准匹配活动目标。

（二）预算表编制的主要科目

　　活动一般分为三个阶段：活动准备期、活动现场实施期、活动结束后，接下来将按照这三个阶段对应其中的主要预算科目。

1.活动准备期

　　活动准备期一般包括活动推广费用、场地费用、宣传物料费用等科目。

　　活动预算中排在首位的就是推广费用，包括推广渠道投放费用（活动推广平台、微信朋友圈、广告媒体等）；邀请分享嘉宾费用；邀请媒体平台到场报道费用。

　　场地费用包括场地租金、设施租赁费用、会场布置费用、其他支持费用等。如使用民宿自有场地，这部分费用则可以省去。

　　宣传物料费用包括宣传手册、海报易拉宝、随手礼袋、会议资料、各环节的礼品等费用。

2.活动现场实施期

　　一般包括交通、住宿费用，餐饮费用，活动道具费用，礼品费用等。

　　大部分以民宿为据点的活动不会产生交通和住宿费，但如果是大型异地活动，则可能会产生志愿者、客人到场地的往返交通费和部分住宿费等。活动过程中提供的茶歇、小食品或餐点等均纳入餐饮费用明细中。活动道具费和礼品费是根据每场活动的特殊性专项编制的，这两项费用的产生主要是为客人创造更为美好的活动体验。

3.活动结束后

活动结束后的费用多为一些杂费，涉及科目较多较细，例如活动过程中一些临时性安排产生的费用，包括打印、临时运输及装卸、纪念品、模特与礼仪服务、临时道具、传真及其他通信、快递服务、临时保健、翻译与向导、临时商务用车、汇兑等。杂费的预算较难编制，通常可以在预算中增列不可预见费用作为机动处理。

（三）预算表编制的主要流程

对于民宿活动而言，要从民宿经营效益和活动举办的通盘效益来考虑预算的编制，因此在预算编制时应遵循以下流程：

首先，要确定活动的整体预算限额。所有预算应在总成本限额之下来进行合理分配编制。

其次，应列出活动所需的各项费用，考虑要全，颗粒度要细，包括场地租赁费、装饰费、设备租赁费、人工费用、食品饮料费用等。

同时，对每一项费用进行估算和预算，可以通过市场调研或询价获得相应的数据。金额要尽可能精准，保证预算的合理性。

再次，确定费用的优先级和紧急程度，以便进行适当的分配和控制。同时，考虑到可能的变动和风险，留出一定的预留金或应急资金即不可预见费。

最后，注意持续跟踪和记录费用的实际支出情况，进行实时的预算控制和调整。

| 案例分享 2-7-4 | 民宿活动方案预算表 |

表2-7-4为某民宿活动方案预算表。

表2-7-4　　　　　　　　某民宿活动方案预算表

科目	具体物品	数量	单价（元）	总价（元）
宣传用品	宣传展板	2个	100	200
	横幅	1个	80	80
	宣传单（三折，铜版纸）	30份	35	1 050
活动用品	各分队服饰费（帽子）	30个	30	900
	道具费（哨子、旗子）	30个	10	300
	饮用水	60份	5	300
其他	场地布置费	—	300	300
	胶带、笔等办公用品费	2套	10	20
	机动费用	—		150
合计				3 300

案例点评：

案例是某民宿进行一场参与人数为30人左右的小型活动预算表。活动所涉及的费用科目并不复杂，主要是一些宣传用品和活动用品的费用。从表中可以看出，这类活动的费用预算编制只要将科目类别分清楚，各阶段的费用明细也就都能一一对应了。

做一做 2-7-2

制作民宿活动方案表格

以本项目任务一中已完成的完整活动方案内容编排为基础，将其中的三类重点内容制作成表格，便于方案的执行。

步骤一：制作民宿活动方案的流程表

根据活动的目标和内容，制订出详细的实施计划，以顺利执行为最终目的，拟定整场活动方案内容衔接的流程表。

步骤二：制作民宿活动方案的工作任务安排表

在方案流程表的基础上，再将活动内容细分为具体可执行的任务，确保每项任务责任到人，且有明确的任务目标和要求，据此制作活动方案的工作任务表。

步骤三：制作民宿活动方案的预算表

在本项目任务一已列出的与活动相关的所有费用项目基础上，单独制作完整的预算表。

实务参考 2-7-2

某民宿定于三八国际妇女节当天做一场回馈女性客户的游园活动。作为一场轻量级的活动，依据活动策划方案，依次单独陈列了方案中最重要的三个表，分别为活动流程表（见表2-7-5）、任务安排表（见表2-7-6）和预算表（见表2-7-7）。

表 2-7-5　　　　　　　　　　　**某民宿妇女节活动流程表**

活动时间	活动地点	活动内容	注意事项
8：00—8：30		集合	雨天取消活动
8：30—8：50	民宿露营基地广场	破冰小游戏（分组，介绍队员、队名及口号）	提前了解住客喜好
8：50—9：30		趣味小游戏（袋鼠跳、一图到底、趣味问答）	物品提前带到现场
9：30—10：00		品尝美味下午茶，并给所有女生发伴手礼	厘清礼品数量
10：00—11：00	民宿露营基地全域	自由活动，所有人员可自行游园、赏花、骑行、散步	工作人员联系方式
11：00—11：30	民宿露营基地广场	集合合影留念；在支付宝"运动-行走捐"界面进行公益捐步，并统计今日总捐步步数；活动圆满结束	合照的发放

表2-7-6　　　　　　　　　　　某民宿妇女节活动任务安排表

任务事项	责任人	达成目标
方案策划、场地考察	民宿主理人	3月1日前完成
材料采购、场地布置	管家A	3月8日7:00前完成
摄影、摄像记录	管家B	照片、视频质量清晰度过关
现场主持及组织	民宿主理人	现场气氛融洽欢乐
游戏道具摆放、计时	管家A	及时性、应变性
主持人助理、礼品发放	管家A、B	
后期宣传联络	民宿主理人	及时发布并将合影发到活动群中；持续跟进群动态

表2-7-7　　　　　　　　　　　某民宿妇女节活动方案预算表

序号	预算项目	单位	数量	单价（元）	费用（元）	备注
1	袋鼠跳道具	个	4	35	140	
2	呼啦圈	个	2	22	44	
3	伴手礼	份	15	30	450	
4	小奖品	套	10	28	280	
5	茶歇	人	20	30	600	含水果、糕点、饮料
6	其他道具（组队彩笔、纸等）	套	3	15	45	
	总计				1 559	

视频分享
2-7-2

山原色民宿
游学活动
安排

资料来源：作者根据相关资料整理.

评一评2-7-2

根据学生在任务实施中的表现完成本任务评价表（见表2-7-8），可以此作为该任务学习的成绩参考基础。

表2-7-8　　　　　　　　　　制作民宿活动方案表格任务评价参考表

评价项目	评价标准	分值	得分
步骤一：制作民宿活动方案的流程表	• 内容组合流畅性：各活动内容之间衔接是否顺畅且符合场地和时间等要求 • 内容效果递进性：活动内容实施流程是否符合整体活动定位的目标、需求等，有递进的效果	40	
步骤二：制作民宿活动方案的工作任务安排表	• 任务目标明确性：确保任务的描述清晰明确，包括任务的范围、所需成果和完成期限等 • 分工合理性：根据可用资源的情况，合理分配任务，确保任务能够在规定的时间内完成，并避免过度负荷或资源浪费	20	
步骤三：制作民宿活动方案的预算表	• 预算科目全面性：确保尽可能详尽地列出所有费用项目，以避免遗漏 • 预案周全性：活动期间可能发生的额外费用，如临时人工费、交通费用、不可预见的问题解决等是否充分考虑	40	

任务三　设计民宿活动方案封面

封面是方案给人的第一印象，一个精心设计的封面可以突出方案的特点和亮点，提供直观的信息传达，增加方案的可读性和可理解性。同时，封面设计也是对方案主题和风格的呈现，能够塑造方案的形象。

在设计民宿活动方案封面时，我们应注重基本要求的满足，合理选择模式组合，以及注意关键要素的设计。通过精心设计的封面，可以提升方案的吸引力和可读性，为民宿活动的成功推广和实施打下良好的基础。

【知识目标】

1.理解民宿活动方案封面设计的基本要求。
2.掌握民宿活动方案封面设计的关键要素。

【能力目标】

1.通过练习不同模式组合下的封面设计，掌握活动方案封面设计的初步技能。
2.通过民宿活动方案封面设计的实际演练，可将关键要素在设计中灵活应用。

【素养目标】

1.通过对民宿活动方案封面设计中基本要求和关键要素的深入理解，培养创意设计素养，提升学生的创新意识和美学素养，并塑造学生的积极价值观。
2.通过设计吸引目标受众的民宿活动方案封面，提高学生视觉艺术素养，能有效传达民宿活动特色与品牌形象。
3.通过与相关团队协调，确保封面设计符合活动要求，培养团队协作与沟通素养。

学一学 2-7-3

一、民宿活动方案封面设计的基本要求

一个成功的民宿活动方案封面设计应围绕主题展开，突出核心亮点，具备创新创意，注重文案设计，并与活动宣传渠道相匹配。精心设计的封面，能够吸引人们的注意力，提高活动的知名度和参与度。

（一）围绕主题

封面设计应紧密围绕民宿活动的主题，如节日庆祝、户外探险、美食体验等。整体

设计要能够传达活动的核心内容和氛围，给人一目了然的感觉。

（二）突出核心亮点

封面设计应突出活动的核心亮点，如特别的活动安排、独特的体验项目或特色服务。通过视觉元素的凸显和排版的巧妙运用，吸引读者的注意力，增加活动的吸引力。

（三）创新创意

设计要具备创新和创意，以区别于其他活动的封面设计。可以运用独特的图形、色彩和排版方式，营造出与众不同的视觉效果。创新的设计能够吸引人们的兴趣，增加活动的曝光度和参与度。

（四）文案设计

封面上的文案设计应简洁明了，能够准确传达活动的核心信息。选择合适的字体和排版风格，使得文案易于阅读和理解。可以使用有吸引力的口号或标语，增加封面的吸引力和可记忆性。

（五）与活动宣传渠道相匹配

考虑活动的宣传渠道，如社交媒体、网站、传单等，封面设计要与宣传渠道相匹配。确保设计的尺寸和格式符合宣传渠道的要求，以便于在不同的平台上进行宣传和分享。

二、民宿活动方案封面设计的模式组合

在进行民宿活动方案封面设计时，根据不同的要点，有以下模式组合可应用：

（一）纯文字

使用简洁明了的字体和排版方式，将活动的核心信息以文字形式展示在封面上，如图2-7-15所示。通过选择合适的字体大小、颜色和风格，使文字具有吸引力和可读性。

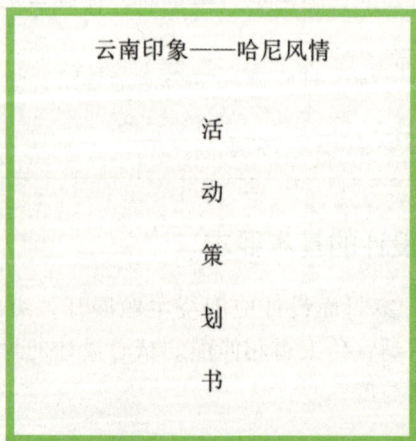

图2-7-15　纯文字封面示意图

（二）文字加色块

在文字的周围或背景上添加色块，如图2-7-16所示，以突出文字内容。可以选择与活动主题相关的颜色，或者采用鲜明对比的色彩搭配，使封面更加醒目和引人注目。

图2-7-16　文字加色块封面示意图

（三）文字加图形

在文字的旁边或背景中添加简单的图形元素，如图2-7-17所示，以增加封面的视觉吸引力。图形可以是与活动主题相关的符号、图标或装饰性的图案，使封面更加生动有趣。

图2-7-17　文字加图形封面示意图

（四）文字加单图

在文字的一侧或上方添加一张与活动相关的单张图片，如图2-7-18所示。该图片可以是代表活动内容或主题的照片、插图或图标，通过图像的展示，增加封面的信息传达和吸引力。

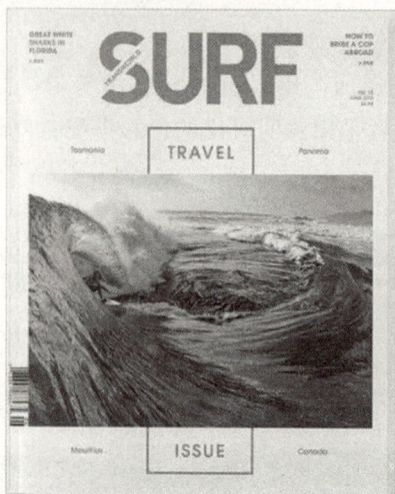

图 2-7-18　文字加单图封面示意图

图片来源：佚名. 6种画册封面设计的常用形式，设计师必备［EB/OL］.［2020-07-18］. https://zhuanlan.zhihu.com/p/161480498.

（五）文字加多图

在文字的周围或背景中添加多张与活动相关的图片，如图 2-7-19 所示。可以选择多个代表活动特色或亮点的图片，以图像的形式呈现活动内容，增加封面的丰富性和吸引力。

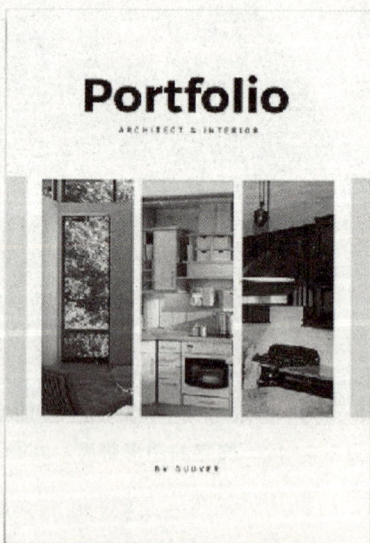

图 2-7-19　文字加多图封面示意图

图片来源：佚名. 6种画册封面设计的常用形式，设计师必备［EB/OL］.［2020-07-18］. https://zhuanlan.zhihu.com/p/161480498.

（六）文字加图片加色块

将文字与图片结合，并在背景上添加色块，如图2-7-20所示，以增加封面的层次感和视觉效果。可以将文字置于图片上方或下方，并在背景中添加色块以突出整体设计。这种组合方式可以创造出独特而吸引人的封面效果。

图2-7-20　文字加图片加色块封面示意图

在选择模式组合时，需要根据活动的主题、目标受众和设计风格进行综合考虑。重要的是要确保封面设计与活动内容相符，吸引目标受众的注意力，并有效传达活动的核心信息。

三、民宿活动方案封面设计的关键要素

在进行民宿活动方案封面设计时，最主要是要能够更好地满足活动需求，吸引目标受众的关注，提高活动的知名度和参与度。因此，应注意以下关键要素：

（一）目标受众

了解活动的目标受众是谁，他们的喜好、需求和特点是什么。根据目标受众的特点，选择适合他们口味的设计风格、色彩和视觉元素，以吸引他们的注意力。

（二）活动主题和内容

封面设计应紧密围绕活动的主题和内容展开，传达活动的核心信息和特色。要确保设计风格和元素与活动主题相符，能够准确表达活动的氛围和特点。

（三）简洁明了

封面设计要简洁明了，避免信息过载。核心信息应以清晰的方式呈现，确保读者能够快速获取。使用简洁的文案和视觉元素，让封面更加易于理解和记忆。

（四）吸引力和与众不同

封面设计应具有吸引力，能够在众多活动中脱颖而出。通过独特的创意和视觉效果，吸引读者的眼球并引起他们的兴趣。与其他封面设计区别开来，展现出独特性和创新性。

（五）一致性和品牌形象

封面设计要与民宿品牌形象保持一致，体现出民宿的特色和风格。使用与品牌一致的色彩、字体和图形元素，加强品牌的识别度和连贯性。

（六）宣传渠道要求

考虑活动的宣传渠道和平台，确保封面设计符合其要求和规范。不同渠道可能有不同的尺寸和格式要求，设计师需要根据不同的宣传媒体，提供符合要求的设计作品。

做一做 2-7-3

民宿活动方案封面设计

基于本项目任务一中已完成的完整活动方案内容以及本项目任务二中的所有附件表格，为该活动方案设计恰当的封面。

步骤一：收集特色活动方案封面

根据不同组合模式，收集具有特色的方案封面（注意：主要收集活动策划方案封面，但不限于活动策划方案）。

步骤二：特色活动方案封面对比分析

将收集到的活动方案封面进行对比分析，从与主题匹配性、简洁性、吸引力、美观性、价值感等方面综合评估，并以此形成一个特色活动方案封面库，后期可随时选用。

步骤三：设计适宜的活动方案封面

为整体活动方案，包括本项目任务一已成形的活动方案内容以及本项目任务二制作的附件表格，设计适宜的活动方案封面。

实务参考 2-7-3

参考一：文字加图片加色块（如图 2-7-21 所示）

封面以符合主题的一张图片做底，覆盖上具有透明度的色块，选择具有高级感的莫兰迪绿色，文字全部呈现在色块上，使得主题清晰，具有意境。

图 2-7-21 文字加图片加色块封面案例

参考二：文字加单图（如图 2-7-22 所示）

封面以一张单图做整体底图，文字嵌入图片中，图片是活动主题和内容的体现，文字的组合方式体现了创意并呼应主题，并配以Logo注明版权。

图2-7-22　文字加单图封面案例

评一评2-7-3

　　根据学生在任务实施中的表现完成本任务评价表（见表2-7-9），可以此作为该任务学习的成绩参考基础。

表2-7-9　　　　　民宿活动方案封面设计任务评价参考表

评价项目	评价标准	分值	得分
步骤一：收集特色活动方案封面	·收集数量：6种模式组合是否全覆盖，且每一种不低于1个封面案例 ·收集质量：是否符合模式组合的标准，是否有与活动方案类型相似的案例	10	
步骤二：特色活动方案封面对比分析	·分析全面性：是否从与主题匹配性、简洁性、吸引力、美观性、价值感等方面综合评估 ·分工精准度：分析维度与封面的实际呈现效果是否匹配	30	
步骤三：设计适宜的活动方案封面	·模式组合选择：根据活动内容、主题选择合适的模式组合 ·设计要点齐全性：是否满足设计的基本要求和关键要素	60	

【参考文献】

1. 成文胜. 策划学概论新编［M］. 2版. 北京：中国广播电视出版社，2018.
2. 费尼奇. 会展业导论［M］. 王春雷，译. 4版. 重庆：重庆大学出版社，2018.

模块三

实施民宿活动

项目一
未雨绸缪——做好民宿活动实施准备

为确保民宿活动的顺利实施，民宿需要根据活动具体的开展时间，提前做好各项准备工作，具体包括人员的安排、形象塑造，活动物品和设备的准备，活动场地的准备等。

【项目导图】

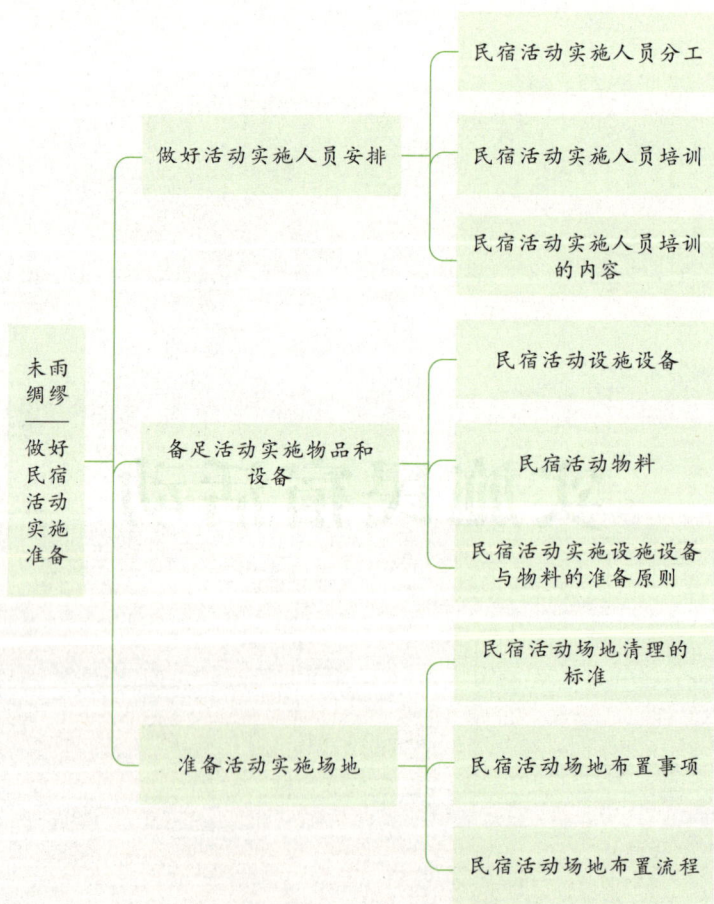

任务一 做好活动实施人员安排

民宿活动实施过程中人的因素是最为关键的。人员的服务既是民宿温情服务的体现，也是活动实施过程中的灵魂体现。一个好的民宿活动实施人员可以让客人的活动体验变得更好，从而形成良好的民宿口碑。活动实施人员在前期活动准备、活动现场组织协调、活动结束后的复盘各环节都起到十分重要的作用。在民宿活动准备阶段，重点需要做好人员的培训以及分工。

【知识目标】

1. 了解民宿活动人员培训的内容。
2. 掌握民宿活动的人员分工原则。

【能力目标】

1. 通过民宿活动人员培训内容的学习，能够对民宿活动实施人员进行培训。
2. 通过对民宿活动的人员分工原则的分析，能够合理地进行人员分工。

【素养目标】

1. 了解民宿活动人员培训的内容，增强职业使命感和责任感。
2. 掌握民宿活动的人员分工原则，增强团队合作意识，提升沟通能力。

学一学 3-1-1

一、民宿活动实施人员分工

民宿活动实施人员分工，是指民宿员工与特定活动的配合，即指派哪个或哪些员工去完成特定活动中的哪项工作。

（一）明确用人需求

民宿需要根据特定民宿活动内容及参与人员，提前确定此次活动需要的员工数量。一些特定活动可能由固定的某位民宿员工实施，如古琴课程等，需要专业老师授课；也有一些活动，如户外研学拓展，需要根据实际参与人数确定用人数量。

（二）合理分工

民宿活动实施过程中，需要根据团队员工的性格、爱好、技能来分配任务。由于民宿一般体量较小，员工人数不多，因此更需要深入了解员工，挖掘、开发员工潜能，从而培养成为"多面手"，确保团队人员的高效。某民宿元宵节活动人员分工及工作安排见表3-1-1。

表3-1-1　　　　　　　某民宿元宵节活动人员分工及工作安排表示例

责任人	时间安排	主要事项
×××	2024年2月18日—24日	负责广告宣传牌、宣传单、电子横幅中宣传内容的制作；检查场地装饰布置
×××	2024年2月17日—24日	保证场地清洁度；保证活动过程中的安全；做好活动礼品、活动相关工具的采购工作；布置场地；培训活动主持人、活动工作人员
×××	2024年2月19日—25日	做好采购预算；做好后期费用结算工作

二、民宿活动实施人员培训

民宿活动实施人员是指在民宿活动过程中提供服务的民宿工作人员。为了确保活动的顺利执行和客户满意度，民宿活动实施之前需要对活动执行人员进行全方位的培训，培训内容包括活动的整体目标、流程、安全措施、服务标准、客户沟通技巧以及应急处理等。

民宿活动实施人员培训具有重要作用。通过培训，民宿活动实施人员可以掌握必要的技能和知识，以确保活动的成功执行。培训有助于提高民宿执行人员的专业素养，提升其对活动的理解和执行能力。培训还可以增强团队的协作和沟通能力，使其更好地协同工作。此外，培训还有助于提高活动的安全性，减少潜在风险，确保参与者和工作人员的安全。通过培训，活动实施人员能够更好地应对突发情况，灵活应对挑战，提供更高质量的服务，增强客户满意度，同时提高公司的声誉和竞争力。总之，民宿活动实施人员培训是确保活动成功和客户满意的不可或缺的一环。

三、民宿活动实施人员培训的内容

民宿活动实施人员培训可以分为活动技能、服务意识、沟通能力、职业形象、活动安全培训。

（一）基础技能培训

民宿活动丰富多彩，民宿需要根据特定活动提前培训基础技能。如非遗手工制作课程，实施人员应事先培训掌握手工制作过程，从而在活动中做好导师。

（二）活动实施流程培训

民宿活动实施人员的活动流程培训是为了确保他们熟悉、理解和能够执行活动的各个环节。培训包括详细介绍活动的整体流程，包括接待客户、活动前的准备、活动执行、安全措施、餐饮服务、娱乐项目、团队建设活动等各个阶段。活动流程培训有助于确保每个环节都顺畅无误，提供出色的客户服务，同时保障活动的安全和质量。

（三）服务礼仪培训

民宿员工在活动实施过程中的态度同样也会影响客人对于整个活动乃至入住的体验，需要培训员工积极、主动、热情的服务意识，用温情、真情打动客人。同时，也需要培训活动礼仪，如正确指引、带路、打招呼等。

（四）沟通能力培训

民宿活动实施过程中，民宿员工需要与客人进行沟通，员工之间也需要沟通，良好的沟通能力也会影响客人的活动体验。面对不同类型的客人，沟通过程中的语音语调语速甚至都要有所变化，在特定活动开展前需要进行有针对性的培训。

（五）职业形象培训

民宿活动人员代表的是民宿，其形象也会影响到客人对于民宿的印象。因此，民宿活动实施人员需要进行职业形象相关培训。例如，有的民宿会给员工发统一的工服，或者围裙、徽章、胸牌等，需要正确穿戴，保持整洁、干净。同时，还要培训员工保持个人发型的整洁，注重个人卫生、仪容仪表。整体穿着要适合特定活动的展开。

尽管民宿不一定有统一的制服，但最好有一个身份标识物，如带有民宿 Logo 的上衣、饰物会让客人一眼就能找到民宿活动实施人员，这是一种服务信号。

（六）活动安全培训

民宿活动实施因为涉及一定的参与人员，同时根据活动内容，使用的一些物品和设备可能存在安全隐患，或者活动场地存在一定的安全问题。因此，需要进行活动安全培训，整理安全注意事项，及时做好预警机制。

案例分享 3-1-1　中华虎凤蝶自然博物馆夏令营开始啦！

生态、自然、文化、非遗、精美食宿让你 happy 一"夏"！

1.中华虎凤蝶自然博物馆讲解

位于江苏省南京市浦口区的中华虎凤蝶自然博物馆（如图 3-1-1 所示），是中国唯一一家只为一种蝴蝶——中华虎凤蝶而建的博物馆。博物馆中有来自世界各地的 400 只珍贵的蝴蝶标本，仿佛进入童话中的蝴蝶王国。中华虎凤蝶自然博物馆以"爱与生命"为主题，通过对中华虎凤蝶全虫态的展示以及对世界虎凤蝶家族的解密，以序厅、中华虎凤蝶全虫态、虎凤蝶属的研究 3 个常设展区，完整再现了中华虎凤蝶从卵到羽化的全过程，并明确标注了虎凤蝶属在世界各区域的分布。在这里，孩子们可以探索不同地域的蝴蝶故事，领略中华虎凤蝶的生命奥秘。

图3-1-1　中华虎凤蝶自然博物馆（编者拍摄）

2.中华虎凤蝶"爱与生命"主题课程

中华虎凤蝶自然博物馆致力于对中华虎凤蝶的同步调研，历时5年沉淀了同步调研的方法和孩子们的同步教学经验，并出版了中华虎凤蝶5年调研成果。课程展现了中华虎凤蝶的生命历程，让孩子们体会爱与生命的意义。

3.老山徒步

贴近自然，观察植物，认识动物，孩子们可以充分地体会老山物种的多样性。沿徒步路线搜寻蝴蝶与蜜源植物，让孩子们深入地学习相关知识，从中收获快乐。徒步不仅让孩子们丰富知识，也能训练他们的体能与毅力。

4.树叶拓印

自然不仅是满足孩子们好奇心和探索欲的场所，更是培养动手能力的绝佳环境。孩子们进入到真实的自然环境，激发对艺术美感的认知，并将其制作成艺术品。

5.自然笔记

以手绘图文的方式，呈现孩子们在探索过程中的收获与发现。在几日的探索观察中，孩子们找到了自己最喜欢的动植物，并细心观察记录，收获知识与快乐，锻炼了他们的观察、写作、绘画、研究与综合展示能力。

6.蝴蝶小屋搭建

蝴蝶小屋是蝴蝶的"庇护所"，每只蝴蝶都需要保护，它们在生态平衡中扮演重要的角色。搭建一间小屋，培养孩子们热爱自然的意识，也可了解蝴蝶的生存环境。

7.非遗门笺

石桥门笺，市级非物质文化遗产，是一种用纸张雕刻的彩绘美术工艺。让孩子们近距离观赏非遗门笺，了解石桥门笺的传承故事，领略门笺文化的独特魅力。在动手体验的过程中，激发他们学习传统文化的热情。

8.蝶梦艺展

本次夏令营将收集孩子们的研学成果和作品，作为记录老山和孩子们研学实践的生态艺术成果，在墨上花开乡村美术馆展出。墨上花开乡村美术馆主张天地大美，美在自然，展示自然、人文、艺术与乡村的融合。

夏令营地点：老山

百里老山宛若一艘"生命方舟"，承载起生命的温度和力量。随着老山的绵延，生物种类变得越来越丰富。老山景区物种数已更新到2 081种，其中国家一级保护物种3种，国家二级保护物种34种。尤其是中华虎凤蝶，因其独特性和珍贵性被昆虫专家誉为"国宝"。

蝶梦山丘自然之心研学基地成立于2016年，2022年入选江苏省环境科学学会环保科普基地。该研学基地自成立以来专注于蝴蝶生命研学，成员由学术专家、教育从业者及自然环境从业者等组成，科学有序地推进了中华虎凤蝶保护行动，并更好地向公众提供了科普服务及更专业的自然课程开发，共同为自然教育事业贡献力量。

* 行程安排：

第一天

10：30　集合

11：00　开营仪式

14：00　唤醒游戏（抓鸭子）

14：30　中华虎凤蝶自然博物馆讲解

16：00　自然观察

19：00　开营晚会

第二天

9：00　唤醒游戏（生物进化论，扮演不同动物，一对一进行PK）

9：30　收拾行装开始自然探索之旅

15：30　太阳魔法（晒蓝作品）

16：30　自然游戏

19：00　观星

第三天

9：00　唤醒游戏（热身游戏）

9：30　自然观察，完善自然笔记，树叶拓印

11：00　石桥门笺非遗传承课程

14：00　水精灵大战

16：00　中华虎凤蝶的小秘密

18：30　看夕阳，夜观

第四天

9：00　唤醒游戏（自然照相机）

9：30　中华虎凤蝶自然课程

10：30　搭建蝴蝶的家，进行更近距离的蝴蝶观察

14：00　水墨大垱探险

15：00　蝴蝶主题版画

16：00　根据几天的观察收获，完成自然笔记

19：00　自然笔记分享会

第五天

9：00　黑石山寻宝

10：00　蝴蝶翅膀制作

11：00　开始蝶梦艺展布置

14：00　邀请家长参观艺展

15：00　颁发荣誉证书，合影留念，可以进行作品互换作为纪念

15：30　结营

招募详情：

招募对象：6～12岁

招募人数：20人

营地地点：蝶梦山丘自然之心民宿（如图3-1-2所示）

图3-1-2　蝶梦山丘自然之心民宿外部环境（编者拍摄）

开营时间：

第一期　7月3日—7月7日

第二期　8月7日—8月11日

价格：

××××元/人，现在报名送×××元一日研学课程。

一价全含：课程费用、导师费用、课程研发费、课程教具费用、保险、营期内住宿及餐饮（不包含出发地至集合点的来回交通）。

资料来源：佚名.中华虎凤蝶自然博物馆夏令营开始啦！生态、自然、文化、非遗、精美食宿让你happy一"夏"！［EB/OL］.［2023-05-31］. https://mp.weixin.qq.com/s/ZyKvl95K4OUUG8a5mUf7EA.

案例点评：

丰富多样的活动是民宿吸引客人留下来，甚至下次再来的一个重要因素，同时也是民宿淡季吸引客人的一个亮点。蝶梦山丘自然之心民宿整合民宿周边自然资源，设计了丰富的夏令营课程，同时还成立了研学基地，活动多样，有专业的团队实施研学活动，值得学习。

做一做 3-1-1

民宿活动实施人员安排

某民宿将联合当地社区共同组织一场儿童滑步车"草地障碍"挑战赛，现场会有50余名2~12岁儿童参赛，按照年龄分为5组。滑步车由主办方统一提供，并准备护具等器材。比赛将按年龄组分设一等奖1名、二等奖2名、三等奖3名，其余参赛者均为优胜奖，发放奖牌和纪念品。活动将在2周后的周六在民宿所在乡村附近的小山林举行。作为承办方，民宿需要为这次活动做好哪些人员安排呢？

步骤一：明确所需人员并分工

根据此次挑战赛的内容，民宿需要做好人员的分工与安排。人员分工包括前期准备组和现场实施组，人员可以有重叠。

儿童滑步车挑战赛活动实施人员安排

活动主持人（1人）：负责活动现场的引导和主持，宣布比赛规则、介绍参赛选手，以及与观众互动。

赛事裁判（2人）：负责比赛的裁判工作，确保比赛公平公正，记录成绩，判定获胜者。

安全主管（1人）：负责确保比赛场地的安全，监控比赛过程中的安全问题，提供紧急救援支持。

计时员（1人）：负责计时和记录每位选手的比赛时间。

技术支持人员（1人）：负责检查和维护滑步车，解决可能出现的技术问题。

医疗急救人员（至少1人）：提供医疗急救服务，处理轻微伤害或紧急情况。

活动志愿者（若干人）：协助参赛选手报名、引导观众、分发奖品等。

观众服务人员（若干人）：负责接待观众、提供活动信息，解答问题。

摄影师/摄像师（1人或多人）：记录活动精彩瞬间，为后期宣传和纪念提供素材。

媒体联系人（1人）：与媒体和记者协调，提供活动相关信息。

以上人员的安排可以根据活动规模和需求进行调整和增减。活动的成功与否部分取决于团队的协同合作和专业能力。

步骤二：制订活动实施人员培训计划并实施培训

针对参与此次活动的工作人员，民宿需要进行前期的相应培训。具体围绕技能、服务意识、沟通能力、职业形象、活动安全等多个方面展开。

儿童滑步车挑战赛活动实施人员培训计划

一、培训目标

1.使所有实施人员了解他们的角色和职责。

2.确保实施人员了解活动规则和安全要求。

3.提高团队合作和沟通技能，以确保在活动实施过程中协调一致。

二、培训内容

第一部分：儿童滑步车挑战赛活动概述

1.活动背景和目标。

2.活动日期、时间和地点。

3.活动规则和安全要求。

4.实施人员的角色和职责。

第二部分：活动主持人和裁判培训

1.活动主持人的任务和职责。

2.裁判的任务和职责。

3.比赛规则的解释和实际演练。

第三部分：安全和急救培训

1.活动场地的安全性要求。

2.紧急救援流程。

3.处理轻微伤害的基本急救知识。

第四部分：团队合作和沟通培训

1.团队协作的重要性。

2.沟通技巧和示范。

第五部分：活动志愿者、观众服务和媒体联系人的角色培训

1.志愿者的任务和职责。

2.观众服务的任务和职责。

3.媒体联系人的任务和职责。

第六部分：摄影师/摄像师的培训

1.拍摄和录制技巧。

2.活动素材的保管和提交。

3.培训方法。

4.讲座和演示。

5.讨论和小组活动。

6.角色扮演和模拟练习。

7.案例研究和实际演练。

第七部分 培训计划实施

1.培训日期、时间和地点。

2.负责培训的讲师和导师。

3.培训材料和资源的准备。

4.培训评估（参与者的理解程度、参与者的互动和团队合作、参与者的实际演练表现、反馈和建议的收集）。

通过上面的培训计划，可以确保活动实施人员明确其角色和职责，提高活动的安全性、流畅性和娱乐性。

实务参考3-1-1

庐山西海"民宿+"活动丰富多彩受青睐

湖泊碧绿如玉，山林郁郁葱葱。在庐山西海旅游景区周边，一个个精品民宿小院错落有致，古朴典雅的设计风格、精致的现代化设施，特色鲜明，舒适整洁。2023年中秋国庆假期，庐山西海民宿备受游客青睐，迎来预订住宿热潮。

"民宿+"成为庐山西海民宿的亮点，诸多民宿推出丰富多彩的休闲度假活动。有的民宿推出"课程表式"假期活动，大人小孩都能在这里"疯玩"一整天。"我们准备了手工月饼，中秋晚上组织大家品酒赏月，还请了驻唱歌手，邀大家在露台上喝茶、吃水果、听民谣。我们这儿晚上有烟花和自助烧烤，白天有橘园采摘。"民宿老板蔡薇说，"今年中秋国庆假期期间，民宿入住率比平常提高了很多，房间都是爆满的"。

据悉，庐山西海部分民宿还会为客人准备当地水果等特色农副产品作为"伴手礼"，开展具有地方特色的活动，让游客不仅住得舒服，还玩得高兴。

庐山西海民宿大多隐匿于山水之间，依山傍水，引入休闲生活元素后，吸睛指数越来越高。中秋国庆假期，各民宿以节假日氛围为媒，打造出主题多样、形式各异，兼具创新性、沉浸式、场景化的国庆活动，进一步丰富了旅游业态，增强了游客体验，激发了文旅消费活力。

视频分享
3-1-1

光荫里民宿
管家工作

资料来源：佚名.庐山西海"民宿+"活动丰富多彩受青睐［EB/OL］.［2023-10-07］.
https://jj.jxnews.com.cn/system/2023/10/07/020249165.shtml.

评一评3-1-1

根据学生在任务实施中的表现完成本任务评价表（见表3-1-2），可以此作为该任务学习的成绩参考基础。

表 3-1-2 民宿活动实施人员安排任务评价参考表

评价项目	评价标准	分值	得分
步骤一：明确所需人员并分工	• 分工明确、覆盖此项活动所需全面工作；且人员分配合理 • 注重根据个人特长、兴趣爱好安排特定工作	40	
步骤二：制订活动实施人员培训计划并实施培训	• 培训内容围绕技能、服务意识、沟通能力、职业形象、活动安全等多个方面展开 • 培训内容有针对性，围绕此次滑步车挑战赛 • 培训过程有吸引力、培训效果好	60	

任务二 备足活动实施物品和设备

"巧妇难为无米之炊"。民宿活动如果缺少了必要的物品和设备，就很难圆满、顺利地举行。因此，民宿活动实施需要提前准备好相应的物品和设备。具体包括根据活动策划内容制作物品、设备清单并进行核对，通过采购、租赁等方式保障物品到位。

【知识目标】

1.掌握不同民宿活动需要的物品、设备。
2.掌握民宿活动物品、设备准备的渠道。

【能力目标】

1.能够根据不同民宿活动，制定、核对物品、设备清单。
2.能够根据清单，提前做好民宿活动所需物品的采购、租赁等工作，确保物品提前到位。

【素养目标】

1.提前制作物品、设备清单，培养严谨的工作态度。
2.确保民宿活动物品就位，锻炼组织、协调以及沟通能力。

学一学 3-1-2

一、民宿活动设施设备

民宿活动的设施设备是指为了支持和促进活动实施而提供的各种物理资源和工具。这些设施设备的类型和规模可以根据活动的性质、目标和规模而有所不同。活动策划者通常会考虑如何最好地配置和利用这些资源，以确保活动的成功和与会者的满意度。以下是一些常见的民宿活动中的设施设备：

（1）会议室和活动场地，用于举行会议、工作坊、讲座和其他活动的室内和室外场地。

（2）音响和视听设备，如投影仪、音响系统、麦克风，用于演示和音频内容播放。

（3）办公设备，包括电脑、打印机、复印机、扫描仪等，以支持文档处理和办公需求。

（4）网络设备，提供可靠的互联网连接，以支持在线活动、视频会议和与会者的在线需求。

（5）家具，包括桌椅、沙发、茶几等，提供与会者的座位和休息设施。

（6）餐饮设备，用于准备和提供餐饮服务的设备，如炉灶、冰箱、微波炉、餐具和厨具。

（7）安全设备，如灭火器、烟雾探测器、急救设备、安全出口标识，以确保活动的安全性。

（8）户外设施设备，如游泳池、花园、露台、篝火区、户外用餐区，用于户外活动和休闲娱乐。

（9）户外活动设备，如体育用品、户外游戏、户外装备等，用于户外活动。

（10）游戏和活动设备，如台球桌、桌式足球设备、棋盘游戏设备、户外活动器材，用于娱乐和团队活动。

（11）急救设备，如急救箱、AED（自动体外除颤器）、医疗设备，以应对突发情况。

（12）标识和指示牌，提供指示牌、活动标志、地图等，以帮助活动者导航和了解活动场地。

二、民宿活动物料

民宿活动物料是指在活动中用于实施和支持活动的各种物理资源、用品和材料。物料通常会根据活动的性质、目标和规模而有所不同，用于提供服务、满足与会者的需求以及创造活动的特定氛围。常见的民宿活动物料中包括：

（1）会议资料，如印刷文件、宣传册、会议议程、活动手册等，用于向与会者提供信息和指导。

（2）标识和装饰物品，如横幅、标志、旗帜、气球、背景布景等，用于装饰活动场地和营造特定氛围。

（3）文具和办公用品，如笔、纸、便签、文件夹等，以方便与会者记录或做笔记。

（4）礼品和奖品，如奖牌、纪念品、礼品袋、小礼物等，用于奖励参与者或赠送给与会者。

（5）装备和材料，如会议桌椅、展台、展示柜、舞台等，用于布置和配置会场。

（6）食品和饮料，如餐食、饮料、点心等，以提供餐饮服务。

（7）礼服和服装，如工作人员服装、特殊主题服装、团队服装等。

（8）卫生和清洁用品，如清洁用品、卫生纸、消毒液等，以维护卫生和安全。

三、民宿活动实施设施设备与物料的准备原则

物料的选择和配置通常取决于活动的目标、受众和预算。活动策划者需要考虑如何合理使用物料，以确保活动成功和与会者满意。

（一）安全性原则

在准备民宿活动的设施、设备和物料时，安全性原则至关重要。这包括确保设施和设备符合安全标准，定期检查和维护设施，提供足够的急救设备，并培训工作人员处理紧急情况。物料选择也应考虑安全性，如不使用易燃或有毒的材料。活动现场应标明安全出口和紧急联系信息，以应对潜在的危险。安全性原则的遵守有助于确保参与者和工作人员的安全，防范意外事件的发生，为活动提供一个安心的环境。

（二）精细化原则

精细化原则强调准备工作的明确性和精细性。在民宿活动实施前，需要明确每项设施设备和物料的具体用途，以及放置位置和使用方法。所有工作人员都应了解这些细节，使活动顺利推进。标记和标签是实施精细化原则的有效方法，有序安排和组织所需资源，以减少混淆和错误。精细化原则有助于提高效率和减少混乱，确保民宿活动按计划顺利进行。

（三）适用原则

适用原则强调在准备设施设备和物料时要考虑活动的具体需求和环境。这意味着要选择适用于活动类型、场地和参与者的设施设备和物料。适用原则还要求在资源选择上注重可持续性和环保，以减少资源浪费。活动策划者和执行者需要仔细评估各项资源的适用性，以确保它们能够满足活动的要求，并在活动结束后得以合理处理和储存。适用原则有助于资源的有效利用，从而为民宿活动的成功实施提供支持。

（四）成本效益原则

成本效益原则侧重于在设施设备和物料的准备过程中实现资源的有效管理。这意味着在确保活动需求得到满足的同时，要最大程度地降低成本。策划者和执行者需要在设备和物料的选择上寻求性价比，以确保资源的合理使用，不浪费预算。这一原则也鼓励定期审查和评估成本效益，以进一步提高资源的管理效率，确保活动能够以最经济的方式达到预期的目标。

（五）多备原则

实施民宿活动时，多备原则是关键。这意味着要提前准备备用设施设备和物料，以防万一。设备可能会出现故障，物料可能会用尽，而备用的设施设备和物料可以快速替代。多备原则还适用于应对突发状况，如天气突变或参与者有特殊需求。通过充分准备备用资源，可以确保活动的顺利进行，减少中断和不便，提供更好的服务质量。

（六）供应链可靠原则

供应链可靠原则强调建立稳定和可靠的供应网络，确保设施设备和物料的高质量和及时交付。这意味着要与供应商建立良好的伙伴关系，确保供应商能够按时提供所需的资源，减少潜在的延误和中断。通过维护强大的供应链，可以降低活动风险，确保活动不受设施设备和物料供应方面问题的影响，提高活动的可靠性和成功机会。

（七）反馈原则

反馈原则侧重于建立有效的沟通和反馈机制，以不断改进设施设备和物料的准备过程。这包括收集参与者和工作人员的反馈，评估设施设备和物料的实际使用情况，以便及时调整和改进。通过与各方保持紧密联系，策划者和执行者可以更好地了解问题和需求，以确保未来的活动在设施设备和物料方面更加完善和满足预期。这种反馈机制有助于提高活动的质量和效率。

（八）环保原则

环保原则着眼于可持续性和生态友好。在准备设施设备和物料时，需要考虑资源的有效利用和环境保护。这包括选择可再生能源供电、减少一次性用品的使用、垃圾分类和回收、减少浪费，以及使用环保友好的材料。准备过程应尽量减少对自然环境的负面影响，以确保活动不仅提供有趣的体验，还有助于维护生态平衡。这样的环保实践有助于减少资源消耗和碳足迹，为可持续的民宿活动做出贡献。

表3-1-3为某民宿元宵节活动物品和设备清单。

表3-1-3　　　　　　　　某民宿元宵节活动物品和设备清单

用途	项目	数量
前期推广	广告宣传牌	1块
	宣传单	50份
设备租借	话筒	2个
	音响	1台
布置工具	气球	200个
	胶带	10个
	猜谜灯笼	50盏
	猜谜纸	5打
奖品	民宿伴手礼	10份

案例分享3-1-2 **大型活动必备物料清单 | 活动人必看！**

在一场大型活动策划中，准备好充足的物料，是确保活动成功的关键。恰当的物料是幕后推动力。以下是大型活动必备的物料清单：

1.宣传海报与横幅

这是活动给人留下的第一印象，吸引眼球，传递信息。

2.背景板/展架

展示品牌标识、宣传资料，塑造专业形象。

3.印刷品/手册

提供会议活动流程、讲者介绍等信息，为参与者提供全面参考。

4.签到表、签到笔

现在大多数活动都有签到这一步骤，特别是会议这种类型。在活动开始前就要准备好签到表和签到笔。

5.灯光、音响

这些设备大部分主办方是没有的，因此要去租借。

6.电子设备

投影仪、LED屏幕等，提升演示效果和观众体验。

7.摄影/摄像设备

捕捉精彩瞬间，留下宝贵回忆。

8.茶歇用品

为参与者提供休息和补充能量的时间。

9.会议用品

笔记本、笔、便笺纸，提供便利，促进学习交流。

10.花

活动大多的场景都需要用到鲜花，如致辞台、会议桌等，这些花都需要按照不同的场合事先准备好。

11.领导座位名牌

在正式会议中，领导及嘉宾席都需要提前摆好座位名牌。

12.礼仪

很多活动现场都需要礼仪人员，例如座谈会、论坛等，需要联系礼仪队，并提前安排到位。

资料来源：佚名.大型活动必备物料清单 | 活动人必看！［EB/OL］.［2023-08-14］. http：//news.sohu.com/a/711572386_120256732.

案例点评：

民宿如果承接大型活动，需要和客人确认物料，列出由民宿准备的物料，包括名称、规格、数量、就位时间，做到心中有数。

做一做 3-1-2

民宿活动实施物品和设备的准备

在前一个任务中，我们已经提到，某民宿将联合当地社区共同组织一场儿童滑步车"草地障碍"挑战赛，估计现场会有 50 余名 2~12 岁儿童参赛，按照年龄分为 5 组。滑步车由主办方统一提供，并准备护具等器材。比赛将按年龄组分别决出一等奖 1 名、二等奖 2 名、三等奖 3 名，其余参赛者均为优胜奖，发放奖牌和纪念品。活动将在 2 周后的周六在民宿所在乡村附近的小山林举行。作为承办方，民宿需要为这次活动准备好哪些物品和设备呢？

步骤一：明确需求

明确活动的性质、规模和目标，了解活动的性质有助于确定需要哪些设施设备和物料。

步骤二：制定清单

制定一份详细的清单，列出所有需要的设施设备和物料。确保清单包括每样物料的数量、规格、规格和预算。

步骤三：租赁或购买

确定哪些设施设备和物料需要租赁，哪些需要购买。提前与供应商或租赁公司联系，确保设施设备和物料的可用性，并在活动中保持与供应商或租赁公司的密切联系，以确保一切按计划进行。

步骤四：设备状态检查

如果租赁设备，请在使用前检查它们的工作状态，以确保一切正常。包括音响、投影仪、电子设备等。

步骤五：协调颜色和主题

确保设施设备和物料的颜色和主题与活动整体设计协调一致，以提供一致的视觉效果。

步骤六：安全检查

确保设施设备符合安全标准。检查电线、电源、消防设备等，以确保没有安全隐患。

步骤七：制订备用计划

制订备用计划，以应对可能的设施设备故障或其他问题。备用计划中应包括备用设备、备用场地等。对于关键设施设备和物料，最好多备一份，这有助于应对紧急情况或设备故障。

步骤八：拟定跟踪清单

在活动期间，跟踪设施设备和物料的使用情况，以确保没有丢失或损坏的物品。

步骤九：员工培训

确保负责操作设施设备的工作人员接受培训，以便正确使用和维护。

实务参考 3-1-2

卡莎莎·彝起包个小院过新年 | 赏灯笼、

猜灯谜、套圈、爆米花制作、写春联……

彝族新年，正值小雪节气前后，900米海拔的福来村浸在湿冷的云雾里，彝家人围坐在火塘旁，准备好今年的泡水酒，等待外出的亲人归家探亲。

山路上"轰隆隆"的摩托声，成为这个新年里最美妙的音乐之一。大家提上熏好的腊肉，或载着满满一后备箱的年货，带着激动的心情，奔赴同一个目的地——家。

和春节一样，彝族年也有自己独特的仪式。村里的老妇人会组织小孩子们拿着猪肉猪肝，一起走到村里最壮的那棵果树下，祭拜祈福，感恩过去一年果树带来食物，祈祷来年的丰收，以及小孩子们健康成长。在这样一代又一代的仪式相传中，年味渐浓。

转眼已是2022年，900米海拔的福来村冬将过去，大地回春，卡莎莎在这里欢度了彝历年，准备迎来另一个重要的年——春节。一年岁首，相聚一起辞旧迎新，团圆是过年永恒不变的主题。

如焰火般绚烂、热情绽放的红色山茶花，拉开了卡莎莎新年的序幕。红，最先在人们心中投映的年味印象，已经在卡莎莎无处不见了。

卡莎莎准备了彝装体验、猜灯谜、蒸传统花馍、制作复古爆米花、草编与黏土DIY、写春联、做舞狮等。各种新年活动，等着大家来"彝起过新年"！

张灯结彩，年味才有。各式各样的灯笼，还有鱼儿跃其间，每每天光渐暗，进入梦幻的蓝调时刻，暖调灯光便会亮起。以千盏灯火示新年，欢迎来到卡莎莎。

在纺锤形、圆形、腰鼓形的各色灯笼展里，还藏着小小的彩蛋——灯谜。汉字文化源远流长，着眼字义词义的千变万化，便有了这项传统娱乐项目。行走在茶田花灯间，寻一盏灯笼和家人一同猜谜底，更添年的回味。

花馍馍，这一项北方传统的年俗记忆，也来到了卡莎莎。南瓜酱的黄，芝麻的黑，用蔬果天然的颜色做染料，面团在大姐翻飞的手里也有了生命，变成一条条可爱的金鱼、一只只萌萌的小刺猬。

小面团有时候也会变作轻巧的七彩黏土，在卡莎莎，拾一枝枯树，黏土就成了挂满树枝的小柿子，祝愿大家心想"柿"成，"柿柿"如意。

小的时候逛热闹的年会，还有一件让人记忆深刻的东西——各种草编或藤编的小物件，为了捡拾起这童年的记忆，卡莎莎将带着大家一起去采棕榈叶，把记忆重新编织。

热闹的年味，又怎么能少得了风物套圈呢？本土产的小核桃堆成堆，橘子青枣齐相聚，拿上一个竹圈，逗得围观群众忍不住阵阵惊呼，此刻正是每年大显身手的好时候。

旁边的传统爆米花也上线了，赶紧捂住耳朵躲起来，透过茶田的缝隙偷偷瞧，香甜的烟雾随着一声巨响开始弥漫，捧起来还是不变的年味。

彩蛋｜新年大礼包

除了以上活动，卡莎莎还为每位连住的儿童准备了神秘彩蛋——一份新年大礼包！要说这礼包里有什么奇妙的东西，还得我们细细道来。

做勇敢的雄狮少年

锣鼓乐响起，鼓点密密敲，双脚发力，两臂高举，一头勇敢的、寓意趋利避害的小狮子就活灵活现了。

小红灯笼小手提

寓意吉祥的灯笼，已经装扮在卡莎莎的各个角落，在爸爸妈妈的带领下，由小朋友亲手做一盏可以点亮自己前方路的小灯笼吧。

写春联贴福字

所有对新一年的祈愿，所有对生活的美好祝福，都浓缩在春联简短的字里行间。与家人一起写一副春联贴在院子里，万事顺遂即刻起。

彩蛋｜着彝装过新年

卡莎莎所在的福来村是一个彝汉混居的古老村落，来卡莎莎自然也少不了进行一次传统彝装体验，新年当着新衣，不如试一试银饰叮当、绣工精美的全套彝装，去那古老的茶田里，借着远远的云海，拍一张独一无二的新年照。

藏在云海与茶田的卡莎莎，有着7套小院与4栋树屋，从一家3口的大床房，到齐聚8大4小的独立小院都可以选择。每套小院还有一位专属的管家大姐，为大家提供温暖的服务，小院包含的下午茶、晚餐、早餐，也都出自她们的巧手。

过年不仅要吃得开心，更要住得舒适。260㎡~550㎡不等的独立小院、宽敞的餐厅空间、柔软的棉麻床品、全套品牌洗护用品的贴心呵护，不论是和家人朋友齐聚小院，还是藏进森林树屋，都是过年的好选择。

活动时间：20××年1月31日—2月6日

活动地址：卡莎莎乡村度假区（四川省马边彝族自治县福来村）

活动流程：

DAY 1

14：30—14：40　餐厅（接待中心），办理入住

14：40—15：30　小院/树屋，享用欢迎下午茶/欢迎水果

15：30—16：00　餐厅（接待中心），传统花馍馍/民俗草编/黏土DIY

16：00—17：00　餐厅（接待中心），风物套圈，有换取神秘红包墙机会

17：00—18：30　小院/餐厅，享用特色晚餐

18：30—19：30　茶廊，万花灯笼展/彝装打卡/猜灯谜

19：30—　　　　宿卡莎莎

DAY 2

08：30—09：30　小院/餐厅，营养早餐

09：30—10：30　餐厅（接待中心），集合出发，森林徒步

连住惊喜大礼包

我们为每一位连住的儿童准备了1份新年大礼包：DIY灯笼1个、虎年醒狮手工DIY玩具礼物1个、对联（镇宅虎）1副、红包（财神+镇宅虎）1个。

房型简介： 7套小院+4栋树屋，小院含下午茶、晚餐、早餐，树屋含早。

资料来源：佚名.卡莎莎·彝起包个小院过新年［EB/OL］.［2022-12-22］. https://www.nalada.com.cn/huodong/433.html.

评一评 3-1-2

根据学生在任务实施中的表现完成本任务评价表（见表3-1-4），可以此作为该任务学习的成绩参考基础。

表 3-1-4　　民宿活动实施物品和设备的准备任务评价参考表

评价项目	评价标准	分值	得分
步骤一：明确需求	•需求的明确性、完整性。应评估需求是否清晰和完整，包括所需设备、设施和物料的种类和数量	10	
步骤二：制定清单	•清单的准确性、清晰性、完整性。应准确列出所需的设施设备和物料，清晰明了，包括规格、数量和描述	10	
步骤三：租赁或购买	•供应商的选择、交付时间、费用控制。应确保供应商信誉良好，交付时间可行，费用可控	10	
步骤四：设备状态检查	•设备的状态、功能性。应确保设备正常运作，符合安全标准，满足活动需求	10	
步骤五：协调颜色和主题	•颜色和主题的协调性。确保它们与活动的整体氛围一致	10	
步骤六：安全检查	•安全措施、急救设备。应包括安全措施的完善性和急救设备的可用性	15	
步骤七：制订备用计划	•备用设备、灾害应对计划。应评估备用设备的可用性和灾害应对计划的完备性	10	
步骤八：拟定跟踪清单	•跟踪清单的清晰性、完整性。列出所需设备、设施和物料的状态和位置	10	
步骤九：员工培训	•员工熟练程度、安全培训，特别是涉及设备安全的培训	15	

任务三 准备活动实施场地

民宿活动实施需要一定的场地。场地是否合适能够决定活动策划的影响效果，若在合适的地点进行活动，则活动效果会非常显著；若在不合适的地点进行活动，则活动效果会大打折扣。因此，在民宿活动策划中场地也是核心要素，如茶艺活动可以安排在茶室，手工制作可以安排在民宿大厅或者户外院子里等。民宿需要根据具体的活动内容、参与人数、天气情况等因素，提前确定好活动实施场地，并做好场地的准备工作。

【知识目标】

1.掌握活动实施场地选择的重要性。
2.掌握活动场地选择时需要考虑的问题。
3.掌握活动实施场地准备的步骤。

【能力目标】

1.能够根据活动内容选择合适的场地。
2.能够完成活动实施场地的现场布置工作。

【素养目标】

1.通过民宿活动场地创意设计与布置场地的学习，培养学生的创造力。
2.通过学习民宿活动场地有效安排和利用的技巧，培养学生的全局观、组织协调能动性以及细心、严谨的工作态度。

学一学 3-1-3

一、民宿活动场地清理的标准

（一）安全无风险

民宿活动场地清理的安全标准为确保无危险物品和无安全隐患。包括检查电线、电缆和地面的安全性，确保它们不会引发绊倒或滑倒事件。危险物品和尖锐物体应该被清除或妥善储存。紧急出口和通道应保持畅通，以应对紧急情况。火灾安全设施设备如灭火器和紧急出口应定期检查，以确保它们正常运作。安全标准的遵守可以降低潜在的伤害风险，保护活动参与者的安全。

（二）卫生整洁

民宿活动场地清理的卫生标准为保持场地的整洁和清洁。这包括定期清扫和拖地，确保所有表面干净；清理卫生间，更换床上用品和毛巾；确保食品储存和制备区域的卫生；所有垃圾和废物都应该被妥善处理，以防止异味和害虫滋生。卫生标准的遵守不仅提供了一个健康和愉快的环境，也有助于避免潜在的卫生问题，如食源性疾病传播。这些标准的维护对于确保活动的成功和提高参与者的满意度至关重要。

（三）环境舒适

民宿活动场地清理的舒适标准涵盖了确保参与者在活动期间感到舒适和愉快的各个方面。这包括提供足够的座位和休息区，确保温度和通风适宜，提供充足的光照和良好的照明，以及提供足够的舒适设备和家具。此外，舒适标准还包括提供高质量的床上用品和床垫，以确保参与者的良好休息。通过满足这些标准，活动场地将提供一个宜人的环境，使参与者感到轻松和愉快，有助于活动的成功和参与者的满意。

（四）急救便利

民宿活动场地清理的急救便利标准包括确保在需要时，有足够的急救设备和人员提供紧急医疗服务。包括配备急救箱、AED（自动体外除颤器）等设备，并提供培训有素的急救人员。急救设备应易于找到，并明确标识，以便在紧急情况下立即使用。此标准的目的是确保参与者在活动期间的安全，并在需要时迅速获得适当的医疗援助，以减轻潜在的伤害或紧急情况的风险。

（五）设施设备有效

民宿活动场地清理的设施设备有效标准涵盖设施设备的完好性与有效性。这包括确保所有设施设备在活动前经过检查和测试，以确保其正常工作，无故障或损坏。标准还包括保持设施设备的充足供应，这有助于提供高效的活动，减少因设施设备问题而导致的中断或延误，满足活动需求。设施设备有效有助于确保活动的顺利进行，为客人提供良好的体验，同时降低了潜在的风险。

二、民宿活动场地布置事项

（一）座位

民宿活动场地座位的布局是根据活动类型、规模和场地进行设计的关键因素，座位布局的选择应根据活动的性质、参与者的数量和互动需求来决定。重要的是确保座位布局符合活动的目标，并达到客人的需求。它可以影响到参与者的舒适度、互动性和可见性。

1.剧场式座位布局

座位呈固定排列，通常面向一个舞台或讲台。这种布局适用于大型演讲、表演或讲座活动，能容纳大量观众，但通常不鼓励观众之间的互动。

2.课堂式座位布局

座位排成几排，通常在桌子后面，适合培训、工作坊或小型讲座。这种布局便于观众与讲者互动，但可能不适用于大规模活动。

3.会议式座位布局

座位环绕一张会议桌，适用于小型会议、圆桌讨论或小组讨论。这种布局鼓励互动和讨论，但座位数量有限。

4.U形座位布局

座位摆成U形，中间留出一个开放的空间，适用于小型团队会议、座谈会或小组讨论，有助于互动和集中讨论。

5.圆桌式座位布局

多张圆桌摆在一起，适用于小型会议、小组讨论或合作活动。这种布局鼓励互动和合作，使每个参与者都能看到其他人。

（二）舞台或讲台

民宿活动场地的舞台或讲台布置在许多活动中都至关重要，因为它是吸引观众视线、传达信息和展示演员或讲者的关键要素。

1.舞台或讲台的位置

舞台或讲台的位置应能够让观众方便地看到，并且能够与座位布局协调。通常，它位于活动空间的前部，以便让观众集中注意力。

2.舞台或讲台的大小

舞台或讲台的大小应根据演员或讲者的数量和活动性质来确定。它应足够大，以容纳演员、讲者和任何必要的设备。

3.背景和装饰

舞台或讲台的背景和装饰应与活动的主题和目标相协调。这些元素可以通过背景板、横幅、投影屏幕、标志等来呈现。

4.舞台或讲台的设备

确保舞台或讲台上有必要的设备，如话筒、音响系统、投影仪等，以便演员或讲者能够有效地传达信息。

5.照明和音响

良好的照明和音响系统对于确保观众听到和看到演员或讲者的表现至关重要，要确保它们的设置和操作是正确的。

6.舞台或讲台的互动元素

根据活动的性质，可以考虑增加互动元素，如白板、标志牌、幻灯片展示等，以促进与观众的互动。

7.安全考虑

确保舞台或讲台的设计和布置是安全的，防止绊倒或其他意外事故的发生。

（三）视听设备

在民宿活动场地布置视听设备时，需要确保音响和视觉设备的合理配置，以提供良好的视听效果，满足活动的需求。布置这些设备时，务必与专业技术人员合作，以确保一切正常运行。同时，根据活动的性质和规模，精心规划设备的摆放和布线，以满足活动需求。

1.音响系统

选择适当的音响系统，包括扬声器、混音器和麦克风。将扬声器放置在场地的重要位置，以确保声音均匀传播，并测试音量和音质。

2.投影设备

如果活动需要投影设备，应确保选择高分辨率的投影仪。投影屏幕应放置在观众视线最佳的位置，以避免观众的视线被阻挡。

3.视频屏幕和显示器

在活动场地中设置大型屏幕或显示器，以确保观众可以清晰地看到图像和视频内容。

4.照明设备

适当的照明设备可提供场地内的明亮和舒适氛围。确保灯光设置适合不同活动环节，如演讲、表演、休息等。

5.无线网络

提供可靠的无线网络连接，以支持在线活动、社交媒体互动和与观众的互动。

6.摄像设备

如果需要，设置摄像设备来记录活动，以用于后续的宣传或存档。

7.音乐播放设备

为了提供背景音乐或音效，设置音乐播放设备，可以在活动间隙或特定场合播放音乐。

8.控制系统

使用一个集成的控制系统，简化设备的操作和切换。

（四）标识和指示牌

民宿活动场地标识和指示牌的设置是为了方便参与者顺利找到活动场地、各种设施和重要区域。确保标识和指示牌的设计清晰、易于理解，能帮助民宿活动参与者更好地利用活动场地，提升他们的体验。

1.入口标识

在活动场地入口处放置清晰可见的标识，以引导参与者进入场地。标识应包括活动名称、日期和时间。

2.方向指示牌

在场地内部设置指示牌，标明不同区域的方向，如厕所、休息区、食品摆放处、主舞台等。

3.座位指示

如果活动包括座位安排，标明座位号码和座位区域的指示牌将有助于参与者找到他们的座位。

4.紧急出口标识

确保紧急出口标识清晰可见，以提供安全逃生通道的信息。

5.活动节目指示

在活动场地内展示活动节目的时间表和地点，以便参与者了解何时、在哪里有活动或表演。

6.指定区域标识

标明特定的区域，如吸烟区、无烟区、紧急医疗区等。

7.售票窗口和注册处标识

如果需要，为售票窗口和注册处设置标识，以帮助人们找到这些地点。

8.路标

如果活动场地较大，可设置路标，以引导参与者沿着正确的路径前进。

9.信息咨询台

提供一个咨询信息台，提供地图、活动日程表，并配有工作人员，以回答参与者的问题。

（五）装饰

民宿活动场地的装饰布置是为了营造适应活动主题或目的的氛围，提升参与者的互动体验。装饰布置需要与活动的整体策划和主题一致，以创造出独特而吸引人的环境。同时，注意不要过度装饰，以免分散参与者的注意力或引起混乱。

1.主题装饰

根据活动的主题，选择相关的装饰元素，如横幅、背景布、气球、植物、花环等。这些元素可以突出活动的特点，让参与者感受到主题的氛围。

2.花卉和绿植

摆放鲜花或绿植可以提升场地的美感和活动的舒适度。它们不仅增加了视觉吸引力，还可以改善室内空气质量。

3.灯光装饰

灯光可以营造出不同的氛围，通过灯带、灯笼、投影等装饰元素，实现温馨、浪漫或独特的效果。

4.桌面装饰

餐桌和接待区域可以通过餐具、餐巾、蜡烛、桌卡等来装饰，以提供更加精致的用餐体验。

5.图片和物品展示

在场地内展示与活动相关的图片、展示物品或产品，可以增强参与者的参与感和互动性。

6.布景和道具

使用布景和道具来打造临时性的舞台或拍照区，以增加活动的趣味性。

7.标识和指示牌

提供清晰的标识和指示牌，以指导参与者到达活动的不同区域，如注册处、休息区、讲台等。

8.艺术品和装饰品

根据活动的性质，可以摆放艺术品、雕塑或其他装饰品，以增强文化和艺术氛围。

9.自定义装饰

根据活动的特点和要求，进行自定义装饰，如印有活动标志或口号的物品等。

三、民宿活动场地布置流程

（一）安全检查

民宿活动场地布置的第一步是进行安全检查。包括确保场地没有任何安全隐患，例如电线暴露、地面湿滑、易燃物品等。检查灭火器和急救设备的可用性，确保应急出口标示明显，以及提供足够的安全照明。安全检查的目的是确保参与者的安全，为活动的顺利进行提供安全保障。如果发现任何问题，应立即采取措施进行修复或改进。安全是活动成功的基础，因此这一步骤至关重要。

（二）设备和物料准备

民宿活动场地布置的第二步是设备和物料的准备。在这一阶段，确保所有必需的设备、器材和物料都准备妥当，包括椅子、桌子、投影仪、音响系统、标牌、宣传资料等。这些物品应在需要的时候能够迅速调用和设置，以确保活动的流畅进行。同时，检查设备是否处于良好的工作状态，如果需要，进行维护和测试，以避免在活动中出现任何问题。这一步骤是为活动提供所需的工具和资源，以满足参与者的需求，从而达到活动的目标。

（三）布置场地

民宿活动场地布置的第三步是布置场地。在这一阶段，根据活动类型和需求，合理安排座位、设备、舞台或讲台、展示区域以及其他元素的位置和布局。重点是确保参与者舒适和视野开阔，同时传达活动的主题和信息。布置场地需要考虑空间的大小、形状和特殊要求，以最大程度地发挥场地的潜力，并确保活动取得成功。这一步骤需要协同工作，确保所有细节得到妥善处理，使整个场地变成一个符合活动目标的有吸引力的环境。

（四）环境准备

民宿活动场地布置的第四步是环境准备。在这一阶段，要确保场地的舒适度和环境质量。这包括调节温度和照明，保持空气流通、清洁和卫生，以及设置必要的环境音乐或音响系统。环境准备的目标是提供一个令参与者感到愉悦和专注的氛围，以促进活动的成功。要确保场地内的所有设施设备正常运作，以满足参与者的需求。这一步骤有助于创造一个宜人的环境，提高活动的质量和效果。另外要设置参与者的签到/注册区域，准备签到表和名牌。为志愿者和工作人员分配任务，以配合完成整个签到流程。

（五）清理并保持卫生

在这一阶段，要确保场地内部和周围的卫生状况良好。包括清理地面、桌椅、设备、厕所等，以确保一切都干净整洁。清洁的场地不仅有助于提升参与者的体验，还能提供一个健康和安全的环境。卫生的维护是成功的活动布置的重要组成部分，应定期进行检查和维护，以确保参与者的满意度和舒适感。

（六）最后检查

最后检查是对所有设施设备、物料和布置进行一次全面检查，以确保一切都按计划布置妥当，没有遗漏或遗留问题。该步骤有助于发现并解决潜在的问题，以确保活动的顺利进行。同时，最后检查还包括确保场地安全和卫生达到标准，以提供给参与者一个舒适和安全的活动环境。最后检查是保证活动成功的最后一道保障，应仔细而彻底地进行。

做一做 3-1-3

民宿活动实施场地准备

在前一个任务中，我们已经提到，某民宿将联合当地社区共同组织一场儿童滑步车"草地障碍"挑战赛，估计现场会有50余名2~12岁儿童参赛，按照年龄分为5组。滑步车由主办方统一提供，并准备护具等器材。比赛将按年龄组分别决出一等奖1名、二等奖2名、三等奖3名，其余参赛者均为优胜奖，发放奖牌和纪念品。活动将在2周后的周六在民宿所在乡村的附近小山林举行。作为承办方，民宿应该怎样做好此次滑步车挑战赛的场地准备呢？

步骤一：场地选择和审批

确定比赛的具体场地，考虑到儿童的安全和比赛的需求，应获取必要的执照和审批，确保在所选场地上举办活动合法。

步骤二：安全评估

对比赛场地进行全面的安全评估，识别潜在的危险因素。根据评估结果采取措施，确保场地符合安全标准，如移除障碍物、修复损坏的道路等。

步骤三：布置比赛道路

根据比赛的性质和年龄组需求，布置滑步车挑战赛的道路。设置起点和终点，标明比赛规则和指示牌，确保选手和观众能够清晰了解比赛路线。

步骤四：设施和设备准备

检查并准备所需设施，如临时厕所、救援站等。准备计时设备、喇叭或音响系统，以确保比赛流程顺畅。

步骤五：现场布置

安排观众席位，确保观众能够安全、舒适地观看比赛。设立医疗急救点，配备急救设备和医护人员，以应对可能发生的意外情况。

步骤六：卫生环境保护

提供垃圾桶和回收容器，鼓励垃圾分类和环保行为。确保在活动结束后，场地的清洁和恢复工作得以顺利进行。

步骤七：安全巡逻

在活动期间安排巡逻人员，确保儿童的安全，特别是在比赛道路周边。

步骤八：检查和验收

在活动前进行最后的场地检查，确保所有准备工作都已完成。

实务参考 3-1-3

小猪民宿联合草原宿集举办新店首发活动，沉浸式体验草原美学天花板

在以一己之力掀起宁夏中卫旅游热潮后，黄河宿集的原班人马耗时一千多个日夜，在内蒙古乌兰毛都深处，精心打磨草原乌托邦——"草原宿集"，于2023年8月1日正式开业。由飞猪、小猪民宿主办，草原宿集承办的"草原48小时"活动，在乌兰毛都草原热闹开场。作为草原宿集新店首发的重磅活动，参与者可以在宿集的48小时活动中肆意探索与享受，沉浸式体验当地文化。

草原宿集位于内蒙古自治区兴安盟科尔沁右翼前旗，占地260亩，自带2 000亩草原。溪流环绕，山峦起伏之间，聚合了大乐之野、南岸、迹外、飞莴集、河谷等民宿头部品牌，依托地域地形及当地文化优势，打造了集民宿、营地、餐饮、美术馆、书店、马场、酒吧等丰富业态的草原酷玩目的地。

这给火爆的内蒙古草原游无疑又添了"一把火"。每到暑期，天高云淡、气温凉爽的内蒙古大草原，都是亲子家庭的避暑首选，而开阔空旷、沿途美景不断的优势，又让内蒙古成为自驾游和露营爱好者的天堂。内蒙古自治区文化和旅游厅发布的数据显示，2023年上半年，自治区接待国内游客9 185.41万人次，是上年同期的2.55倍；实现国内旅游收入1 185.06亿元，是上年同期的3倍。飞猪、小猪民宿数据显示，截至2023年7月31日，内蒙古民宿当年订单同比增长188%。

绝对原创IP，草原宿集成国内草原酷玩天花板

作为中国文旅市场上的"绝对原创IP"，草原宿集定位于"中国草原高端度假体验"，在自然条件、硬件配备、业态引入、玩法设计等方面，均对标国际顶级标杆。在3年多的建造过程中，始终坚持"把草原还给草原"的设计理念，一方面，最大化实现环保，降低能耗；另一方面，既保留建筑体与大地的联系又不喧宾夺主，极致呈现草原的天然美景。

在选址上，宿集别出心裁，为了让现代都市人感受草原的星河浪漫，宿集的选址与观星的选址有高达99%的相似度，抬头即观星；在工艺上，宿集精益求精，如迹外营地花费1 093天，耗费666根柳木龙骨、28 000米马鬃绳、8吨手擀羊羔毛毡打造而成的毡包。毫无疑问，在极致的追求下，草原宿集已经成为草原度假的"爆款"，其中民宿

品牌之一"河谷"，已经在多部顶流综艺、影视作品中"露脸"。

满足酷玩理念，"民宿+玩法"再升级

在旅客出行意愿持续走高的同时，旅客对于目的地玩法的需求亦愈加复杂。除了吃喝丰富，"玩得酷"越来越成为旅游消费的主流需求，高品质、内容丰富的旅居服务成为民宿商家"出圈"的关键方向。

本次活动主办方飞猪、小猪民宿深挖当地资源优势，结合牧民传统文化，为参与者打造田园牧歌式的草原度假生活，将草原酷玩模式再度升级。充分发挥自然景观优势，将高地、湖泊、草原、星夜与住宿地完美结合，让旅客沉浸式体验"建筑自然美学"，享受"揽清风在怀，枕星月入梦"的惬意。骑马去草原牧民家家访，品尝丰盛的全羊宴，饮一杯正宗的内蒙古奶茶，体验"舌尖上的草原"；晚间来一场盛大的篝火晚会，浅酌草原美酒，度过一个绝美的"草原奇妙夜"。此外，还有学习蒙古族文字、体验蒙古族刺绣、制作马鬃绳等具有当地人文特色的环节。

值得一提的是，在草原宿集，旅客不仅可以体验骑马，甚至可以为动物养老，身体力行地做一场公益活动。草原宿集与一马品牌合作，成立草原守护联盟，专门收容退役的老马，项目不以营利为目的，只为给动物养老。这对于旅客来说，不仅是一次新奇的体验，更是一次生命的救赎。

民宿集群效应，打开旅游增长第二空间

民宿集群化、"民宿+"已经成为民宿发展的重要方向。据悉，小猪民宿2023年将与飞猪旅行在全国重点区域扶持3~5个乡村民宿集群示范项目，此前已上线的鹭月岛·岭南宿集收获业内好评，带动区域旅游热度显著上升。小猪民宿也将与飞猪资源加码，持续升级民宿整合营销解决方案，帮助民宿品牌提炼挖掘其在空间、场景和体验上与传统酒店差异化的吸引力和竞争优势，提升民宿线上营销品牌力。

对于本次草原宿集落地内蒙古，华正文旅、南岸品牌创始人陈祖品表示，近年来，随着旅客主力军年龄逐渐年轻化，除了民宿自身硬件之外，旅客更期待"一次出发、多种体验"的性价比，同时希望在旅行中汲取更多精神力量。"我们希望用草原宿集这种集群化的方式，将各方优势最大化，用创新性的方式将潮流玩法与传统文化相融合，给旅客多样化的新奇体验，打开草原游增长的第二空间。"

小猪民宿业务负责人表示，民宿是偏感受型的旅游产品，消费者在意的不仅是住宿，更是游玩和体验。对于民宿来说，打造品牌，功夫除了在民宿本身，更在民宿之外，在不断升级产品和服务的同时，深挖旅客需求，融合"民宿+地域"优势、"民宿+周边"优势、"民宿+文化"优势，打造新型生活方式的体验。未来，小猪民宿还将持续助力乡村民宿向专业化、特色化、品牌化发展，进一步整合当地文化旅游资源，助推文旅产业健康融合发展。

视频分享
3-1-2

四渡河乡村
民宿春晚
活动

资料来源：佚名.小猪民宿联合草原宿集举办新店首发活动，沉浸式体验草原美学天花板［EB/OL］.［2023-08-04］. https://china.qianlong.com/2023/0804/8084844.shtml.

评一评 3-1-3

根据学生在任务实施中的表现完成本任务评价表（见表3-1-5），可以此作为该任务学习的成绩参考基础。

表3-1-5 民宿活动实施场地准备任务评价参考表

评价项目	评价标准	分值	得分
步骤一：场地选择和审批	·是否符合比赛需求，是否了解合法获得使用执照等相关规定	10	
步骤二：安全评估	·应考虑可能的危险，如斜坡、交通、天气，以及采取的安全措施，如障碍物清除、道路修复等	15	
步骤三：布置比赛道路	·应确保比赛路线清晰，规则易懂，指示牌醒目	15	
步骤四：设施设备准备	·所需设施设备是否准备妥当，如厕所、计时设备、医疗设备	10	
步骤五：现场布置	·观众席位、医疗点、环境布置是否妥当	15	
步骤六：卫生环境保护	·垃圾桶、垃圾分类容器、清洁工作是否准备妥当	10	
步骤七：安全巡逻	·确保安全巡逻团队的有效性和监控设备的使用	10	
步骤八：检查和验收	·所有准备工作是否按计划进行，确保场地的完整性	15	

【参考文献】

1.郑建瑜.大型演艺活动策划与管理［M］.重庆：重庆大学出版社：2017.

2.张燕，石彦清.读《幼儿园大型活动组织与策划手册》［J］.早期教育（教师版），2016（2）：19.

项目二
有条不紊——保障民宿活动服务

　　民宿活动保障工作是民宿活动成功举办的基石，其不仅为活动举办提供必要的物质基础，还是衡量活动质量的标准之一。民宿活动保障工作具有社会性、经济性、服务性、时间性、复杂性、群众性等特点。对于民宿活动而言，良好的活动保障工作是不可或缺的环节，一项活动能否顺利召开，保障工作起着至关重要的作用。

【项目导图】

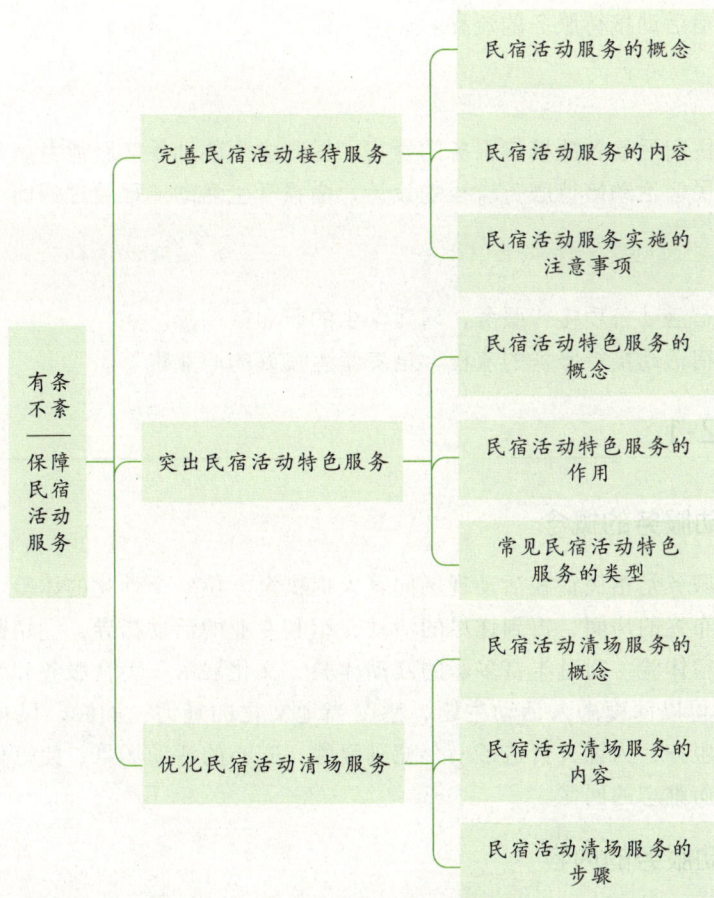

任务一　完善民宿活动接待服务

接待服务是整个民宿活动的一个重要部分。好的接待服务不仅能使参与者感到舒心，还能使整个民宿活动更加完美。并且从长远来看，民宿活动的管理者可以通过向股东、媒体、赞助商客户、潜在客户、合作伙伴等提供周到的服务来获得长远的利益。

【知识目标】

1. 了解民宿交通、咨询、信息服务的内容。
2. 理解民宿活动接待服务的流程。

【能力目标】

1. 通过对民宿活动各项接待服务的学习，提升学生的动手实践能力。
2. 通过对民宿活动接待服务流程的设计，增强学生活动流程管理的能力。

【素养目标】

1. 理解民宿活动各项接待服务，增强学生的职业认同感。
2. 掌握民宿活动接待服务的流程，培养学生良好的职业素养。

学一学 3-2-1

一、民宿活动服务的概念

民宿活动服务是指民宿在活动现场向客人提供全方位、个性化的体验。从热情的迎宾服务到精心布置的房间，再到详尽的活动介绍和专业的活动指导，一切都旨在创造愉悦和难忘的住宿体验。通过丰富多彩的互动体验、文化展示、美食服务和专业工作人员的陪同，客人得以深度融入活动主题，感受当地文化的魅力。同时，民宿关注客户关系，提供安全服务，为客人营造了一个充满温馨、安心的活动场景，使每位客人在这里都能留下美好而难忘的回忆。

二、民宿活动服务的内容

（一）活动准备服务

准备服务是民宿活动中确保一切井然有序的关键环节。工作人员提前进行场地布置，保障房间、设备的完好，仔细检查活动流程，确保信息准确传达。在餐饮服务方面提前准备精致美食，确保菜品的品质。在互动体验组织方面提前安排好活动道具和场地。在文化展示服务方面提前准备文化展示物品。在工作人员陪同服务方面的准备包括了解客人的需求和特殊要求。通过周密的准备服务，民宿确保在活动现场一切井然有序，为客人提供流畅、愉悦的体验。

（二）迎宾服务

迎宾服务是民宿活动现场的重要一环，工作人员通过热情的微笑和专业的服务迎接客人，提供周到的引导和协助。从登记办理到引导至房间，迎宾服务旨在确保客人在抵达时感受到温馨的欢迎氛围。工作人员通常提供关于活动的详细介绍，为客人解答疑问，并介绍民宿的特色。通过个性化的迎宾服务，民宿努力创造一个友好、亲切的氛围，为客人带来愉悦的初印象，使其期待活动中更多愉快的体验。

（三）活动介绍服务

活动介绍服务在民宿现场扮演关键角色，旨在为客人提供清晰、详细的活动信息。专业工作人员耐心介绍活动的安排、亮点和参与方式，确保客人充分理解整个活动流程。通过生动的介绍，客人能够预期他们的参与情况并作计划，增强活动的透明度。同时，工作人员还致力于回答客人可能的疑问，提供支持和建议，为客人打造愉快、顺畅的活动体验，从一开始就激发他们对活动的期待。

（四）房间布置服务

房间布置服务是民宿活动现场的巧妙设计之一，通过巧思和创意将房间装点成与活动主题相契合的独特场景。从布置到道具搭配，每一个细节都被精心考虑，为客人创造出一种独特的、令人印象深刻的居住体验。通过房间布置服务，民宿旨在激发客人的好奇心，让他们在房间中感受到活动主题的独特魅力，为整个住宿增加一种别致而温馨的氛围，营造出令人难忘的空间体验。

（五）活动指导服务

活动指导服务在民宿现场扮演关键角色，通过详细的指引为客人提供活动的时间表、地点和参与方式等重要信息。专业工作人员向客人细致地解释活动流程，确保每个参与者了解活动的各个方面。活动指导不仅使客人更容易参与，还帮助他们更好地规划时间和体验活动的精髓。民宿通过这一服务，致力于提供个性化和专业的引导，确保客人在整个活动中获得愉快而无忧的体验。

（六）活动餐饮服务

餐饮服务在民宿活动现场发挥着关键作用，为客人提供精致的美食体验。专业厨师设计独特的菜单，满足各类口味需求，并可能特别安排符合活动主题的美食活动。工作人员细致入微地提供餐前介绍，为客人呈现每一道菜的特色。通过优雅的用餐环境和美味的佳肴，餐饮服务旨在让客人在活动中不仅享受美味，更感受到独特的文化和活动主题的融合，为整个住宿体验增色不少。

（七）互动体验组织服务

互动体验组织服务在民宿活动现场担任关键角色，通过巧妙地组织和策划提供丰富多彩的互动体验。专业的工作人员安排各种活动，包括工作坊、团队合作游戏、户外冒险等，旨在拉近客人之间的距离，增进互动与合作。这种服务不仅为客人带来娱乐，还增强了客人对整个活动的参与感，为他们打造了一个充满互动与共享的难忘体验。

（八）文化展示服务

文化展示服务是指在民宿活动现场呈现丰富多彩的当地文化，通过传统音乐演出、手工艺品展示、民间艺术表演等形式，为客人提供深度的文化体验。专业工作人员通过详细解说和互动环节，使客人更深入地了解当地独特的文化传统和历史背景。文化展示服务旨在促进文化交流，让客人在活动中感受到丰富多元的文化魅力，为整个住宿增添了一份独特的文化体验。

（九）工作人员陪同服务

工作人员陪同服务在民宿活动现场充当关键角色，民宿工作人员以专业、友好的态度随时协助客人。他们为客人提供详尽的活动信息，答疑解惑，确保客人充分了解和参与。在全程陪同中，工作人员关注客人的需求，为其提供周到的服务，帮助解决问题，确保整个活动顺利进行。这种个性化的陪同服务不仅增加了客人的安全感，还为他们创造了更加轻松、舒适的活动体验，使每位客人都感受到宾至如归的温暖。

（十）纪念品和奖励服务

纪念品和奖励服务在民宿活动现场充实客人的体验，通过精心挑选的纪念品和奖励，为客人创造更加难忘的回忆。专业工作人员或者根据活动主题提供独特设计的纪念品，或者通过比赛等形式颁发奖励，增加参与感。这一服务旨在让客人感受到对他们参与活动的认可和感激，同时为他们提供一份珍贵的纪念品，将活动的愉悦延续至回家后，让这段体验成为一段难以忘怀的回忆。

（十一）客户关系服务

客户关系服务在民宿活动现场是一项至关重要的服务，工作人员通过关怀入微的态度、及时的回馈和个性化的服务，拉近与客户的关系。专业团队积极倾听客人的需求和反馈，及时解决问题，确保客人在整个活动中得到顺心、无忧的体验。通过个性化的服务，建立深厚的信任和情感纽带，使客人感受到独特关怀，提高对民宿的满意度和忠诚度，为未来的合作奠定坚实基础。

（十二）安全服务

安全服务是民宿活动现场的首要任务，工作人员通过严格的安全措施和专业的培训确保客人的人身安全。在活动进行中，他们时刻关注潜在风险，提供必要的安全指导，保障参与者的舒适和安心。紧急情况下，工作人员能够迅速、有效地应对，并采取适当的措施。通过这一安全服务，民宿为客人提供了一个可信赖的环境，使他们在活动中专注享受，无后顾之忧。

（十三）交通服务

一次活动的成功举办，良好的交通设计安排必不可少。主办方一定要了解大多数客人的出发地以及对其交通所需时间造成影响的因素。不论举办何种类型的活动，都必须考虑停车、路边停车证以及其他各种收费问题等。

交通也属于民宿活动的一个组成元素，因此对于交通方式的设计同样需要发挥独创性，以确保不论采用的交通形式是水路、陆路、航空或者这几者的结合，嘉宾在前往活动地点的旅途中都能感到愉快、兴致勃勃。要尽量使旅途成为舒适宜人的体验活动，而不要仅仅把它当作一种交通方式。

（十四）信息服务

民宿经营者在开展活动时须提供信息服务，要告知客人关于民宿的信息，如设施设备的使用方法、开展的特色活动、周边地区的情况、附近的交通信息等。在民宿开展特色活动时，管家需要指导客人参与活动，并告知相关信息，如制陶活动中的技术技巧、采摘活动中的注意事项、运动活动中的安全教育等。

三、民宿活动服务实施的注意事项

民宿活动实施中在对客人提供接待服务时需要注意：一是了解客人的期待；二是超过客人的期待，特别是要提供额外的便利措施；三是对活动中客人需求的变化做出迅速的反应；四是对活动的接待服务情况进行评估，以便下次做出改进。

接待服务对于民宿活动来说显得尤为重要。从某种意义上说，民宿活动就是围绕着接待服务展开的。接待服务项目核实表（见表 3-2-1）中的大多数项目，从邀请函到私人服务，都可以应用到活动中。对于客人来说，接待服务是活动经历中一个重要的组成部分。

表 3-2-1　　　　　　　　　　接待服务项目核实表

邀请函	邀请函的设计是否具有很高的品质？是否新颖？
	邀请函送出后是否留有答复时间？邀请函的递送方式对于客人来说是否合适？
	邀请函的内容是否包括了活动名称、日期、答复方式、路线和停车场等？
	邀请函中是否包括宣传资料？
抵达	是否做出了时间安排，以保证客人在最佳的时刻到达？
	有什么样的停车安排？
	是否有人把客人迎接到活动地点？客人抵达后由谁来会见和问候客人？

续表

便利设施	是否为客人设置了单独的区域？
	提供什么样的食品和饮料？是否需要特殊的菜单和私人服务？
	是否有单独的地方可以看演出，并有很好的设施？
	是否提供了特殊的指引方式，如指示牌、服务台？
礼物	有哪些纪念品（饰针、T恤、CD等）？
	客人是否有机会和"明星"见面？
退场	是否对客人的退场做出了安排，以保证客人不会和其他观众同时退场？

案例分享3-2-1 民宿工作人员不同的处理方法对客人满意度的影响

请阅读以下案例，分析民宿工作人员不同的处理方法对客人满意度的影响，思考如何提高民宿工作人员的服务质量。

一、订房间咨询

情境1：客人在某OTA平台上预订了A民宿的一间房。A民宿的前台人员收到OTA后台信息后，将客人的入住信息登记在案。

情境2：客人在某OTA平台上预订了B民宿的一间房。B民宿的前台人员收到OTA后台信息后，把客人的入住信息登记下来。然后找到客人的电话号码，第一时间联系上客人：首先，告诉客人已经预订成功了，并对客人的到来表示欢迎；其次，询问客人的情况，包括同行一共几人，是否有小孩或老人随行，有没有特殊的要求；最后，添加了客人的微信，在微信里把客栈的地图及交通路线发给客人，同时查询并告诉客人入住日期的天气状况，提醒客人注意事项。

二、去景区旅游咨询

客人：我想去××景区，应该怎么去啊？

民宿前台1：可以出去打车，跟师傅说一下地点就可以了。

民宿前台2：您可以乘公交车，我把车次及换车点给您写在纸上。您要是嫌麻烦，可以打车过去，车费大约××元。到了后，可以选择步行或者坐索道上去。景区门票是××元，索道费用是××元。您可以先在网上买好门票和索道的套票，这样要比直接购买便宜××元。山上温度较低，您多带一件衣服。这段时间经常下雨，山上会有落石，比较危险，您还带着小孩，因此不太建议您去××景区，您可以去××儿童乐园，那里风景也很美，离咱们民宿很近，打车15分钟就到了。

案例点评：

信息服务活动通过研究用户、组织用户、进行服务，将有价值的信息传递给用户，最终帮助用户解决问题。作为民宿工作人员，要及时为客人提供信息服务，即急客人之所急，想客人之所想。

做一做 3-2-1

参与民宿活动接待服务

通过下列任务实践理解民宿活动各项接待服务，掌握民宿活动接待服务程序，提高实践技能水平。

步骤一：阅读相关文献

通过阅读书籍、学术论文、文章和新闻报道，深入了解民宿活动各项接待服务工作。

步骤二：网络平台探索民宿活动

浏览民宿预订平台，如 Airbnb、Booking.com 等，查看学校周边各类民宿活动服务的流程。

步骤三：参与民宿活动接待服务

选择学校周边一家民宿，参与其活动接待服务工作，切实体验活动接待服务的过程，将理论与实践相结合，提高实践动手能力。

步骤四：民宿活动管理者打分、点评

让民宿活动管理者为你的接待服务工作做出评价，指出不足之处，提出改进措施，提升民宿活动服务接待的技能。

步骤五：讨论和分享实践经验

在班级分享自己的实践经验，分组进行讨论和交流，教师进行点评。

实务参考 3-2-1

做专业的民宿接送服务，像迎接一个初次来访的朋友

民宿接送服务的专业表现不仅是礼仪涵养的表现，也是服务管理和品牌形象的延伸。可结合民宿服务蓝图重点做好如下几个方面：

1.从各大交通枢纽至目的地的指引

在房客入住前发送一份清晰详尽的交通指南会大大提高房客对服务好感度。建议在房客预订后的 24 小时内，确保向房客发送电子版欢迎页及各交通枢纽到店的线路图。清晰简洁的交通指南应编辑中英文（及客户使用语言）版本，受当地情况影响的交通状况应提前备注给房客（比如：房客入住期间，地铁因维修而封闭，不开放）。详细的交通线路指引，能够确保一个初到陌生城市的人顺利按照指引抵达。

2.入住指引

（1）录制一段电子锁使用的视频导引，确保管家不在的情况下房客仍能自助入住房间。

（2）当日预订当日到店的房客，应确保使用电话、短信、微信等联系方式第一时间与他们取得联系，发送目的地图定位、目的地楼体外观图片及附近地标建筑物图片，给出详细的到店指引并了解房客到店时间。

3.必要的接待

让房客轻松掌握自助入住是一切接待的基础，您的房客到达的是一个陌生的地方，提前和房客沟通好入住程序非常重要。

（1）尽可能亲自接待第一次来访的客人，帮助房客了解当地情况及客房的安全使用规范。实践证明：由民宿主人直接接待过的房客往往有更好的入住体验，这将直接体现在退房后的房客评价中。而对于民宿主人而言，客人安全地使用客房，将大大减少因房屋设施使用不当而造成的突发状况。

（2）应急对策：您的房客可能会因为种种原因放大旅行中发生的困难及突发状况，如因使用不当而扭坏钥匙在深夜进不了门，会使其陷入恐慌并向您求援，此时必要的联系和应急对策显得必不可少。

4.制定专属接待话术

创建一份标准接待话术，有助于您向房客传递准确的房源信息，接待话术应包括电话话术和现场接待话术两部分。总体原则，可以参照接待第一次来这个城市的朋友的标准。

比如：可以根据民宿服务蓝图流程节点设计话术。

（1）客户入住头一天。主要确认次日是否会如期入住，并问询大致到店时间，做好简单的记录。主要内容包括：尊称、自我介绍、预订情况、天气状况、温馨提示、交通路线、网络信号问题提示、联系不到时的备用方案等。

（2）客户入住当天。根据记录到店时间，提前确认客户是否清楚路线，预计好接待时间（如客人到店时间晚，提醒客人住宿晚餐8点结束，可以在附近用餐后再入住）。主要流程包括：尊称、简要的自我介绍、询问客人人员构成、到达时间、客人行车路线确认、交通路线标识提示、温馨提示（交通安全提示、快到达时致电、网络信号问题、联系不到时的备用方案）、进餐时间确认等。

（3）客人接待。主动迎接，自我介绍。带领客人入住过程中，适时介绍民宿所在地的地理位置、风土人情、村落状况、周边设施及环境等。

（4）送客人到达客房。主动介绍房间设施、注意事项、服务项目等。

视频分享
3-2-1

（5）客人离店。与客人沟通退房时间；请客人协助填写"意见调查表"；提示客人整理好物品，避免遗忘；主动协助提拿行李，送到接待地点或停车场，提示客人路上注意安全，目送客人离开等。

云南迪庆：
慢来悦民宿
迎宾服务

资料来源：佚名. 做专业的民宿接送服务，像迎接一个初次来访的朋友［EB/OL］. ［2019-03-12］. https://www.sohu.com/a/300802323_653908.

评一评 3-2-1

根据学生在任务实施中的表现完成本任务评价表（见表3-2-2），可以此作为该任务学习的成绩参考基础。

表 3-2-2　　　　参与民宿活动接待服务任务评价参考表

评价项目	评价标准	分值	得分
步骤一：阅读相关文献	• 文献广度：是否广泛阅读了相关领域的文献	10	
步骤二：网络平台探索民宿活动	• 平台选择：是否选择了合适的在线平台，以获取与民宿活动接待服务相关的信息	30	
步骤三：参与民宿活动接待服务	• 参与程度：参与民宿活动接待服务的程度，包括积极性、活跃度和投入度 • 反馈和反思：是否能够对参与民宿活动接待服务进行总结	30	
步骤四：民宿活动管理者打分、点评	• 收集点评：是否能够收集经营者对本人服务实践的评价信息	20	
步骤五：讨论和分享实践经验	• 汇报分享：参与总结汇报，能够分享实践经验	10	

任务二　突出民宿活动特色服务

客人在选择民宿时，对文化体验和情感交流带有更多的期待。因此，会有更多的标准服务之外的需求和想法。民宿还要能够根据不同的情况为客人的不同需求提供恰当的特色服务，这是提升客人满意度，做好客户关系管理，提升民宿活动复购率的重要方式。

【知识目标】

1.知晓民宿活动各类特色服务。
2.掌握民宿活动特色服务内容。

【能力目标】

1.通过对民宿活动各类特色服务的学习，学生具备特色活动服务设计的能力。

2.通过对民宿活动特色服务内容的学习，提升学生对特色服务策划的能力。

【素养目标】

1.理解民宿活动特色服务内容，增强职业认同感。
2.创意民宿特色服务，提升学生的创新能力。

学一学 3-2-2

一、民宿活动特色服务的概念

民宿活动实施中的特色服务指的是针对客户需求和独特性设计的独一无二的服务。这可能包括个性化的欢迎礼物、主题房间布置、定制化的活动体验、特色餐饮等。通过特色服务，民宿能够营造独特的氛围，满足客户对个性化、独特体验的期望，从而提升客户满意度、留存率，并在激烈的竞争中凸显自己的品牌特色，吸引更多客户选择入住。

二、民宿活动特色服务的作用

（一）提升体验感

民宿活动特色服务的提升体验感作用显著。通过个性化的欢迎礼物、独特的房间布置和定制化的活动，客人在住宿过程中能够感受到与众不同的关怀，增强了他们的满意度和愉悦感。这种个性化的关照让客人产生特别的体验，使他们更愿意再次光顾，同时激发了积极的口碑，为民宿赋予了独特的品牌形象，提升了整体客户体验质量。

（二）吸引目标客户

民宿活动特色服务在吸引目标客户方面功不可没。通过精心设计的独特服务，如个性化定制的活动、特色装饰的房间和独特的餐饮体验，能够有针对性地吸引特定目标客户群体，满足其个性化需求，从而提高入住率和客户忠诚度。这种定向吸引的作用使民宿更好地满足了目标客户的期望，为其创造了有吸引力的独特卖点，有助于建立长期稳定的客户关系。

（三）差异化竞争

民宿活动特色服务在差异化竞争中发挥着关键作用。通过提供独特而个性化的服务体验，如独特主题的房间布置、特色活动和定制化服务，使民宿在竞争激烈的市场中脱颖而出。这种独特性不仅增加了品牌的辨识度，还吸引了寻求独特体验的客户。差异化的特色服务成为吸引客人的亮点，为民宿赢得了市场份额，提升了整体品牌价值和竞争力。

（四）提高口碑和留存率

民宿活动特色服务在提高口碑和留存率方面发挥着显著作用。通过独特、贴心的服务体验，客人更愿意分享积极的感受，提升了口碑传播效果。这种正面的口碑反馈不仅吸引了新客户，也增强了老客户的忠诚度，使其更倾向于再次选择入住。特色服务成为口碑的重要源泉，为民宿创造了良好的品牌声誉，促进了持续的客户留存和业务增长。

（五）创造额外收益

民宿活动特色服务创造额外收益的作用不可忽视。通过提供高附加值的独特服务，如个性化活动、特色餐饮等，不仅提高了客户的满意度，也为民宿创造了额外的收入来源。这些差异化的服务不仅能够吸引更多客户，还为愿意支付更高价格享受独特体验的客户提供了选择，从而有效地提升了民宿的盈利水平，促使业务的可持续增长。

三、常见民宿活动特色服务的类型

（一）摄影服务

活动的照片和视频是客人对参加活动美好回忆的永久留念；一些团建客户也将其用作宣传资料，或者用以在业内杂志、公司网站甚至视频网站上发布，以期赢得更多业务、提升品牌知名度，或打造企业明星；这些影像资料也是民宿活动策划的创造力的体现。

在民宿活动过程中，想为客人提供特色增值服务——摄影服务，首先要征询客人意见，看其是否愿意被拍摄，如果客人同意，则帮助客人拍摄。在条件允许的情况下，帮助客人整理制作成片；如果在成品中加入音乐，还需要了解在音乐版权方面所涉及的法律规定等。

另外，如果民宿想要将影像内容留存并发布在互联网、杂志以及其他媒介上用作宣传，也要提前征询客人的意见，并协商影像的所有权问题等。

民宿活动过程中的摄影服务有以下几点必须注意：

（1）明确所需要的最佳摄影类型，是传统型（造型照）还是新闻报道型（抓拍）。

（2）认真考虑所需要的摄影师的数量（例如，可能需要在中央位置安排两名摄影师，一名负责拍人物，另一名拍摄活动场面）。

（3）考虑聘用专业摄像师代替摄影师来为活动摄像，或者除了聘用摄影师，另外再聘用专业摄像师。

（4）了解摄影师、摄像师的专业水平。

（二）民宿主题化房间设计服务

民宿主题化房间设计服务是一项以独特主题为基础，将房间打造成独具特色的空间的体验。通过巧妙的布置和装饰，结合各种元素，如艺术、文化或自然主题，创造出令人印象深刻的居住环境。这种服务不仅注重视觉美感，更强调与主题相关的感官体验，使客人在舒适的住宿环境中沉浸于独特的氛围中。主题化房间设计服务不仅提升了住宿体验，也成为吸引客户的独特卖点，巩固了民宿在市场中的地位。

提供民宿主题化房间设计服务的关键在于创造性思维。首先，深入了解目标客户的兴趣和需求，选择与之契合的主题。其次，巧妙融合当地文化、艺术元素，使主题更具地域性。再次，利用创新设计、独特的家具和装饰，打破传统界限，为客人提供独一无二的居住体验。最后，持续关注设计潮流和客户反馈，不断创新，确保主题化房间设计服务与时俱进，既满足客户个性化需求，又保持吸引力和新颖感。

（三）民宿个性化服务

民宿个性化服务是一种注重满足客户个性需求的综合服务体验。通过深入了解客户的兴趣、喜好和特殊要求，提供定制化服务，如欢迎礼物、个性化导览、定制活动等。个性化服务不仅关注客户的住宿需求，更着眼于创造独特的、个性化的入住体验，让客人感受到被重视和独特对待。个性化服务不仅提高了客户满意度，也为民宿建立了积极的口碑和客户忠诚度，使其在竞争激烈的市场中脱颖而出。

提供民宿个性化服务的关键在于了解并满足客户的独特需求。首先，通过预订前的沟通获取客户的个性化信息，了解其兴趣和偏好。其次，定制专属的欢迎礼物和服务，例如个性化导览、定制活动或特别装饰。在服务中不断关注客户的反馈，及时调整服务内容，确保持续符合其期望。通过建立与客户的密切联系，提供真正贴心的个性化服务，让客人感受到独特关怀，从而提升其入住体验和满意度。

（四）礼品服务

临别的礼品服务如果处理得巧妙，就可以把活动再次推向高潮，因此礼物要尽量突出特色。要让礼物成为每位客人心中无法忘怀的回忆中的一部分。礼物无须贵重，但是要能够令人回味无穷。

伴手礼指出门到外地时，为亲友买的礼物，一般是当地的特产、纪念品等。"伴手"是伴人送手礼，也就是古人"伴礼"的意思。另外，也指婚礼结束后送给宾客的结婚回礼。

伴手礼代表着人与人之间情感的联系，一份小小的礼物即代表着送礼者的心意，对于人们来说，伴手礼不只是一件礼物，而是人与人之间情感联系的桥梁，能表达送礼者最深的心意，好的伴手礼能使送礼、收礼双方达成心灵的交流与共鸣。

伴手礼是民宿特色服务的一种延伸产品，其既可以是民宿餐饮部的手工食品，又可以是代表当地文化特色的农副产品。礼品服务是增加民宿经营收入的重要途径，是加深客人体验度的有效方法，是促进民宿口碑推广的无形宣传。

做一做 3-2-2

民宿活动特色服务设计

通过以下步骤和方式理解民宿活动各项特色服务，掌握民宿活动特色服务的内容，提高实践技能水平。

步骤一：阅读相关文献

通过阅读书籍、学术论文、文章和新闻报道，深入了解民宿活动各项接待服务工作。

步骤二：网络平台探索民宿活动

浏览民宿预订平台，如 Airbnb、Booking.com、Vrbo 等，查看学校周边各种民宿特色活动的实际案例。

步骤三：体验民宿活动特色服务

选择一家民宿，体验民宿活动的特色服务，掌握特色服务的内容，感受特色服务带给你的增值体验。

步骤四：为民宿特色服务打分、点评

采访、调研客人对该家民宿活动特色服务的体验，为特色服务打分、点评，指出不足之处，提出改进计划。

步骤五：分享实践经验

对于调研实践经验，进行分组讨论和交流，教师进行点评。

步骤六：设计和分享民宿活动特色服务

在班级讲解分享本人设计的民宿活动特色服务，教师进行点评。

实务参考 3-2-2

宁海一民宿自制"伴手礼"摘下省级大奖

近日，浙江省文化和旅游厅公布了第三届民宿伴手礼大赛获奖名单，宁海"桂语7号"民宿的"布偶小玩具"获综合奖，为本届比赛中宁波地区唯一获奖作品。

据悉，为了贯彻推进全省文旅融合"五百五千"工程，打造具有浙江标志的乡村民宿伴手礼，推动浙江民宿高质量发展，浙江省文化和旅游厅连续3年举办乡村旅游伴手礼大赛。本届比赛经过资料审核、网络投票、专家评审等环节，最终评选出综合奖25名、单项奖23名予以表彰。

宁海县大佳何镇葛家村"桂语7号"民宿的伴手礼"布偶小玩具"，从众多民宿伴手礼中脱颖而出，获综合奖。据了解，"布偶小玩具"伴手礼是葛家村"艺术振兴乡村"实践中以艺术为媒介创作的文创作品，由宁海乡建艺术家、布玩具大师袁小仙设计制作，包括大象、长颈鹿、兔子等各种造型可爱、形态各异的绒布玩具，上架以来颇受游客欢迎。

近年来，宁海依托温泉、古镇、滨海等丰富的乡村文化旅游资源，大力发展乡村旅游；通过实施乡村旅游促共富"十百千"行动计划、全域旅游再深化等，探索文、旅、农融合发展模式，持续形成以精品民宿为支撑、多元业态为补充的乡村旅游产品体系。为进一步盘活乡村旅游资源、满足游客对乡村旅游多样化的需求，带动富民增收，宁海还启动"乡村旅游伴手礼培育计划"，培育了手工刺绣团扇、古法酿米酒、竹编香囊、霞客杯等一批颇具宁海特色的乡村旅游伴手礼。

"乡村旅游伴手礼是乡村旅游的一张特色名片。"宁海县文旅局相关负责人表示，接下来，宁海将结合当地文化元素、非遗技艺以及潮流文化，研发具有设计感、乡土味、带动性强、实用性高的乡村旅游伴手礼产品，推进宁海乡村旅游伴手礼转型升级。

资料来源：邵颖玢. 宁波唯一！宁海一民宿自制"伴手礼"摘下省级大奖［EB/OL］.［2022-11-28］. https://zj.zjol.com.cn/news.html?id=1965357.

评一评 3-2-2

根据学生在任务实施中的表现完成本任务评价表（见表3-2-3），可以此作为该任务学习的成绩参考基础。

表3-2-3　　　民宿活动特色服务设计任务评价参考表

评价项目	评价标准	分值	得分
步骤一：阅读相关文献	• 文献广度：是否广泛阅读了相关领域的文献	10	
步骤二：网络平台探索民宿活动	• 平台选择：是否选择了合适的在线平台，以获取与民宿活动接待服务相关的信息	30	
步骤三：体验民宿活动特色服务	• 参与程度：参与民宿活动接待服务的程度，包括积极性、活跃度和投入度 • 反馈和反思：是否能够对参与活动接待服务进行总结	15	
步骤四：为民宿特色服务打分、点评	• 收集点评：是否能够收集经营者对本人服务实践的评价信息，并能对服务特色进行评价说明	20	
步骤五：分享实践经验	• 汇报分享：是否能够参与总结汇报，能够分享实践经验	10	
步骤六：设计和分享民宿活动特色服务	• 特色服务：创意独特性、市场吸引力、成本效益、与目标一致性、员工执行力、易推广性	15	

任务三　优化民宿活动清场服务

民宿活动结束并不意味着工作的完成，民宿员工要适时做好善后工作，让活动善始善终、圆满完成。引导客人安全有序地离开会场、安排客人返程、清理活动现场都是活动结束后的重要工作。

【知识目标】

1.理解民宿活动后勤服务包含的内容。
2.掌握民宿活动后勤服务的主要流程。

【能力目标】

1.通过对民宿活动后勤服务内容的学习，提升学生对后勤服务的认知能力。
2.通过对民宿活动后勤服务主要流程的学习，增强学生的逻辑思维能力。

【素养目标】

1.理解民宿活动后勤服务的内容，增强学生的职业认同感。
2.掌握民宿活动后勤服务的主要流程，培养学生良好的服务意识。

学一学 3-2-3

一、民宿活动清场服务的概念

民宿活动清场服务是活动结束后的关键环节，包括整理场地、清理设备、处理垃圾等工作。通过迅速、有序地进行清场工作，确保活动场地迅速恢复整洁，为下一场活动或客人的到来提供良好的环境。清场服务还包括检查设备和设施是否完好，确保没有遗漏物品。细致的清场服务，能够展现民宿员工的专业素养，提升整体服务品质，给客人留下良好印象，促进口碑传播。

二、民宿活动清场服务的内容

（一）场地整理

民宿活动场地整理服务指整理活动场地，包括桌椅摆放、布置归位、地面清扫，确保场地在最短时间内回到整洁有序的状态。通过高效的场地整理，提升客户对民宿活动的整体印象。

（二）设备清理

民宿活动清场服务中的设备清理服务包括对使用的设备进行整理、清理、归还或存储。设备包括音响、投影仪、活动用具等。通过仔细检查和妥善清理，确保设备无损并妥善保管，为下一场活动或客人的使用提供高质量的设备。这一环节体现了民宿对设备资源的有效管理和维护，提升了服务的专业度和客户体验。

（三）卫生清理

民宿活动清场服务中的卫生清理服务涵盖对活动场地的卫生清扫，包括清理垃圾、擦拭表面、设施的清理等。通过细致入微的清理工作，确保活动场地在卫生方面达到高标准。这不仅提升了整体卫生状况，也为客人提供了一个清新、整洁的环境，强化了民宿的卫生管理形象，给客户留下良好印象。

（四）遗失物品处理

遗失物品处理服务包括收集和登记遗失物品，协助客人找回遗失物品。通过细致入微的遗失物品管理，提供额外的关怀和服务，提高客户对民宿的满意度。遗失物品处理服务体现了民宿对客户关心和关怀的态度，同时也增强了客人对民宿的信任感，为建立长期客户关系奠定基础。

（五）设施状况检查

设施状况检查服务是指仔细检查使用的设施，确保其完好无损和正常运行。通过及时的检查和维护，确保设施处于良好状态，使活动顺利进行，提升客户的安全感。这一服务不仅展现了民宿对设施质量的关注，也保障了客人在活动过程中的舒适和安全，为民宿赢得信赖。

（六）安全巡查

安全巡查服务是指对活动场地进行全面的安全检查。通过巡查，及时发现和处理安全隐患，确保活动过程中场地安全无虞。安全巡查服务体现了民宿对客户安全的高度关注，增强了客人对活动的信任感。通过有效的安全巡查，民宿不仅保障了客户的人身安全，也提升了整体服务品质和口碑。

（七）客户关怀

客户关怀服务是指对客人的问候和感谢，了解他们的反馈和需求，提供额外的协助。通过关怀服务，提高客户在离开时的满意度，强化客人对民宿的良好印象。个性化的关怀不仅能够提升客户体验，还有助于建立长期的客户关系，为民宿赢得口碑和回头客。

三、民宿活动清场服务的步骤

（一）及时引导客人离场

引导客人离场，通常情况下是等主席台上的领导离场后，再引导与会人员有秩序地离场。能打开的大门，尽量都打开，避免离场时出现拥挤现象。民宿管理人员要事先安排引导人员，各司其职，引导客人有秩序地离开活动现场。如果活动现场有多条离场通道，要进行分流，避免推挤。能否快速离场，也是选择活动场地时需要考虑的问题。大型活动还要注意散会后引导车辆应迅速、有序地离场，必要时可派专人指挥。

（二）送别客人

1. 代订返程票

根据客人的要求，帮助客人订购返程车船票。为了使客人能够按时、准确无误地拿到自己订购的车船票，民宿工作人员应设计并制作客人返程票领取登记表。

2. 安排人员送站

会议结束后，与会人员离会往往比较集中，在短时间内需要大量车辆送站，因此会议组织者应当提前安排足够的车辆和人员为与会人员服务。如果会场距离机场、车站较远，为了满足需要可以安排大型客车集中运送。送站之前，会议工作人员可根据所预订车票的情况合理分配车辆和运力，保证参会人员能及时到达车站或机场。

3. 礼貌送别

安排专门的工作人员，在活动现场外、民宿门口欢送客人离开。对于一般的客人，安排礼仪小姐或其他工作人员送行，对于身份特殊的客人（如上级领导），则应当安排身份对等的人员送行。送行时应当充分注意礼仪，向对方表示出诚挚的惜别之情。

（三）清理活动现场

根据民宿活动筹备期间所准备的活动物品清单，列出需回收的物品清单，然后根据清单一一清点所有物品，将收回的数量准确登记，对于缺少的应当注明原因。清理活动现场的一般操作流程如下：

（1）关闭活动现场的视听设备。

（2）拆除或清理活动现场内外的布置，收回在活动现场的一些布置物品，如横幅、鲜花、广告牌等。

（3）退还一些租借的物品和材料，妥善安排处理。如有设备器材在会议使用中出现故障，应及时修理，保证下次需要时的正常使用。

（4）清理活动现场内留存的其他物品，包括参加活动人员丢弃的废纸。如果发现活动现场有遗失的物品，要妥善保管，并同失主取得联系。

（5）清洁整理活动现场。地面和门窗要打扫干净，用具、用品要清点归位。

做一做 3-2-3

制订民宿活动清场服务计划

通过以下步骤和方式提升对民宿活动清场服务的认知，深入理解并掌握民宿活动清场服务的详细内容、流程。

步骤一：明确服务内容

确定清场服务的具体范围，包括场地整理、设备清理、卫生清理、安全巡查等。

步骤二：了解客户需求

通过调查和沟通，了解客户对清场服务的期望和需求，以便满足他们的期望。

步骤三：确定服务时间

根据活动结束时间和后续安排，确定清场服务的具体时间，确保有充分的时间完成任务。

步骤四：制订清场计划

制订详细的清场计划，明确每个步骤的执行时间、人员配备、所需设备和工具等。

步骤五：人员培训

对清场服务的执行人员进行培训，确保他们理解任务要求，了解清场流程和注意事项。

步骤六：准备清场工具

确保清场所需的设备、工具、清洁用品等充足，并保持其正常运行状态。

步骤七：沟通协调

与相关团队和客户进行充分的沟通协调，确保大家对清场计划达成共识。

步骤八：安排人员

根据清场计划，合理安排人员的工作任务和责任，确保每个环节有专人负责。

步骤九：监控执行

在清场过程中进行监控和检查，确保服务按计划进行，及时发现并解决问题。

实务参考 3-2-3

三亚一网红民宿被曝存在卫生问题 当地：已责令涉事民宿立即整改

某微博账号发布的"三亚上千元网红民宿隔壁是养鸡场，床垫有疑似尿渍，枕套毛巾不换"短视频，引发网友热议。视频显示，第一次退房前，测评官在客房的枕套、毛巾、杯具等国家相关标准要求必须更换清洗的物品上敲上了极易被擦去的隐形荧光印章。第二天换人入住同一房间，结果发现4个枕套中有2个没有更换，2条毛巾、2个漱口杯、1个饮水杯和2双塑料拖鞋都没有进行更换清洗。

2月5日，该微博账号运营者袁女士向《北京青年报》记者介绍，2022年1月下旬，他们团队中的2位测评官和2位摄影师共4人来到这家民宿共住了三天两夜。"视频中内容属实。团队成员两次从前台办理入住到进入客房全程都有不间断录像，我们第一天入住就做了卫生检查，发现了视频中存在的那些卫生问题。"

袁女士表示，测评官进行的一客一换测试是他们测评酒店卫生的必要环节。"隐形荧光印章很容易被水洗掉，所以只要民宿及时进行了清洗，印章肯定会消失，如果更换了这些物品，那印章更不可能存在。"

2月5日,《北京青年报》记者就此事询问该民宿负责人,对方称:"我们都是由专业清洁人员按要求进行一客一换的。"针对测评视频中客房内排风扇部分脱落,置物架、纸巾盒等家具上都是积灰等问题,负责人表示:"可能前两天发生的问题我们没有及时注意到,后续我们会根据客人反馈的这个问题进行核实,如果有清洗不及时的情况,会同清洁部门、维修部门沟通。"此外,民宿负责人也对民宿外养鸡场里的鸡误入的问题进行了回应:"民宿位于博后村,很多当地村民养鸡、鸭,这一问题我们只能跟村民进行沟通,让他们圈养动物。另外,我们民宿有专门的大姐在庭院打扫,后续会根据客人反馈及时完善民宿各个方面的卫生管理。"

《北京青年报》记者将此民宿的卫生问题反映至三亚市政府服务热线,2月11日,三亚市12345政府服务平台反馈:吉阳区卫生健康委员会已安排工作人员到现场进行核查督导,按照《公共场所卫生管理条例实施细则》等相关规定,对该场所存在的卫生问题现场下发"卫生监督意见书",责令涉事民宿立即整改。该场所负责人表示,该场所卫生环境确实存在管理责任心不够强的问题,会积极配合整改。现该场所处于整改期间,下一步有关部门将对整改情况进行跟踪,并加大对该场所的巡查力度。

视频分享 3-2-2

客房检查

文献来源:王婧懿. 三亚一网红民宿被曝存在卫生问题 当地:已责令涉事民宿立即整改 [EB/OL]. [2022-02-12]. https://new.qq.com/rain/a/20220212A021HU00.

评一评 3-2-3

根据学生在任务实施中的表现完成本任务评价参考表(见表3-2-4),可以此作为该任务学习的成绩参考基础。

表3-2-4 制订民宿活动清场服务计划任务评价参考表

评价项目	评价标准	分值	得分
步骤一:明确服务内容	• 工作任务明确程度:是否准确确定了清场服务的具体范围,包括场地整理、设备清理、卫生清理、安全巡查等内容	15	
步骤二:了解客户需求	• 客户需求了解及时、明确:是否通过调查和沟通,充分了解客户对清场服务的期望和需求,并能满足他们的期望	15	
步骤三:确定服务时间	• 时间安全的合理性:是否根据活动结束时间和后续安排,合理确定清场服务的具体时间安排,确保有充足时间完成任务	10	
步骤四:制订清场计划	• 清场计划的完备度:是否制订了详细的清场计划,明确每个步骤的执行时间、人员配备、所需设备和工具等	10	

评价项目	评价标准	分值	得分
步骤五：人员培训	• 培训的有效性：是否对清场服务的执行人员进行了有效的培训，确保他们理解任务要求，熟悉清场流程和注意事项	10	
步骤六：准备清场工具	• 工具充足有效：是否确保清场所需的设备、工具、清洁用品等充足且正常运行	10	
步骤七：沟通协调	• 沟通传达及时准确：是否与相关团队和客户进行了充分的沟通协调，确保大家对清场计划有共同理解	10	
步骤八：安排人员	• 人员安排科学：是否根据清场计划合理安排了人员的工作任务和责任，确保每个环节都有专人负责	10	
步骤九：监控执行	• 监控及时：是否在清场过程中进行了有效的监控和检查，确保服务按计划进行，及时发现并解决问题	10	

【参考文献】

1.王雅文，高周冰，刘凌锋，等．景区活动策划的发展与困难研究——以项目十八点五为例［J］．现代盐化工，2019，46（4）：118-119.

2.王晓梦．屈原故里文化旅游区师生情景体验式专题策划［D］．武汉：中南民族大学，2019.

3.朱红，孙璐．基于旅游消费者视角的节庆活动创新策划研究——以成都西岭雪山景区为例［J］．中国集体经济，2019（12）：141-143.

4.钟端．常德可小隐 归去桃花源 湖南常德·中国桃花源景区2020年营销推广策划案［D］．长沙：湖南大学，2019.

项目三
善始善终——评价民宿活动实施效果

　　评价民宿活动实施效果对民宿活动管理过程非常重要，通过对民宿活动客观地、严格地进行评估，可以及时发现问题并不断改进，提高决策的科学性，为规范和完善民宿活动提供参考，考核活动的目标是否完成。所以，民宿活动的管理者应当对民宿活动实施效果进行正确的评价，并把评价的结果提供给利益相关群体。

【项目导图】

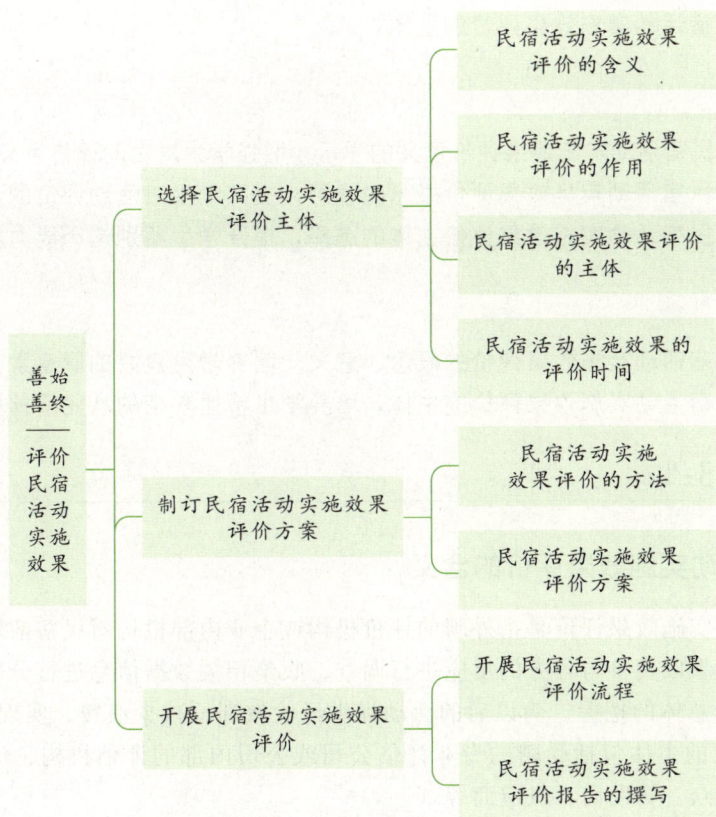

任务一　选择民宿活动实施效果评价主体

　　民宿活动实施效果评价的主体很多，主要有民宿活动的主办者、活动项目组及其成员、专业评估机构、观众、赞助商等，不同的评价主体不同，评价的侧重点也不同。因此，选择合适的评价主体对于民宿活动实施效果评价至关重要。

【知识目标】

　　1.掌握民宿活动实施效果评价的含义。
　　2.了解民宿活动实施效果评价的作用。
　　3.理解民宿活动实施效果评价的主体。

【能力目标】

　　1.通过对民宿活动实施效果评价意义的学习，增强学生对活动评价意义的理解能力。
　　2.通过对民宿活动实施效果评价概念的学习，提高学生对活动评价的认知能力。
　　3.通过对民宿活动实施效果评价主体的选择，提升学生甄别选择能力。

【素养目标】

　　1.掌握民宿活动实施效果评价的概念、意义，培养学生良好的职业素养。
　　2.选择民宿活动实施效果评价的主体，培养学生精益求精的从业精神面貌。

学一学 3-3-1

一、民宿活动实施效果评价的含义

　　民宿活动实施效果评价是指外聘的评价机构或企业内部机构对民宿活动项目的运营状况、实际效果以及参与各方的反应进行调查，收集相关数据信息进行分析，以期对活动的效果进行总体的把握，为以后的活动提供经验教训，减少浪费，实现效益最大化。评价工作涉及的主体包括受聘的专业评估公司或公司内部的评估机构，活动的策划小组，活动的观众、赞助商、供应商等。

二、民宿活动实施效果评价的作用

（一）改进民宿服务质量

　　民宿活动实施效果评价在改进服务质量方面发挥着关键作用。通过客户反馈和满意度调查，民宿能够深入了解服务中的强项和薄弱环节，有针对性地进行改进。这种反馈机制使得民宿可以更快速、精准地满足客户需求，提高服务水平，增强客户体验。评价结果为民宿提供了宝贵的数据支持，使其能够持续优化运营，不断提升服务品质，建立起更为可靠的品牌形象。

（二）识别问题与不足

民宿活动实施效果评价是解决识别问题与不足的有力工具。通过客户反馈和综合评估，可以准确发现活动中存在的问题和潜在不足，从而及时采取纠正措施。有助于提高整体服务质量，避免重复错误，确保未来活动更加顺利。实时的问题识别和改进是持续提升民宿运营水平的关键步骤，通过评价作用，民宿能够更敏锐地捕捉到客户的需求和期望，不断完善自身服务体系。

（三）有助于客户关系维护

民宿活动实施效果评价对于客户关系维护至关重要。积极的评价反馈能够建立起良好的信任和沟通，巩固客户对民宿的忠诚度。通过关注客户的意见和建议，民宿能够更贴近客户需求，提供更个性化的服务，增强客户满意度。良好的评价有助于留住老客户，同时通过积极的口碑传播，吸引新客户。这样的互动关系不仅促进了民宿的业务发展，还奠定了长期稳健的客户基础。

（四）提升品牌形象

民宿活动实施效果评价在提升品牌形象方面功不可没。通过客户的正面评价和满意度反馈，民宿能够树立良好的品牌形象，传递出专业、贴心的服务印象。有助于吸引更多潜在客户，增强市场竞争力。积极的评价不仅为品牌树立了诚信的形象，还使品牌更有吸引力，形成良好的口碑效应，为民宿业务的可持续发展打下坚实基础。品牌形象的提升是实现长期成功的必要步骤，而评价作用正是这一过程中的重要推动力。

（五）提供决策支持

民宿活动实施效果评价在提供决策支持方面发挥关键作用。通过分析客户反馈和综合评估结果，管理层能够更准确地了解活动的成功因素和改进空间，为制定未来的战略决策提供有力的数据支持。评价作用使得决策过程更科学、更明智，帮助管理层迅速做出基于实际情况的战略调整，确保民宿业务的长期健康发展。这种数据驱动的决策支持是提高管理效能、适应市场变化的关键手段，使民宿能够更具竞争力和创新性。

三、民宿活动实施效果评价的主体

民宿活动实施效果评价的主体可以有多个：

（一）民宿活动的主办者

民宿活动的主办者是活动的主要投入者，他们非常重视活动的评估。通常情况下，若主办者为企业，其首要关注的是活动所带来的经济利益；若主办者为政府部门，其关注的重心可能偏向活动所带来的社会、文化、环境影响等。

（二）活动项目组及其成员

活动项目组及其成员参加了整个活动，亲身经历了策划、管理等流程，对活动的工作最有发言权，他们的自我工作总结本身就是评估的重要组成部分。应注意的是，成员既包括策划人员、管理人员、一线员工，也包括所招募的志愿者。

（三）专业评估机构

专业评估可避免成见或偏见，可以更好地保证评估的客观性和科学性，且专业化程度高、评估结果准确度高，其评估结果大多能对决策机构起到借鉴作用。这种专业评估机构往往由资深的行业专家组成，凭借丰富的阅历和广泛的知识对活动进行专业的评估。不过，这种专业评估所花的费用也较高。

（四）参与者

参与者是民宿活动评价的重要对象，可通过访谈、问卷等方式调查民宿活动现场参与者的亲身感受等，以获取有利于民宿制定产品策略、营销策略，改进经营管理的一手资料。

（五）赞助商

赞助商通过对活动参考者的调查，可以了解此次赞助后，其公司的认知度在目标客户群体中有无提高，提高了多少；企业的形象有无提升，提升了多少。通过相关数据的收集，还可了解产品的销售量有无增加，增加了多少。

四、民宿活动实施效果的评价时间

评估贯穿于整个活动管理循环过程中，评估有三个重要阶段：

（一）事前评估

对于一次活动的控制因素的某些评估通常发生在研究和计划阶段。这有时被称为灵活性研究，用于确定活动可能需要的资源水平，确定是否继续进行这一活动。这涉及对观众可能做出的反应进行市场研究，对出席人数、费用和效益进行预测。它通常会把这一活动和以前相似活动的概述和成果进行比较。以这些研究的结果建立目标或基准，根据它来衡量计划是否成功。

（二）监控评估

活动监控就是跟踪某一活动在不同执行阶段的进展过程，这就可以调整活动的控制因素。例如，在活动的准备阶段可能会感觉到售票不是很火爆，就会增加广告投入，或付出更大的宣传努力。监控预算就可以减少开销，或把节省下来的资金用在其他项目上。在活动过程中进行观察可能会对整个活动起到优化作用，例如调整合理的体积，或修改安全配置，雇用员工以配合变化的人群模式。这种监控过程对质量控制非常重要，也将为最终评估和未来计划提供宝贵的信息。

（三）事后评估

评估的最常用形式是事后评估，涉及收集活动的统计数据，并分析数据与活动任务和目标的关系。有时会使用关键性能指示器，把活动目标转换成衡量标准，它可以测量活动成功与否。一个重要的方面通常是把主要参与者与项目关系人的反馈放到一起，讨论活动的强项与弱点，并记录下来。事后评估也可能涉及对活动参与者或观众进行某种形式的问卷或调查。这些调查是为了收集参与者的体验意见，衡量他们对活动的满意程度。调查经常涉及收集有关参与者经济消费的数据，以便把这些花费与活动产生的收入相比较。评估的性质在很大程度上取决于活动的目的及其面向的观众。另外，除了注意阶段性、全面性以外，还需要注意评估的时机和时效性。

做一做 3-3-1

民宿活动实施效果评价主体调研

通过以下步骤和方式提升对民宿活动实施效果评价的理解，获取更多关于民宿活动实施效果评价主体的资料，掌握选择民宿活动实施效果评价主体的方法。

步骤一：提出实地调研目标和问题

明确调研的目的：了解民宿活动实施效果评价主体的选择过程，掌握不同主体对活动实施效果评价的侧重点，培养学生精益求精的职业精神。

步骤二：制订调研计划

确定调研区域，选择民宿和受访者。设计问卷或采访提纲，用于数据收集。

步骤三：数据收集

实地访问民宿，与民宿主人、客人进行交流，做好观察记录。进行面对面采访或完成在线调查，以明确他们有关调研问题的想法和体验。

步骤四：数据分析

整理和分析收集到的数据，提取有关活动评价主体的关键指标。

步骤五：结果解释

分析结果，讨论不同评价主体对活动实施效果评价的侧重点。

步骤六：撰写报告

撰写调研报告，包括研究目的、方法、发现和建议，总结调研的主要结论。

步骤七：讨论和分享调研报告

将调研报告在班级进行演示，分组进行讨论和交流，教师进行点评。

实务参考 3-3-1

金山这里的民宿，活动多多

一年一度的中秋佳节来临，在人月团圆的温馨氛围中，赏月、吃月饼、看景游玩成为节日的主旋律。在金山嘴渔村，不少民宿也为游客组织了欢庆活动，让大家在节日中感受别样的快乐。

　　来到大屋里民宿，古香古色的庭院中设置了制作手工月饼、团扇与花灯的摊位，吸引了游客们的热情参与，一旁点茶、祈福（如图3-3-1所示）、画画的游客也不少。市民田先生与孩子一起制作了祈福卡片，并悬挂在树枝上（如图3-3-2所示），他告诉记者，在月圆之夜，能以这种方式祈福非常有意义。

图3-3-1　市民书写祈福卡片

图3-3-2　市民抱孩子挂祈福卡片

　　市民田先生：挺开心的，来了之后感受咱们传统文化的熏陶，感觉现在的小朋友确实需要多学学国学、传统文化之类的东西，这趟没白来。

　　市民曹女士：今天这个活动我觉得还挺丰富多彩的，有写字、做扇子、做灯笼，还有泡茶、做月饼，很丰富，体验感很好，很有节日氛围，尤其是我们这种父母不在身边的，心里有了一份归属感。

　　此外，现场还邀请了汉服爱好者进行巡游活动，给游客们带来满满的仪式感与浓厚的文化氛围。据了解，金山嘴渔村共有备案民宿23家，节假日期间，部分民宿还将不定期开展"非遗进民宿"活动，进一步提升民宿庭院文化。

上海金山嘴渔村投资管理有限公司、上海山阳旅游发展有限公司副总经理吴雪洪说："节假日期间为游客朋友推出这样的活动，只要购买我们的景区联票，就会赠送马利体验项目或是中草药体验项目，可以二选一。入住金山嘴渔村民宿的游客朋友们也可以凭房卡到我们这边登记，免费参观我们景区联票中的 8 个展馆。"

资料来源：武云卿，勾瑞．金山这里的民宿，活动多多［EB/OL］．［2023-09-29］．https://www.shobserver.com/sgh/detail?id=1139465.

视频分享 3-3-1

《神秘访客》回访

评一评 3-3-1

根据学生在任务实施中的表现完成本任务评价表（见表 3-3-1），可以此作为该任务学习的成绩参考基础。

表 3-3-1　　民宿活动实施效果评价主体调研任务评价参考表

评价项目	评价标准	分值	得分
步骤一：提出实地调研目标和问题	• 目标明确性：是否明确调研的目标和所要解决的问题	10	
步骤二：制订调研计划	• 调研设计：调查计划是否具有合理性	10	
步骤三：数据收集	• 数据质量：数据是否具有准确性、完整性和可靠性，确保数据收集过程没有偏见或错误 • 样本代表性：检查样本是否具有代表性，以确保能够反映民宿目标客群的信息	10	
步骤四：数据分析	• 分析方法：所使用的分析方法是否具有适用性	15	
步骤五：结果解释	• 结果解释：是否能够对调研结果进行解释	15	
步骤六：撰写报告	• 结构和清晰度：调研报告的结构和清晰度是否确保读者能够轻松理解调研报告 • 数据呈现：检查图表、表格和案例研究等信息呈现方式是否有助于理解调研报告	25	
步骤七：讨论和分享调研报告	• 汇报分享：是否能够参与总结汇报，分享实践经验	15	

任务二　制订民宿活动实施效果评价方案

民宿活动实施效果评价方案是民宿活动策划非常重要的一部分。了解活动的效果，对下一步活动的策划有很大的帮助和指导意义。民宿应根据自身情况和实际需求，合理制订实施方案，不断完善活动的效果评价工作。在今后的活动策划中，应更加注重活动效果的评估和分析工作。

【知识目标】

1.掌握民宿活动实施效果评价的方法。
2.理解民宿活动实施效果评价方案制订。

【能力目标】

1.通过对民宿活动实施效果评价方法的学习，提升学生科学评价活动实施效果的能力。
2.通过对制订民宿活动实施效果评价方案的学习，提高撰写活动方案的逻辑能力。

【素养目标】

1.通过学习民宿活动实施效果评价方法，培养学生正确的事物评判价值观。
2.通过学习制订民宿活动实施效果评价方案，培养学生专业的职业素养。

学一学 3-3-2

一、民宿活动实施效果评价的方法

（一）观察法

观察法是很容易被忽视的技术手段，事实上，在大多数正式的或非正式的研究中，观察都起着至关重要的作用。

观察分参与观察和非参与观察，是指研究人员好像部分地（非参与者）或完全地（参与者）参与了活动一样去参与研究的体验。非参与的观察员可能是被安排去系统地记录活动过程的工作人员或志愿者。参与的观察员可能被吸收进来去扮演活动客人的角色并被指导以日记评论的形式记录其在某个活动中所有的感想。

观察法能记录下客人在不同活动或不同时间内期待、鼓舞、积极参与或体验烦恼的程度。这将有助于活动的管理人员组织好一个会场和节日活动并创造维持好会场的庆祝气氛和客人积极参与的氛围。

参与观察须记录的要素：

（1）对活动的第一印象：对到达、通道、停车，排队、进场、信息和指南等方面的看法；

（2）观看活动和表演：视线、座位、音响及视听效果；

（3）气氛和激情：参与性、鼓舞性、积极性或活跃性等；

（4）设施及舒适性：厕所、垃圾箱、儿童和残疾人的专用设施；

（5）用餐：食品质量与服务水平、就餐场所的干净程度及容纳量、食品及饮料的味道及温度；

（6）商品质量及供应：提供商量的质量和效率；

（7）人群拥挤和交通阻塞：人群拥挤和交通阻塞发生的时间、地点及由此引起的不适和冲突；

（8）退场：退场时行人和车辆的交通流量。

总之，观察法提供了一种从客人的角度对活动进行评估的有益形式，它能使活动组织者注意到活动体验中的积极和消极因素，并提供了一种从活动中吸取教训的方法。这对于定期举办的活动特别有用，因为这种活动所期望的目标是不断改善客人的体验。

（二）小组调查法

1.分组

挑选9～12名具有一两个相同特点的人组成重点调查小组。比如，重点调查小组的成员可以由男性或女性组成，但他们有一个共同特点，都取得了大学学士学位或更高学位。其他的共同特点是，他们都是中层管理人员，年龄为35～50岁。

2.资格调查

用调查工具或采访的方式来确认他们是否具备加入重点调查小组的资格。

3.资格认定

发给每名获得参加重点调查小组资格的人一封资格认定信，信中列明参加小组活动的日期、时间、地点和调查题目。

4.礼品

为重点调查小组参与人员颁发奖状或赠送书籍等礼品。

5.后备人选

重点调查小组的招聘人数要比实际参加人员的人数多出15%～25%，多出的人员作为后备人员。

6.领导者

任命一位受过培训的人作为重点调查小组的主持人。优秀的重点调查小组主持人应具备在重点小组调查会中保持中立立场的能力，并且能够谆谆诱导小组成员提出具有远见的意见。

7.确定与会

在重点调查小组举行会议之前，要事先提醒每位小组成员注意开会的时间，并再次确认他们是否出席小组会议。

8.召开会议

在重点调查小组会议召开时，主持人宣布会议的议事日程和会议形式，并鼓励那些希望相互交换意见的人畅所欲言。

9.记录

对重点调查小组的发言或小组活动进行录音或录像。

10.整理记录

对重点调查小组会议的文字记录和录音录像资料进行整理。对整理的材料进行分析，找出小组成员达成共识的部分以及意见分歧的方面。

11.提交报告

报告中应包括在重点小组发言内容的基础上提出的建议。

（三）问卷调查法

调查问卷的使用范围从面向活动合作者和利益相关者的简单反馈表到专业人员所作的面向观众或到访者的复杂的调查。问卷的等级取决于活动的需要和所拥有的资源。简单的反馈表可以自行设计并使用活动自身的内部资源。它们可能致力于记录并取得量化的基本数据，例如活动合作者的支出、利益相关者的观察，以及对活动管理和成果的评价。

调查用来确定可靠的统计信息，这些信息关乎客人概况和反应、到访者的访问方式和消费。这种调查可以直接访问参加者或让参加者填写表格，可以是面对面的，也可以通过电话或电子邮件。进行有效的调查要求有专门的技能和可观的组织资源，对于内部经验和专业技能有限的组织者，可以委托专业人士和部门来完成，委托范围可从调查问卷的设计到调查过程的全面执行。

对于重复性的活动，单独一个设计完好的调查就可以满足活动的基本研究需要。有些活动组织者可能希望每年重复同样的调查，以便连续地比较各届活动举办的效果并预测其发展趋势，或者他们希望从事难度更高的研究计划，以便分析活动的其他方面。不论采用哪种调查等级和方法，就调查的某些基本方面，应该牢记如下几点。

1.目的

清楚地识别调查的目的。目的明确且陈述清楚才可能引导有效的、目标清晰的调查。

2.调查设计

调查设计应注意简单化。如果调查的项目太多，就会导致跑题。问题的设计应该清楚明确，毫不含糊，在实际调查之前应进行测试。

3.样本数量

参加者的数量必须足够，才能提供一个有代表性的参与者样本。样本数量取决于调查的详细程度、要求的精确程度及可用的预算。如果有疑问，可以寻求有关样本数量的专业咨询。

4.随机性

选择参加者时要避免年龄、性别和种族偏见。

5.支持数据

一些成果的计算依赖于支持数据的收集。例如，要计算总的到访者消费额就要掌握参加活动人数的精确数据和他们的平均消费额，然后把两者相乘，就可以估算出总的活动到访者消费额。

下面给出一个意向性调查的范例：

（1）你是如何发现这个活动项目的？

（2）你为什么决定参加这个活动项目？

（3）你是何时决定来参加这个活动项目的？

（4）你是否与其他人员一起来参加这个活动项目？

（5）谁是主要决策者？

（6）这个活动项目如何能满足你的期望？

（7）交通/泊车是否方便？

（8）你是否感到物有所值？

（9）食品和酒水是否恰当？

（10）席位、音响和视觉效果是否恰当？

（11）你是否还会参加这个活动项目？

（12）你为什么把这个活动项目推荐给他人？

（13）你认为应如何改进此活动项目？

（四）主要信息人的采访

如何找到主要信息人是问卷调查非常关键的一个环节。以下步骤可以帮助你找到能为活动提供高质量信息的主要信息人：

（1）提升鉴别具备高专业水准的人员的眼光和水平。

（2）要求进行时间不超过15分钟的采访。

（3）准备10个请主要信息人回答的问题。

（4）一些问题可以用定量调查的形式提出。例如："你如何用级差等级1~5来评测活动举行地点？等级1表示可以接受的地点，等级5表示最理想的地点。"

（5）提出诸如"你如何评价活动的总体质量"等直截了当的问题。

（6）用诸如"请详细谈一下这一点"或"你为什么会这样认为"等提问，以从主要信息人口中获取更多的信息。

（7）把采访时现场记录的问题改编成一份简短的书面报告，用大写字母代表主要信息人的答复，如用字母"Q"代表你提出的问题。

（8）对报告进行总结和分析，列出主要信息人提出的各项建议要点并提出如何运用这些建议来解决活动组织中出现的问题或者提高活动的总体成效。

二、民宿活动实施效果评价方案

任何形式的评价都需要一定的预算，所以在制订方案的同时，要考虑到评价所需预算的大致范围，以便权衡方案所能带来的机会和局限。要根据具体的活动项目采取具体的评估方案。制订民宿活动实施效果评价方案应包括以下内容：

（1）明确评价方案的目的：制订民宿活动实施效果评价方案的目的是评估活动的实施效果，以便活动主办方了解活动的成效和发现问题。这些评估结果，可以使主办方的后续活动提高效果、降低成本，从而提高客户满意度、提升品牌形象。

（2）根据评估项目、对象等，明确人员分工，安排各项必要措施。

（3）选择评估的方法，设计制作各种测评问卷及情况统计表。

（4）考虑评价指标。一般情况下，活动效果评价通常从参与者数量、合作伙伴数量、客户反馈、媒体曝光度、资金回报比等多个方面开展。在确定各项评价指标时，要确保指标具有可操作性和可度量性。评价指标是否准确、全面、可用，基本决定了活动效果的评价质量，也会成为企业改进策略的重要依据。

（5）对测评人员进行培训，考虑测评困难及问题，制定防范措施。

（6）提出改进措施。通过对评价指标的收集及数据进行分析，活动效果评价中的改进措施也就顺理成章地提出。比如，对于效果不理想的情况，可以在后续的活动策划中关注相关方面、增加投入、完善配套设施、改进组织方式等。在提出改进措施时，应当与各相关部门进行充分的沟通，才能够更好地使改进措施落地。

做一做 3-3-2

民宿活动实施效果评价方案

请通过以下方式获取民宿活动实施效果评价方案的资料，掌握民宿活动实施效果评价方案制订的过程。

步骤一：网络资料收集

浏览民宿预订平台，如 Airbnb、Booking.com、Vrbo 等，以查看各种民宿活动的实际案例和列表。

步骤二：明确民宿开展活动实施评价方案的目的

选择一家民宿，查找相关资料，明确其开展活动实施评价方案的目的。

步骤三：明确人员分工

根据评估项目、对象等，明确人员分工，安排各项必要措施。

步骤四：确定评估的方法和指标

确定评估的方法，考虑相应的评价指标，设计制作相应的测评问卷，考虑测评困难及问题。

步骤五：制订民宿活动实施效果评价方案

制订民宿活动实施效果评价方案，包括评价目的、人员分工、方法和指标、改进建议等。

步骤六：讨论和分享评价方案

将评价方案在班级进行演示，分组讨论和交流，教师进行点评。

实务参考 3-3-2

"吴越名城·天目茶香——2023年湍口镇重阳敬老茶会"活动

在湍源里民宿圆满举办

今日，是一场老朋友的聚会。一次一次地踏入湍源里民宿，银杏慷慨地让我们遇见各种美好的事物，落在溪水的树影、停在银杏上的蝶虫、挂在枝丫的落日、坠在泥土中的银杏叶……都美得不可方物。当我们发现这一切时，同时一些热爱这片土地的老朋友们，带着一篮筐的喜悦，回来了……

"吴越名城·天目茶香——2023年湍口镇重阳敬老茶会"活动，在湍口镇湍源村湍源里民宿举办。湍源里民宿栖身于湍口温泉小镇湍源村的小溪源头，常年的流水潺潺，孕育了民宿如水般的柔情。在这里，我们常会提及一个关键性的话题："老龄化社区"，但恰巧正是这个原因，这里同时也是城市中难能可贵的"熟人社区"，很多有意思的故事，会在此不经意地发生……此次重阳节特别活动，为一些老年朋友提供了很好的交流场域。

这一次，我们主张以轻松有趣的茶话会形式，为老朋友们制造满满的仪式感。从室内到户外，从早茶到下午茶，湍源里的每一处角落，重阳暖事的抒写，都承载着那诗与远方的青春年代。在湍源里，把生活过得热气腾腾！

湍源里是一家以"私汤暖泉"和"足汤咖啡吧"为主题特色的民宿。民宿有住宿区、休闲娱乐区和户外天幕烧烤区等，空间小而温馨。泡个私汤，温杯小酒，围炉煮壶茶汤，让你一直暖到心里。其中，民宿的休闲娱乐区有户外野舍暖泉泡池、围炉煮茶区、手工艺体验区、足汤咖啡吧、棋牌娱乐区、下沉式空间观影区、会议室等。民宿的配套户外拓展区有天幕帐篷、户外烧烤、篝火晚会、户外团建、天幕下午茶、萌宠喂养、河滩摸鱼、中草药基地等。当然，民宿还提供私人定制服务，承接团建、亲子研学、疗养、生日 Party、求婚等活动，能满足不同客人的需求。

视频分享
3-3-2

资料来源：刘珊."吴越名城·天目茶香——2023年湍口镇重阳敬老茶会"活动在湍源里民宿圆满举办 [EB/OL]. [2023-10-20]. https://mp.weixin.qq.com/s?__biz=MzkwNDQwNjgwNQ== &mid=2247485051&idx=1&sn=49e7f97e3bbf89e36bac3253b314c44d&chksm=c0863401f7f1bd17efdad7580cc8981788d4734decdd7d9450f22df7d83bff62a1151a49d1ad&mpshare=1&scene=23&srcid=1028utQ7a8hTsB6hhTyBalFH&sharer_shareinfo=a3cec3ae81e2240437d74216650ebbe6&sharer_shareinfo_first=a3cec3ae81e2240437d74216650ebbe6#rd.

南京光荫里
民宿婚庆
活动效果
展示

评一评 3-3-2

根据学生在任务实施中的表现完成本任务评价表（见表 3-3-2），可以此作为该任务学习的成绩参考基础。

表 3-3-2　　　　　　　　　民宿活动实施效果评价方案任务评价参考表

评价项目	评价标准	分值	得分
步骤一：网络资料收集	• 平台选择：是否选择了合适的在线平台，以获取与民宿体验活动相关的信息 • 数据采集：是否有效地使用在线平台获取数据和资源	10	
步骤二：明确民宿开展活动实施评价方案的目的	• 目标明确性：是否明确、具体地说明了调研的目标和所要解决的问题 • 可行性：目标是否在实际调查中可行，并能够产生有用的结果	15	
步骤三：明确人员分工	• 人员分工：根据评估项目、对象等，明确具体人员的分工，安排各项必要措施	15	
步骤四：确定评估的方法和指标	• 评估方法：方法的选择要恰当，指标的选择要确保具有可操作性和可度量性，准确、全面、可用基本决定了活动效果的评价质量	20	
步骤五：制订民宿活动实施效果评价方案	• 结构和清晰度：评价方案的结构和清晰度，确保读者能够轻松理解方案的内容	30	
步骤六：讨论和分享评价方案	• 汇报分享：参与总结汇报，能够分享实践经验	10	

任务三　开展民宿活动实施效果评价

开展民宿活动实施效果评价，首先要掌握评价的具体流程，其次要熟悉民宿活动实施效果评价报告的撰写。通过对民宿活动实施效果进行评价，可以不断规范完善活动项目，汲取经验，提高活动项目管理水平。

【知识目标】

1.掌握民宿活动实施效果评价流程。
2.熟悉民宿活动实施效果评价报告的撰写。

【能力目标】

1.通过对民宿活动实施效果评价流程的学习，增强学生的逻辑分析能力。

2.通过对民宿活动实施效果评价报告撰写的学习，提高学生撰写报告的能力。

【素养目标】

1.通过民宿活动实施效果评价的开展，培养学生思考问题的全面性和严谨性。

2.通过民宿活动实施效果评价报告的讲解，培养学生严谨、专业的职业素养。

学一学 3-3-3

一、开展民宿活动实施效果评价流程

民宿活动评价的内容各异，但评价的流程是基本一致的，首先应当明确评估目的、内容和评估范围，然后成立评估小组，制订详细的评估计划，收集信息，分析数据信息，得出结论和建议，撰写评估报告，将报告归档。

（一）明确评估目的、内容和评估范围

评估可以在活动期间进行，也可以在活动结束后进行。前者的评估目的是指出活动进行过程中存在的问题，然后进行有针对性的改进；后者是为下次举办类似活动提供经验教训。明确评估的内容和范围就是要确定是对活动的效果进行评估还是对活动的成本收益进行评估等。

（二）成立评估小组

许多大型活动评估是十分复杂的，活动评估人员的结构应当是全面的，包括市场调研人员，销售部、财务部负责人等，此外还应当包括第三方评估机构，这样可以增加评估的可信度，第三方评估是现在评估的一个趋势，因为第三方评估机构处于中立方，具有公平性，这样才能提高活动评估的可信度，为活动的参与者和利益相关者提供具有可信度的评估报告。

（三）制订详细的评估计划

首先，应当明确活动举办的性质、特点以及相关背景，了解活动的大致情况。其次，明确评估过程中需要的相关资料，这些资料包括前期市场调研所获取的资料，活动举办过程中的销售清单、问卷调查报告、财务分析报告等。最后，明确评估的时间、经费等客观条件。

（四）收集信息

活动评估的信息可以来自以下诸多主体：活动赞助商、员工和志愿者、活动体验者或嘉宾、安保、部门领导、专家顾问等。在信息收集上，既要收集定量信息，也要收集定性信息。定量信息包括：观众人数、交易量；目标市场及观众的描述；财务报告和账单；收支平衡表；经济影响分析；常规的统计信息等。定性信息包括：观众感受；回收的问卷和民意调查；访谈记录；员工和志愿者的反馈；管理记录和评论；社会反响等。

对活动参加者进行问卷调查和对相关组织及机构进行访谈是收集这类信息的主要方式。

（五）数据信息分析

在收集完数据后要对数据进行分析，采用定性分析和定量分析相结合的方法，定量分析方法包括比率分析法、趋势分析法、结构分析法等。定性分析法主要是评估人员依据实践经验和主观判断对事物进行分析和预测的方法。进行信息分析时要将收集到的信息进行分类整理，收集到的单一信息并不能说明问题，并且收集到的有些信息是无效的，评估人员应当进行筛选，剔除无效信息，在分析过程中要注意信息数据的准确性，尽量减少评估偏差。

（六）撰写评估报告

活动评估报告是指评估人员用特定的格式将评估结果记录下来的文字报告，反映评估的结果和建议。撰写评估报告时应该遵循客观、准确、可靠的原则。

（七）建立评估档案

评估的目的之一是为下次活动提供经验，所以当评估完成后要把评估报告归档保存，这样下次活动举行时遇到类似问题就有案可查，有利于提高活动举办的效率。

二、民宿活动实施效果评价报告的撰写

（一）评估背景和目的

评估报告的撰写首先要明确指出评估的目的和评估重点，对活动的背景进行大体描述，使报告的使用者能够了解此次评估的背景。

（二）评估方法与工具

评估方法有定性分析法和定量分析法，进行活动评估时可以两者择一，也可以两者相结合。此外，抽取的样本应该具有代表性，样本大小适中。要指出调查收集数据信息的方法、信息来源，即评估过程中使用的工具。这些工具包括：销售清单、问卷调查报告、财务分析报告、媒体资料、会议记录、活动过程中的相关数据信息等。

（三）评估内容

大型活动评估不仅仅是对活动效果进行评估，广义的评估还包括活动策划评估、活动宣传评估、活动运行评估、活动效果评估。评估内容应指明此次活动评估的侧重点，是局部评估还是总体评估。

（四）评估完成情况

大型活动在评估过程中会遇到一些难以解决的问题，或者基于时间、经费的考虑，评估有可能会中断或跳过，所以在评估过程中应该就评估完成进度进行说明。

（五）评估结果和建议

评估结果是将评估过程中获得的资料进行整理，运用图表或文字形式反映出评估的

结论。评估结论应该具有针对性，充分反映评估的重点，实现评估的目的，并给出相应的建议。评估报告的主要阅读者是活动举办的利益相关各方，活动主办方拿到评估报告后，可提交给合作的企业，让他们了解此次活动举办的效果；也可将评估报告作为自身日后完善活动的参考。

做一做 3-3-3

开展民宿活动实施效果评价调研

步骤一：明确调研目标

明确调研的目的，确定民宿活动评估的内容、范围，了解民宿活动实施效果。

步骤二：制订调研计划

确定调研区域，选择民宿和受访者。设计问卷或采访提纲，用于数据收集。

步骤三：数据收集

实地探访民宿，与民宿主、客人等进行交流，做好记录和观察。进行面对面采访或完成在线调查，以明确他们有关调研问题的想法和体验。同时，收集相关数据。

步骤四：数据分析

整理和分析收集到的数据，提取有关民宿活动实施效果的关键指标。

步骤五：撰写评价报告

撰写评价报告，包括调研目的、调研方法、调研发现和建议，总结主要发现和结论。

步骤六：讨论和分享调研报告

将评价报告在班级进行演示，分组进行讨论和交流，教师进行点评。

实务参考 3-3-3

楼房沟｜传下去，这家民宿靠亲子活动火了

坐落于秦岭南麓腹地的楼房沟精品民宿，自20××年夏天开始，2年时间10多期活动，邂逅了150多个家庭，在秦岭秘境留下了难忘的亲子时光。今天为大家一一解密！

【爸爸去哪儿玩之秦岭探秘】活动亮点：

＊探秘秦岭物种基因库，山野轻徒步

＊狮子沟牧场，遇见治愈系牛羊

＊徜徉于遗风老街寻宝金币

＊寻找秦岭养蜂人，认识神奇的棒棒蜜

＊古法采蜜、蜂蜡手作体验

＊向往的生活，天然果蔬采摘乐趣无穷

＊小院体验传统石磨豆浆

活动时间：20××.08.22—20××.08.24。宣传照如图3-3-3所示：

图3-3-3　秦岭深处来探秘亲子活动宣传照

【自然美学户外课堂·森山艺术游学营】活动亮点：

上山入林：秦岭深处清凉舒适、植被丰富，躺下耳边即虫鸣阵阵，青草味袭来，眼中便是满天繁星。

奔跑在牧场幽谷：狮子沟是紫柏山下的一个山中牧场，一大片开阔的草原，牛儿惬意地吃草，有一种恍若隔世的感觉。

老街上的慢时光：留坝小县城保留了很多老建筑，这里没有大城市的吵闹，大朋友和小朋友在这里感受到的是简单和美好。

入住私享庭院：楼房沟采用院落度假的模式，在小院内，既能交融亲情，又能享受宁静、淳朴的乡间生活。

【秦岭秘境·暑期戏剧创作行】活动亮点：

创作体验：国内首家设置在秦岭之巅的艺术课堂，融合秦岭自然景色进行探索体验和戏剧的全感官创作。

艺术教学：引进英国戏剧教学手法，中英联合专业儿童戏剧教育艺术家全程陪伴。

秘境探索：探秘紫柏天坑+寻觅老街风光+山野轻徒步+狮子沟牧场遇见治愈系牛羊。

惬意生活：原生态田野的星级食宿体验，最高安全保障+专业后勤+全方位旅行体验保障。

资料来源：小方的旅行日记.楼房沟 | 传下去，这家民宿靠亲子活动火了［EB/OL］.［2022-08-11］. https://baijiahao.baidu.com/s?id=1740878839138512761&wfr=spider&for=pc.

评一评3-3-3

根据学生在任务实施中的表现完成本任务评价表（见表3-3-3），可以此作为该任

模块三　实施民宿活动

务学习的成绩参考基础。

表3-3-3　　　　　　　开展民宿活动实施效果评价调研任务评价参考表

评价项目	评价标准	分值	得分
步骤一：明确调研目标	• 目标明确性：是否明确说明本次调研的目标和所要解决的问题	15	
步骤二：制订调研计划	• 调研设计：调研计划是否具有合理性，包括选择的样本、数据收集方法和时间安排	20	
步骤三：数据收集	• 数据质量：数据是否具有准确性、完整性和可靠性	15	
步骤四：数据分析	• 分析方法：调研信息分析方法是否科学 • 结果解释：是否能够科学解释调研数据分析结果	20	
步骤五：撰写评价报告	• 结构和清晰度：评价报告的结构和清晰度是否能够确保读者轻松理解调研报告的内容	20	
步骤六：讨论和分享调研报告	• 汇报分享：是否能够参与总结汇报，分享实践经验	10	

【参考文献】

1.韩景峰. 浅论大型活动的策划与组织［J］. 秘书工作，2012（2）：21-22.

2.许晓波. 公园主题活动组织策划浅析——以上海世博会期间公园主题活动为例［J］. 园林，2011（1）：50-53.